普通高等院校土建类应用型人才培养系列教材

房地产开发与经营
——项目驱动教学法

主　　编　袁志华　温　桃

副 主 编　胡　鹏　晋书元　张绍平

参　　编　乐巧丽　田　野　蹇　念　陈香萍

北京理工大学出版社
BEIJING INSTITUTE OF TECHNOLOGY PRESS

内 容 提 要

本书梳理了房地产开发与经营的全过程，主要内容有绪论、房地产企业、房地产项目用地的获取、房地产项目可行性研究、房地产市场调查及项目定位、房地产项目规划设计与招标采购管理、房地产项目施工管理、房地产融资、房地产营销管理、房地产开发与经营项目后评价。

本书适合房地产开发与估价、工程管理、工程造价、土木工程等建筑类专业的学生使用，也适合管理科学与工程专业的研究生和行业人士参考。

图书在版编目（CIP）数据

房地产开发与经营：项目驱动教学法/袁志华，温桃主编 . —北京：北京理工大学出版社，2017.8（2021.3 重印）
ISBN 978 - 7 - 5682 - 4708 - 5

Ⅰ . ①房… Ⅱ . ①袁… ②温… Ⅲ . ①房地产开发 – 高等学校 – 教材 ②房地产经济 – 高等学校 – 教材 Ⅳ . ①F293. 3

中国版本图书馆 CIP 数据核字（2017）第 204829 号

出版发行／北京理工大学出版社有限责任公司	
社　　址／北京市海淀区中关村南大街 5 号	
邮　　编／100081	
电　　话／（010）68914775（总编室）	
（010）82562903（教材售后服务热线）	
（010）68948351（其他图书服务热线）	
网　　址／http：//www. bitpress. com. cn	
经　　销／全国各地新华书店	
印　　刷／北京紫瑞利印刷有限公司	
开　　本／787 毫米×1092 毫米　1/16	
印　　张／14	责任编辑／赵　岩
字　　数／322 千字	文案编辑／赵　轩
版　　次／2017 年 8 月第 1 版　2021 年 3 月第 3 次印刷	责任校对／周瑞红
定　　价／38.00 元	责任印制／施胜娟

图书出现印装质量问题，请拨打售后服务热线，本社负责调换

　　房地产开发与经营是指房地产开发企业在城市规划区内国有土地上进行基础设施建设、房屋建设，并转让房地产开发项目或者销售、出租商品房的行为。随着经济的不断发展和市场经济体制的不断完善及市场的不断开放，房地产开发与经营过程中存在诸多问题，本书意在传授在真实房地产项目背景下实施房地产开发与经营的全过程所需要的理论知识与实践技能，通过引入真实房地产开发项目案例，将房地产开发过程中的典型工作任务融入教材的核心章节，按照房地产开发流程中的典型工作任务（如项目定位、土地获取、可行性研究等）布置给学生，应用项目教学法，以项目为导向、任务做驱动来组织教学，培养学生的房地产开发认知能力、归纳分析能力、迁移能力。在知识与技能目标上，学生应系统掌握房地产开发与经营的基本理论、原则与方法，掌握可行性研究、项目定位方案策划以及房地产项目的施工管理等；在过程与方法目标上，学生应突出自身主体，培养自主学习能力，养成及时完成阶段性工作任务的习惯。

　　本书梳理出了房地产开发与经营的全过程，并用真实的案例贯穿房地产开发与经营的核心环节，从可研拿地、项目定位、规划设计到工程项目管理；案例可操作性强，前后逻辑关系清楚，层层深入展开，既能使教师顺利地完成教学任务，又能让学生愉快地学到知识。编者曾在我国大型房地产上市公司工作多年，经历了从项目拿地，做可研、项目定位、规划设计、招标、工程建设、交房及后期维修整改等全过程，又在高校从事房地产开发与经营教学工作多年，在教学过程中把理论知识与自己亲身经历的项目相结合，学生学习兴趣高涨，在轻松的氛围中掌握房地产开发与经营的核心知识，而且建立起房地产项目开发流程的基本思维方式。现把本人经历的全过程案例整理成教材与大家共同分享。

　　本书的其他参与人员也具有从事房地产方面的教学和实践经验，在充分吸收和借鉴各位专家观点的基础上，注重对个人教学和实践经验的总结，特别是通过房地产开发与经营案例的分析，融理论与实务于一体，使本书更具有实践性。与众多业内人士的交流，以及成功案例和经验的演示，也为本书增辉添色。

　　本书编写人员依次是：东华理工大学袁志华（第1章、第5章中的5.3及5.4节、第7章、各章的任务发布及答案）、胡鹏（第9章）、温桃（第4章及第8章）、乐巧丽（第6章中的6.1节）；江西建设职业技术学院张绍平（第6章中的6.2节）；重庆大学城市科技学院田野（第2章）、晋书元（第3章）、蹇念（第5章中的5.1及5.2节）、陈香萍（第10章）；袁志华、温桃负责全书的统稿工作。

　　欢迎业内同人与广大读者批评指正，并为本书提出宝贵意见。

编　者

目　录

第1章　绪论 ･･･ (1)

1.1　房地产开发与经营的相关概念及其特征 ････････････････････････ (1)

1.1.1　房地产开发与经营的相关概念 ･･････････････････････････ (1)

1.1.2　房地产开发与经营的特征 ･･････････････････････････････ (3)

1.2　房地产开发与经营的程序和内容 ･･････････････････････････････ (4)

1.2.1　投资机会分析 ･･････････････････････････････････････ (4)

1.2.2　项目定位 ･･ (5)

1.2.3　前期工作 ･･ (5)

1.2.4　项目建设 ･･ (6)

1.2.5　项目租售 ･･ (6)

1.2.6　交房 ･･ (6)

1.2.7　物业服务 ･･ (6)

1.2.8　项目后评价 ･･･････････････････････････････････････ (6)

1.3　房地产开发与经营的形式和内容 ･･････････････････････････････ (8)

1.3.1　房地产开发的形式与内容 ･･････････････････････････････ (8)

1.3.2　房地产经营的形式与内容 ･･････････････････････････････ (8)

1.4　我国房地产发展的历程 ･･････････････････････････････････････ (10)

1.4.1　理论突破及试点起步阶段（1978—1991年） ･････････････ (10)

1.4.2　非理性炒作与调整推进阶段（1991—1998年） ･･･････････ (11)

1.4.3　市场化改革全面开启与快速发展阶段（1998—2002年） ････ (11)

1.4.4　市场配置与政府调控结合阶段（2003—2014年） ･････････ (12)

1.4.5　房地产健康发展阶段（2015年至今） ･･･････････････････ (13)

1.5　我国香港地区和美国房地产发展的历程 ････････････････････････ (14)

1.5.1　我国香港地区房地产业发展的历史及其特点 ･････････････ (14)

1.5.2　美国房地产的发展历程与模式特点 ･･･････････････････････ (16)

1.5.3　我国香港地区与美国房地产发展历程对我国内地的启示 ･････ (17)

1.6 房地产开发与经营学科的建设 ·· (18)
　　1.6.1 房地产开发与经营学科的形成和发展 ···················· (18)
　　1.6.2 房地产开发与经营学科的研究内容和方法 ··········· (19)

第2章　房地产企业 ··· (21)

2.1 房地产企业的概念、特征与类型 ··· (21)
　　2.1.1 房地产企业的概念 ··· (21)
　　2.1.2 企业和房地产企业的特征 ····································· (22)
　　2.1.3 房地产企业的类型 ··· (23)
2.2 房地产企业的组织模式和战略模式 ····································· (28)
　　2.2.1 房地产企业的组织结构设计 ·································· (28)
　　2.2.2 房地产企业的战略模式 ·· (31)
2.3 房地产企业的设立与资质等级管理 ····································· (36)
　　2.3.1 房地产开发企业的设立及资质等级管理 ··············· (36)
　　2.3.2 房地产估价企业的设立及资质等级管理 ··············· (39)
　　2.3.3 房地产经纪企业的设立 ·· (40)
　　2.3.4 房地产物业服务企业的设立及资质等级管理 ········· (41)
2.4 房地产企业的行业管理 ·· (41)
　　2.4.1 房地产企业行业管理概述 ····································· (41)
　　2.4.2 房地产企业的信用档案 ·· (42)
　　2.4.3 房地产估价师的执业资格管理 ······························ (43)

第3章　房地产项目用地的获取 ································· (46)

3.1 土地及土地管理制度 ·· (46)
　　3.1.1 土地的概念 ··· (46)
　　3.1.2 土地的分类 ··· (47)
　　3.1.3 土地制度 ·· (49)
3.2 划拨土地使用权的获取 ·· (49)
　　3.2.1 土地使用权划拨的概念 ·· (49)
　　3.2.2 土地使用权划拨的特征 ·· (50)
　　3.2.3 划拨土地使用权的适用范围 ·································· (51)
　　3.2.4 划拨获取土地使用权的程序 ·································· (51)
　　3.2.5 划拨方式获取土地使用权过程的主要费用 ············ (52)
3.3 出让土地使用权的获取 ·· (53)
　　3.3.1 土地使用权出让的概念 ·· (53)
　　3.3.2 土地使用权出让的形式及程序 ······························ (54)
　　3.3.3 土地使用权出让方式选择范围 ······························ (58)
3.4 土地使用权的转让 ·· (58)
　　3.4.1 土地使用权转让的概念 ·· (58)
　　3.4.2 土地使用权转让的法律条件 ·································· (59)
　　3.4.3 土地使用权转让的程序 ·· (59)

　3.4.4　土地使用权转让过程中的税费 ……………………………………（60）

　3.4.5　土地使用权转让与出让的区别 ………………………………………（61）

第4章　房地产项目可行性研究 …………………………………………（63）

4.1　房地产项目可行性研究概述 ………………………………………………（64）

　4.1.1　房地产项目可行性研究的分类、目的和作用 ……………………（65）

　4.1.2　房地产项目可行性研究的内容和步骤 ……………………………（66）

　4.1.3　房地产项目可行性研究的阶段 ………………………………………（68）

　4.1.4　房地产项目可行性研究报告及注意事项 …………………………（69）

4.2　房地产项目财务评价 ………………………………………………………（70）

　4.2.1　项目财务评价的指标体系 ……………………………………………（70）

　4.2.2　项目财务评价的指标计算 ……………………………………………（72）

　4.2.3　房地产开发项目建设投资预测与分析 ……………………………（77）

　4.2.4　房地产开发项目成本费用构成 ………………………………………（77）

4.3　房地产项目风险分析 ………………………………………………………（81）

　4.3.1　风险与房地产项目风险 ………………………………………………（81）

　4.3.2　房地产项目风险分析方法 ……………………………………………（81）

4.4　房地产项目的国民经济评价 ………………………………………………（90）

　4.4.1　国民经济评价概述 ……………………………………………………（90）

　4.4.2　国民经济效益和费用的识别 …………………………………………（91）

　4.4.3　国民经济评价参数 ……………………………………………………（93）

　4.4.4　国民经济评价效益费用表 ……………………………………………（93）

　4.4.5　国民经济评指标 ………………………………………………………（94）

　4.4.6　国民经济评价和财务评价的区别 ……………………………………（95）

4.5　房地产项目环境影响评价 …………………………………………………（95）

　4.5.1　房地产项目环境影响评价概述 ………………………………………（95）

　4.5.2　房地产项目环境影响评价的内容 ……………………………………（96）

　4.5.3　房地产项目环境影响评价的作用 ……………………………………（97）

　4.5.4　房地产项目环境影响评价的原则和依据 …………………………（97）

　4.5.5　房地产项目环境影响评价的步骤 ……………………………………（98）

第5章　房地产市场调查及项目定位 …………………………………（99）

5.1　房地产的市场调查 …………………………………………………………（101）

　5.1.1　市场调查的意义和内容 ………………………………………………（101）

　5.1.2　市场调查的步骤 ………………………………………………………（103）

　5.1.3　对市场调查的分析与评估 ……………………………………………（105）

5.2　房地产的STP营销 …………………………………………………………（106）

　5.2.1　房地产市场细分 ………………………………………………………（106）

　5.2.2　房地产目标市场选择 …………………………………………………（110）

5.3　房地产项目定位 ……………………………………………………………（113）

　5.3.1　房地产开发项目定位的基本程序和内容 …………………………（113）

5.3.2 房地产开发项目定位的基本原则 ……………………………… (114)

5.3.3 房地产项目定位的方法 …………………………………………… (114)

5.3.4 房地产项目定位的修正 …………………………………………… (116)

5.3.5 房地产开发项目定位中存在的主要问题及原因 ……………… (116)

5.3.6 开发商可采用的定位策略 ……………………………………… (117)

5.3.7 房地产项目定位策略的选择和执行 …………………………… (117)

5.4 房地产定价方法与策略 ………………………………………………… (118)

5.4.1 房地产定价方法 …………………………………………………… (118)

5.4.2 房地产定价策略 …………………………………………………… (122)

第6章 房地产项目规划设计与招标采购管理 …………………………… (126)

6.1 房地产开发项目规划设计管理 ………………………………………… (126)

6.1.1 城市规划 …………………………………………………………… (126)

6.1.2 居住区规划设计管理 ……………………………………………… (129)

6.1.3 房地产开发项目规划管理 ………………………………………… (132)

6.2 房地产项目招标采购管理 ……………………………………………… (133)

6.2.1 招标采购方式的分类 ……………………………………………… (133)

6.2.2 相关部门职责与管理权限 ………………………………………… (134)

6.2.3 采购管理的工作流程 ……………………………………………… (136)

第7章 房地产项目施工管理 ………………………………………………… (139)

7.1 项目范围管理 …………………………………………………………… (142)

7.1.1 项目范围及项目范围管理的概念 ………………………………… (143)

7.1.2 工程项目结构分解的方法 ………………………………………… (143)

7.2 项目进度管理 …………………………………………………………… (145)

7.2.1 工程项目进度计划 ………………………………………………… (145)

7.2.2 工程项目进度控制 ………………………………………………… (147)

7.3 项目成本管理 …………………………………………………………… (149)

7.3.1 项目成本预测与计划 ……………………………………………… (150)

7.3.2 工程项目成本控制 ………………………………………………… (152)

7.3.3 项目成本核算、分析与考核 ……………………………………… (154)

7.4 项目质量管理 …………………………………………………………… (157)

7.4.1 质量与质量管理的相关概念 ……………………………………… (157)

7.4.2 建设工程项目质量的影响因素 …………………………………… (157)

7.4.3 工程项目质量计划 ………………………………………………… (159)

7.4.4 工程项目质量控制 ………………………………………………… (160)

第8章 房地产融资 …………………………………………………………… (163)

8.1 房地产融资概述 ………………………………………………………… (163)

8.1.1 房地产融资的概念和特点 ………………………………………… (163)

8.1.2 房地产融资的资金来源 …………………………………………… (164)

8.2 房地产融资渠道 ……………………………………………………… （164）
　8.2.1 内源融资渠道 ………………………………………………… （164）
　8.2.2 外源融资渠道 ………………………………………………… （165）
　8.2.3 房地产融资渠道选择的原则 ………………………………… （169）
8.3 房地产融资成本管理 …………………………………………………… （169）
　8.3.1 融资成本 ……………………………………………………… （169）
　8.3.2 房地产融资成本比较 ………………………………………… （170）
　8.3.3 房地产融资决策 ……………………………………………… （170）
8.4 房地产融资风险管理 …………………………………………………… （171）
　8.4.1 我国房地产融资中的主要风险 ……………………………… （171）
　8.4.2 房地产企业上市融资的风险 ………………………………… （172）
　8.4.3 房地产信托融资的风险 ……………………………………… （173）

第9章 房地产营销管理 …………………………………………………… （175）
9.1 市场营销与房地产市场营销发展的阶段 ……………………………… （175）
　9.1.1 市场营销的概念 ……………………………………………… （175）
　9.1.2 市场营销理论及其发展 ……………………………………… （177）
　9.1.3 房地产营销的阶段划分 ……………………………………… （179）
9.2 房地产销售管理 ………………………………………………………… （181）
　9.2.1 房地产销售管理的内涵 ……………………………………… （181）
　9.2.2 房地产销售管理的内容与程序 ……………………………… （182）
9.3 房地产销售渠道管理 …………………………………………………… （183）
　9.3.1 房地产销售渠道 ……………………………………………… （183）
　9.3.2 房地产直接销售与间接销售 ………………………………… （185）
　9.3.3 房地产销售渠道选择与管理 ………………………………… （187）
9.4 房地产促销管理 ………………………………………………………… （189）
　9.4.1 房地产促销的含义、分类和作用 …………………………… （189）
　9.4.2 房地产促销策略 ……………………………………………… （190）
　9.4.3 房地产促销组合策略 ………………………………………… （194）

第10章 房地产开发与经营项目后评价 …………………………………… （197）
10.1 房地产开发与经营项目后评价概述 ………………………………… （197）
　10.1.1 房地产开发与经营项目后评价的概念 …………………… （197）
　10.1.2 房地产开发与经营项目后评价的特点 …………………… （198）
　10.1.3 房地产开发与经营项目后评价的作用 …………………… （198）
　10.1.4 房地产开发与经营项目后评价的分析方法 ……………… （199）
　10.1.5 房地产开发与经营项目后评价指标体系的设置原则 …… （201）
10.2 房地产开发与经营项目效益评价 …………………………………… （201）
　10.2.1 房地产开发与经营项目经济效益评价指标 ……………… （201）
　10.2.2 房地产开发与经营项目社会效益评价指标 ……………… （203）
　10.2.3 房地产开发与经营项目环境影响评价指标 ……………… （206）

10.2.4　房地产开发与经营项目综合效益评价 ……………………（207）

10.3　房地产购买后行为评价 …………………………………………（208）

10.3.1　房地产购买后行为评价的含义与主要内容 ………………（208）

10.3.2　影响购买者满意度的因素 …………………………………（209）

10.3.3　注重后行为评价，塑造开发商品牌 ………………………（210）

参 考 文 献 ………………………………………………………………（213）

第 1 章

绪 论

★ 本章概述

本章主要对房地产开发与经营的相关概念及其特征进行介绍，并就房地产开发与经营的程序和内容进行分析，对学科的形成、研究内容和方法等也进行了探讨。

1.1 房地产开发与经营的相关概念及其特征

1.1.1 房地产开发与经营的相关概念

1. 房地产开发

关于房地产开发的含义，中外有多种表述。

美国的迈克·米勒斯在《房地产开发的原理与程序》一书中提出，房地产开发是不断地更新居住环境以满足社会需要的一种活动。

国内有人认为，房地产开发是为了满足人们的需要，组织资金、土地、人力、技术、管理等资源，提供一段时间内可供使用的建筑空间及相关服务，并改变人类生存的物质环境的一种活动（如刘洪玉，1993）；也有人认为，房地产开发是遵循土地利用计划和城市规划的要求对某一区域的房地产进行统一规划、设计、建设、验收及交付使用，以取得最佳的效益（如蔡育天，1993；俞文青，1994）；还有人认为，房地产开发是由特定的经济实体，对房地产项目进行投资建设和管理，使之改变用途或使用性质，从而获得经济利益的过程（如李清立，2004）。

而2007年修订的《中华人民共和国城市房地产管理法》（简称《城市房地产管理法》）第2条指出，本法所称房地产开发，是指在依据本法取得国有土地使用权的土地上进行基础设施、房屋建设的行为。

综上所述，可以得出如下结论：

第一，房地产开发的对象是以基础设施建设为主的土地开发和以民用住宅、商业用房、工业通用厂房为主的规划、设计与建设、施工等开发活动。

第二，房地产开发的目的是实现一定的效益，包括开发主体的经济效益、因满足社会需要而产生的社会效益和因改变环境而带来的环境效益。

第三，房地产开发的前提是取得国有土地的使用权。

2. 房地产经营

伴随商品经济的产生和发展，企业经营范畴的内涵和外延不断加深，涉及生产、技术、组织、销售、财务以及物质供应等领域，成为指导企业以最少的投入获得最大产出的一种谋划、决策和组织实施行为。企业根据社会需要及市场需求，不断调整产品结构，生产适销对路的产品；企业通过对高新技术和设备的研究，增强竞争能力，提高经济效益；企业通过对协助关系、协作组织和协作方式的研究，提高应变能力；企业通过研究销售市场、改进财务管理以及开发人才智力等，开拓市场，提高经营效益，使自身在市场竞争中立于不败之地。

广义的房地产经营是指一切通过有意识、有计划地从事房地产领域的经济活动获得经济效益的行为，包括房地产开发、交易及流通环节的营销活动和中介服务活动等，还包括消费环节中的物业服务活动。狭义的房地产开发是指房地产交易环节的营销活动和中介服务活动。

房地产经营活动是以房地产市场为背景进行的。随着我国房地产市场的规范化和不断完善，房地产经营将起到越来越重要的作用。在激烈的市场竞争中能掌握市场的脉搏，制定出科学的战略和策略，并能切实加以实施，就能实现既定的目标，从而取得成功。

3. 房地产开发和经营概念的区别

房地产开发与经营的概念，在实际中常有多种解释，或是将开发与经营视为一个概念，或是讨论开发与经营的相互包含问题，或是与其他概念（如管理概念）相混淆等。

房地产开发与经营是房地产经济活动中两个相对独立又相互关联的内容。在某些情况下，可以将其视为一个整体来研究，如讨论房地产开发经营与国民经济的关系时或是在全面分析和策划房地产活动时，可全面考虑房地产的活动内容。但是，在更多的情况下是将两者分开来讨论，特别是在具体实施的过程中，由于各自内涵的特殊性，如房地产开发实施有特定的理论和方法，房地产经营也有固有的理念和技巧，分别研究更具有实际意义。

关于经营和管理的解释，尚没有唯一的定义，不同学科、不同著作看法各异。如管理科学，是把经营作为管理学的一个部分来讨论；而经营管理学派的奠基人法约尔把工业企业从事的活动划分为技术、商业、财务、安全、会计、管理六项活动，并总称其为"经营"，管理活动只是经营活动的一部分。由此可见，虽然各个学科对这两个概念解释不一，但其共同点在于无论经营还是管理都是企业为达到一定目的，有组织、有计划地进行的经济活动，不同的定义差别只是在于对概念内涵和外延的界定上。

有学者认为经营活动与企业"决策方针、确定目标"的机能相联系，而管理则与"执行和实现目标"的机能相联系。因此，企业经营实际是确定企业的经营方针，制定经营目标，进而通过企业管理经济活动执行既定方针，并实现既定目标。当然，从实际运作来看，管理和经营在企业经济活动中是难以严格区分的，往往相互交织，在企业全部经济活动中发挥重要的作用。

1.1.2　房地产开发与经营的特征

房地产开发与经营和其他产品开发与经营相比，具有涉及范围广、经手环节多、形式多等特点，因而在开发与经营过程中会表现出难度大、风险大，以及受政策等因素影响大等特点。认识和研究这些特点，对于取得良好的房地产开发与经营效果具有重要意义。

1. 具有全面系统性

房地产开发与经营包括的相关环节多、涉及的部门多、受到的制约条件多、影响的社会因素多，同时还与社会经济、城市建设、生态环境等有着息息相关的联系，是一项复杂的系统工程。在这一个复杂的系统中，土地开发与建筑物生产是房地产开发与经营的根本内容，土地开发和经营最终要统一到房屋的建设与经营上。正是因为土地与房产的直接统一性，房地产开发与经营也表现出明显的全面系统性特点。房地产开发与经营包括立项、规划、设计、征地、拆迁、施工建设、材料供应等流程。每一项工作都是密切联系、相辅相成的，任何一个环节的滞后都会影响房地产开发与经营的顺利推进，整个工作的完整性决定房地产开发与经营行为最终的成败。

国民经济飞速发展使得城市建设与发展加快，同时也不可避免地出现了工业发展速度过快、能源紧缺、城市人口激增等负面现象，从而导致住宅紧缺、交通堵塞、建筑秩序混乱、生活环境恶化。在这样的情况下，综合考虑房地产开发与经营的系统性，将房地产开发与经营全过程放在整个城市建设与发展这一大系统中，"统一规划、统一设计、统一建设"。根据城市建设的性质，借助有机分散的手段，严格按照城市规划进行开发建设，实行房地产综合开发，才能保证房地产业沿着健康的轨道发展。

2. 具有广泛联系性

房地产开发与经营是一种具有广泛社会联系性的经济行为。首先，房地产开发与经营在一开始就需要考虑很多的社会因素，包括国家法律法规、地方相关政策、城市规划要求等，只有确认开发行为在这些规定的范围之内，才能继续下一步的工作，否则将寸步难行。其次，房地产开发与经营包括的相关环节很多，从立项、获取土地、规划、设计、施工建设到经营管理等各个方面的工作都需要与社会中的各个部门相互协作，这些部门有国土资源管理部门，设计单位，拆迁公司，城市建设管理部门，消防、环境保护、银行、文教、交通、物资供应等十几个部门，近百个协作单位。如果在某一个环节之中与某一个相关单位的协作出现问题，都将影响后续的所有开发行为。最后，房地产开发与城市居民的生活是分不开的，房地产开发与经营行为最终形成的建筑产品，既提供了入住的空间，为人们解决了"住"这一需求，同时也改变了生存的居住环境。在大规模的旧城改造中，征地、拆迁、安置的每一个过程都需要广大居民的密切配合，开发经济适用房、建设廉租房，从某种程度上也帮助政府解决了中低收入居民的居住问题。房地产开发与经营必须考虑诸多的社会因素，必须得到社会的广泛支持，必须与各行各业及千家万户保持良好的公共关系，才能保证开发行为取得预期的目的。

3. 风险及难度较大

房地产开发与经营活动的运行周期长，少则两三年，多则四五年。较长的运行周期使房地产业资金垫付时间长，与生产周期短的行业相比，无疑要承担更大的时间价值风险。而房地产资金投放量巨大，因此要承担的风险也大。同时房地产经济运行和资金流程环节较多，每一个环节都影响着整个开发经营活动的正常运转，无形中也增加了房地产经营的风险。此外，房地产开发与经营还受到社会政治、经济、消费心理、市政建设等各种外在因素的影响，因此比一般商品经营具有更大的风险性。

房地产商品不同于一般商品，其价值量巨大，形成周期长，需要通过多次投入形成，且具有延续性和增值性。同理，由于房地产价值量大，不可能一次性实现全部价值，因此有必要采取预售、出租或抵押信托等形式分期实现其价值。房地产价值的巨大性、延续性和增值性，以及价值实现的先期性、多样性和逐步性，大大增加了房地产开发与经营的复杂性和难度。

同样，由于房地产商品本身的空间不可移动性，加之影响房地产价格的因素复杂多样，因此同类商品的可比较性差、个案性强，这无疑也增加了房地产开发与经营的复杂性和难度。

4. 政策性强

房地产业的特点、地位和作用决定了房地产开发与经营的政策性强，或者说受政策的影响比较大。房地产资源的分配使用，房地产商品的生产、流通与分配，直接关系到国计民生，对国民经济具有很大的影响。为了使房地产业纳入社会主义市场经济轨道，除了强调运用市场机制指导房地产运作以外，更要强调政府宏观调控作用，并通过立法、制定政策等措施，使房地产业坚持正确的经营方向，力求在经营活动的各个环节、各个方面都自觉遵守国家现有的政策法令、规章制度。

此外，房地产开发与经营要求的专业性也很强，只有培育大量高素质的专门人才，塑造一流的开发与经营企业，才能适应房地产市场的需求，实现房地产产业运行的良性循环。

1.2 房地产开发与经营的程序和内容

1.2.1 投资机会分析

投资机会分析阶段是房地产开发公司经过一系列市场调查分析和可行性研究后确定一个最佳投资方案的过程。这个阶段是整个开发过程中最为关键的一个阶段，它包括三方面的工作，即开发项目的初步设想、项目设想具体化、项目可行性研究。

开发项目的初步设想是开发商依据掌握的信息，形成开发项目的初步设想，即包括对开发项目的地点、开发规模、投资额、资金筹措、配套建设、未来客户情况、资金回收问题等内容的设想。

项目设想具体化是指设想的项目如果可行，就需与城市规划部门、土地管理部门和其他相关部门进行沟通，明确开发项目地点是否符合城市总体规划、建设用地是否取得土地管理部门批准（能否初步落实建设用地）、所选开发地址的自然条件是否适合开发。

项目可行性研究是在投资决策前，对建设项目进行全面的技术经济分析和科学论证，使决策失误尽可能地减少，增加开发项目所带来的社会效益、经济效益和环境效益。

项目可行性研究对于项目投资决策具有重要意义，是项目投资决策的依据。通过可行性研究，分析市场的供求状况、需求前景，明确项目的开发规模、开发内容、建设过程、技术经济可行性、未来产品销售情况、项目的经营收入与费用进行比较等，从而决定是否进行投资开发。

投资拿地后，向规划部门申请及领取《建设用地规划许可证》，并向国土部门申请及领取《国有土地使用证》。

1.2.2　项目定位

房地产项目定位是寻找房地产项目的核心控制力和稳定利润点，并使项目具有独特的市场定位。

房地产项目定位涉及层面多，从宏观和微观的市场调研，再到消费者分析、商圈分析（商业地产）、竞争对手分析，最后到产品分析，无论哪一个步骤出现偏差，都可能导致产品定位不准或者完全错误。

项目定位包括客户定位、产品定位及价格定位。通过市场分析及结合本地块的情况，找到客户群体，形成客户定位报告。分析客户群体的特征（如消费特征），并且对客户群进行调研，形成产品定位报告，为后面的建筑设计提供依据。其中价格定位是项目定位中的一项重要工作，客户和产品定位关系到房地产产品是否被市场需要，价格定位则直接关系到房地产项目是否有经济效益，以什么样的价格卖给客户，且需做出价格定位报告。

1.2.3　前期工作

前期工作主要是指在投资项目确定以后和项目开始施工之前要进行和开展的工作，主要涉及项目规划设计、招标及各种合同、条件的谈判与签约等。其主要内容有建筑设计（方案设计、初步设计及施工图设计）、完成各种报批手续、获取《建设工程规划许可证》，以及工程项目的招标等。

规划设计以社会效益、经济效益和环境效益为目的，符合城市规划总体要求，适合开发地块的具体情况并与开发设想相一致的原则进行设计，根据政策法规，选出最佳设计方案。这项工作是一个复杂的系统工程，围绕"一书两证"开展工作，也就是作为开发公司，这个时期的工作主要是为获取选址意见书、《建设用地规划许可证》《建设工程规划许可证》展开工作，使开发项目获得有关主管部门的批准。

在 DBB（设计-招标-施工）项目管理模式下，施工图完成后并且取得《建设工程规划许可证》就可以进行招标工作（需符合招标条件的工程）。建设工程招标是建设单位（开发商）择优选择施工单位的一种方式，投标是施工单位争取获得工程项目施工任务的一种方式。开发商将拟建的工程项目完成设计工作，估算出工程投资额，然后吸引若干家符合投标资格的建筑安装企业（承包单位）来投标。参加投标的建筑安装企业对工程进行标价计算，提出报价、工期及保证质量措施，由开发商从中择优选取。招标单位可以从众多的投标者中选优，由于投标者之间展开竞争，对其改善经营管理、提高劳动生产率和技术进步有推动作用。招标投标的基本原则是自愿、公平、等价、有偿和守信，讲求职业道德。招标投标作为一种制度，受法律的约束和保护。

前期工作中最为复杂和多变的是各种手续的报批以及许可证的获取，这是由于前期工作环节多、涉及的政府部门多，而且国家的政策变化多，政府部门间政策存在不协调。

1.2.4 项目建设

项目建设阶段是将开发过程中涉及的所有原材料聚集在一个空间和时间上，进行建设施工的过程。在建设阶段，第一是做土石方平场，但在施工前需协调好临时施工道路路口以及土石方施工许可证的办理；第二是基础开挖，但在施工前需办理好质量安全检验手续，取得建筑工程施工许可证；第三是混凝土主体工程，达到预售条件，直到封顶；第四是砌体工程，根据施工安排在混凝土主体工程封顶之前，可提前插入；第五是内、外墙抹灰，门窗工程，水、电及气安装工程，装饰装修；第六是进行园林工程；第七达到竣工验收。

1.2.5 项目租售

根据《城市房地产管理法》规定：按照出让合同约定，对土地进行了投资开发，属于房屋建筑工程的，完成开发投资总额的25%以上并且办理了《商品房销售许可证》，即可对房屋进行预售。在租售阶段，需制订房地产企业销售规划，包括销售目标、销售策略及销售行动方案；组建房地产企业销售团队，确定销售团队的目的和战略、销售团队的规模和结构、适当的决策和报酬制度等；指挥和协调房地产企业销售活动，确保销售规划能顺利实施；最后评价和改进房地产企业销售活动，制定各种适宜的考核标准，建立评估与考核体系，适时对销售人员及其业务进行评估和考核，并根据实际情况对销售计划与目标、销售策略做必要的调整和修改。

1.2.6 交房

交房是指依据商品房买卖合同的约定，开发商在合同约定的交房期限内将符合约定交付条件的产品交付于买受人的行为。通常房地产开发企业交付预售住宅商品房，应当符合下列条件：①法定条件：建设工程经验收合格并向购房人提供住宅质量保证书和住宅使用说明书。②约定条件：达到预售合同约定的交付条件及其他相关条件。

1.2.7 物业服务

物业服务是开发商或业主通过选聘物业服务企业，由业主和物业服务企业按照物业服务合同约定，对房屋及配套的设施设备和相关场地进行维修、养护、管理，维护相关区域内的环境卫生和秩序的活动。物业服务是集经营、管理、服务于一体的第三产业活动。

1.2.8 项目后评价

项目后评价是以房地产开发与经营项目为对象，对其经济效益、社会效益、环境效益以及顾客满意度进行的全面考核。房地产开发与经营项目一般经历三个阶段——产品形成阶段、流通阶段、使用阶段，这一连续的过程实际上是一个不断地投入与产出的过程。在房地产开发与经营项目历经形成、流通、使用三个阶段之后，站在不同的角度，对房地产开发经营项目的目的、决策、实施过程、效益、作用与影响等全过程进行系统地、客观地、全面地分析和总结，就是房地产开发与经营项目后评价。

房地产开发流程错综复杂，而且不同的项目类型，流程可能不同，本书只是梳理房地产开发流程的通常情况，详见图 1-1。

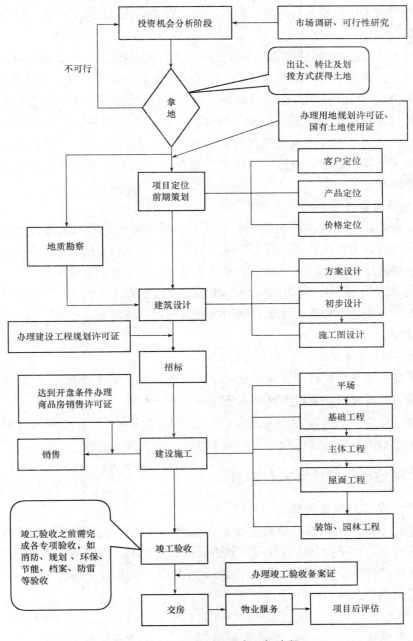

图 1-1 房地产项目开发一般流程

1.3 房地产开发与经营的形式和内容

1.3.1 房地产开发的形式与内容

1. 按开发的时间划分

房地产初次开发是指对尚未开发利用的土地进行开发和利用的过程。随着人类社会的发展，没有被利用的土地已经非常有限，当然由于现有科学技术的限制，仍有一些土地目前无法利用，有待以后进行开发。

房地产再次开发是指对已开发利用的土地或房地产项目追加投资，进行深度开发，或投资进行替代开发，转变土地用途等的过程。通常所讨论的房地产开发一般是指房地产的再次开发。就城市房地产开发来讲，包括城市新区开发和城市已建成区的再开发。新区开发是土地用途从"非建设用地"向"建设用地"转化的过程，是按照城市发展和城市总体规划的要求征用土地，进行基础设施及房地产建设的活动。已建成区的再开发是对城市原有"建设用地"进行再开发的过程，根据开发改造的程度，可以分为部分改善、部分改建以及重建等不同程度的开发。

2. 按开发的内容划分

房地产外延式开发是指在增加面积的条件下，开发城市近郊和远郊农地或未动用的土地，满足城市用地规模扩展需求的过程。城市新区的开发就属于这种性质的开发，在城市发展初期或经济快速增长的时期，外延式开发往往是房地产开发的主要形式。

房地产内涵式开发是指在不增加面积的情况下，仅依靠增加劳动和资金投入，提高土地容积率以及土地利用率，加强土地集约利用的开发过程，城市旧区改建、城市再开发都属于这种性质的开发。

3. 按开发的规模划分

房地产项目单项开发是指开发规模比较小，占地不大，项目功能单一，配套设备简单的开发形式。城区的部分改进或改善往往属于这种性质的开发。

房地产项目综合开发是指相对开发规模大，占地面积大，开发项目功能齐全的开发形式，城市中住宅小区、住宅新区开发等都属于这种性质的开发。

1.3.2 房地产经营的形式与内容

1. 按经营对象的相对差异划分

（1）地产经营。广义的地产经营是发生在土地生产过程、流通过程及消费使用过程中所有经济活动的总称，是指利用各种方式和手段进行土地的开发利用，以获取经济收益的活动。狭义的地产经营主要指流通过程的经营活动，即地产的出让、转让、出租、抵押等有偿流转过程，其实质是土地产权经营。

在我国，特定的产权制度决定了地产的经营只能是使用权，而不是所有权；地产的经营方式只能采取使用权出让、转让、租赁和抵押等形式，不能采取买卖形式。同时，由于土地资产的特殊重要性，地产的使用性质、利用方向和开发强度都要受到严格的限制。这些都构成地产经营的特殊性。

城市地产经营，可以分为两个层次：其一是以土地出让为主的层次；其二是以土地转让、出租及抵押为主的层次。土地出让是指国家以土地所有者身份，将土地使用权在一定年限内让与土地使用者，由土地使用者一次性向国家支付土地出让金的行为。这是土地产权的纵向流通，其实质是土地所有权与使用权分离，是国家与土地使用者之间发生的土地使用权有偿出让关系。土地出让市场属于一级土地市场，是国家垄断型市场。土地出让采用的主要形式有协议、招标、挂牌和拍卖。

土地转让是指土地使用者将土地使用权再转移的行为，包括出售、交换和赠与。土地出租是指土地使用者作为出租人将土地使用权随同地上建筑物、其他附着物租赁给承租人使用的行为。土地抵押是土地使用者（抵押人）将其土地使用权向资金持有人（抵押权人）抵押以取得贷款的行为。这三种土地流转方式构成第二层土地经营的主要内容，在土地市场结构中属于二级市场，是垄断竞争型市场。其经营特征是在国家控制和调节下的竞争性经营。

为了活跃一级土地市场，特别是促进"存量"状态土地进入市场，作为土地所有者出让经营的补充，也可以采取出租方式，即以较短时期、多次性让渡土地使用权的方式，使那些无力一次性支付巨额出让金的土地使用者多一条可行的获取可转让土地使用权的途径，也使土地所有者在经济繁荣时期有可能获得高于一次出让的土地收益。

城市地产经营也可以分为土地一级开发和土地二级开发。土地一级开发是指政府依法对收购、收回、征收的国有土地，组织实施拆迁和市政基础设施建设，达到土地供应条件的行为。土地二级开发则是在土地一级开发的基础上，进行房地产项目建设的行为，在一些城市（如北京市），是将两个开发环节分别在市场上进行招拍挂交易的。

（2）房产经营。由于房地产的不可分离性，房产地产交易通常是同时作为整体发生的，这里强调房产经营分类是针对房产权、地产权的特征及在实际经营处理中方式上的差别提出的。

房产经营的主要形式有出售、出租及抵押等。房屋作为商品出售是其进入流通领域，实现价值的基本形式。房屋出租可因价值量不同，分为普通商品房和高档商品房。房屋出售可因交货时间期限的不同，分为现房经营和期房经营两种形式。

房屋租赁是指房屋所有者将商品房使用权出租给承租者使用，承租者定期向出租者缴纳租金的行为。由于房屋具有价值量大、使用周期长、消费它需要占用的资金大的特点，房屋租赁经营现在及将来都会成为一种重要的经营形式。

房产抵押类似土地抵押，是指房屋所有人将其房产所有权向资金持有人抵押以取得贷款的行为。

2. 按经营规模和经营方式划分

（1）专项经营。它是指房地产企业只从事某一方面、某一环节经营业务的形式。这种经营方式的优点在于专业化程度高、经营项目单一、经营要素集中，有利于在专业方面取得较好的收益。

（2）综合经营。它是指房地产企业从事多项房地产经营业务的形式。其优点是能提供一条龙式的配套服务，回旋余地大。

（3）集团经营。它是指具有雄厚经济实力的企业集团从事土地及基础设施建设、房屋开发、工程管理、销售、出租、修缮管理等全面服务的经营形式。其优点是具有强大的竞争能力和抵御风险能力，并能取得良好的经营效果。

（4）跨国经营。房地产跨国经营是当今世界经济发展国际化的必然结果，这种经营包括国与国之间合资、合作，到国外投资与到国外营销等多种形式。

3. 按活动发生的不同过程划分

（1）房地产开发经营。它是发生在房地产开发过程中的所有经济活动的总称，包括对建筑地段的开发和再开发、房屋和配套设施的开发和再开发等一系列环节。对建筑地段开发分为新征土地（生地）开发及旧基地（熟地）的再开发，基地地上、地下基础设施的开发和再开发等。房屋和配套设施的开发指各类型房屋的新建、设计、工程管理。房屋的再开发是指旧房改造或旧城区的改造和更新，主要是房地产开发生产过程中的经营活动。

（2）房地产流通经营。它主要是指土地使用权出让、转让、租赁、抵押等经济活动，是实现房地产价值的重要环节，一般通过借助房地产经纪、代理、估价等机构来进行。因此，从房地产经济运行来看，房地产咨询服务业的发展水平，对房地产营销、房地产价值的实现起着至关重要的作用。

（3）房地产消费及使用经营。它主要指物业管理服务，包括出租管理、使用管理、修缮装饰、代办服务等。从房地产经济运行来看，物业服务机构服务和管理水平的提高，是房地产价值最终实现的重要保证。

1.4 我国房地产发展的历程

在1978年改革开放之前的计划经济体制下，我国仅仅将住房作为一种福利，过分强调在住房上的公平，并且由国家大包大揽，进行房地产建设，结果形成住房由国家统一计划、投资建设、分配的计划经济时代房地产市场特点。由于那时我国经济发展水平低，技术水平落后，而我国庞大的人口数量使得我国住房的需求量十分庞大，而不合理的经济制度又进一步使得房地产的资源不能合理利用，由国家统一计划、投资建设等房地产市场特点也使得国家财政背上了巨大的负担，而在"文化大革命"之后，我国房地产业面临不可持续的发展境地。因此，我国房地产作为一种产业真正出现在我国经济发展舞台上是在1978年。我国房地产发展的历程从1978年开始算起，可以划分为五个阶段。

1.4.1 理论突破及试点起步阶段（1978—1991年）

计划经济体制下的住房与土地使用制度不符合事物的发展规律，不仅制约了经济发展，而且不可持续，亟待改革。改革开放以后，针对房地产领域，我国先后于1978年、1979年提出可以允许私人建房，城市居民可以自购自建等，在政策上开始有所突破。同时，在理论界，住房商品化、土地的产权理论等提出，为我国房地产改革提供了理论基础，是我国房地产理论的突破。随后，住房制度改革拉开了序幕。1979年，国家城建总局开始试点"政府补贴，以建安成本将建设的房屋出售给个人"；1982 年，国务院在四所城市进行"三三制"售房试点，"三三制"售房即是让政府、企业以及个人三者共同承担房款；1984 年 10 月，国务院扩大城市公房补贴出售的试点范围，到 1985 年年底，范围扩大到全国 160 个城市和300 个县镇。从 1986 年开始，根据理论界提出的二次分配理论，进行了以提高房租，增加工资，以"货币分配"代替"实物分配"为指导思想的改革，在几个城市先后进行了试点，并学习国外经验，分别成立了住房储蓄银行和专业银行下的房地产信贷部。而从 1988 年开始，房地产交易机构、交易市场等普及市、县层面，标志着房地产交易市场在全国范围内的建立。同年年底，我国通货膨胀水平维持在高位，政府将治理通货膨胀作为推动房地产市场改革的契机，在小城镇大力推行以"优惠售房"代替"房屋补贴"的方案，而在城市里，则通过鼓励个人建房、租房来推动房改，使得资金更多地进入房地产行业，既推动房地产行业发展，又缓解通货膨胀压力。1988 年 4 月 12 日，《中华人民共和国宪法》（修正案）规定，土地使用权可以依照法律的规定转让。这是我国土地使用制度的根本性变革，根本大法承认了土地使用权的商品属性。而到 1990 年，以住房公积金制度的建立为标志性特点的上海房改方案的出台，意味着我国房改进程开启了一段新路程，"全方位""多方面""综合配套改革"是这段路程的显著特点。1991 年，各地仿效上海纷纷出台本地的房改方案，中央政府也对各地房改方案绿灯放行，这标志着从中央到地方，从上海到全国大部分地区开始推行住房改革。

1.4.2 非理性炒作与调整推进阶段（1991—1998 年）

1991 年以来，房改在我国全国范围内如火如荼地进行，从组织层面来看，各类房改机构全面出现。同时，房地产开发、经营、管理等越来越市场化，住房公积金制度在全国范围内推行。1993 年，与房地产相关的基金和债券相继出现，为房地产业的发展提供了资金支持。而当短时期内大量的资源集中到房地产行业，我国的房地产行业开始逐渐出现泡沫。1992 年，我国的房地产投资总额快速增长，而 1993 年，在 1992 年高增长的基础上，依然增速惊人，显示出我国的房地产业发展已经过热。为此，政府为了我国房地产行业的稳健、可持续发展，在 1993 年下半年开始出台政策，对房地产行业进行宏观调控。1994 年开始的随后几年，我国房地产进入调整整顿、规范发展时期。1994 年 7 月，第八届全国人民代表大会常务委员会第八次会议通过了《中华人民共和国城市房地产管理法》，这标志着我国房地产市场进入规范发展阶段。在政府的宏观调控下，房地产市场在市场需求的推动下缓慢复苏，成为我国的消费热点和经济的新增长点。

1.4.3 市场化改革全面开启与快速发展阶段（1998—2002 年）

1998 年，我国房地产行业经过几年的曲折发展，已经呈现出新的面貌。同时，为了抵抗亚洲金融危机，促进我国经济的发展，推动房地产市场改革成了我国政府促进经济发展的抓手。

1998 年 7 月 3 日，国务院办公厅发布《国务院关于进一步深化城镇住房制度改革加快住房建设的通知》（国发〔1998〕23 号）（业内俗称 23 号文），标志着我国房地产市场化改革全面开启，23 号文明确提出"1998 年下半年开始，停止住房实物分配，逐步实行住房分配货币化。"文件的目标是推进居民住房的商品化，建立适合我国国情的商品房制度，完善我国商品住房的供应结构。但在实际执行过程中各级地方政府并没有充分保障对经济适用房的土地供给，政府批租的土地大部分流转到一般商品房上，经济适用房土地供应比例只占全部土地供应的微小部分。

当时的情形是，随着我国经济的发展，人民生活水平的提高，以及房地产货币化改革在全国范围的推进，住房的需求大量上升，住房市场开始出现供不应求的状况，并且缺口越来越大。需求推动房地产市场快速发展，房地产价格快速上扬是这个阶段的显著特点。在价值规律、供求规律及竞争规律综合作用下，大量资本进入房地产行业。房地产企业也快速发展，完成了资本的积累，为后续的快速发展提供了条件，同时，伴随着我国加入世界贸易组织，经济迎来快速发展时期，房地产业由于其显著的特点，逐渐成为国民经济中的支柱产业。

1.4.4　市场配置与政府调控结合阶段（2003—2014 年）

到 2003 年为止，在需求的推动下，我国房地产行业快速发展，使得房地产成为国民经济的支柱性行业。《国务院关于促进房地产市场持续健康发展的通知》（国发〔2003〕18 号），第一次明确房地产是支柱产业。2003 年，"非典"的爆发给我国经济蒙上了一层阴影，而我国城镇化又处于快速推进阶段，在这种情况下，中央政府有意通过继续发展房地产业，消除"非典"爆发对中国经济产生的影响，促进我国经济快速发展。在这样的背景下，国务院于 2003 年 8 月发布《国务院关于促进房地产市场持续健康发展的通知》（国发〔2003〕18 号），将房地产行业全面推向市场，以市场手段来促进房地产市场发展。这一通知虽然在消除"非典"对我国经济的负面影响上比较有效果，但是在 2004 年我国政府基本控制住"非典"疫情以后，其将房地产全面推向市场的负面影响也开始显现，房地产价格在投资和需求两端的推动下，于 2003 年、2004 年快速上扬。2004 年，中国人民银行将国有银行等金融机构的存款准备金率提高 0.5%，冻结银行可用贷款 1 100 亿元，以减少盲目投资于房地产开发的资金。这是国家为控制过度投资、避免金融风险、提高资产质量采取的重大举措，也是促进房地产业健康、稳定、有序发展的重要战略。2004 年 4 月国务院还下发通知，要求各地方政府停止审批农转建用地。于是，房地产开发的资金和土地要素均被政府严格控制。2004 年 7 月，根据国土资源部、监察部《关于继续开展经营性土地使用权招标拍卖挂牌出让情况执法监察工作的通知》（国土资发〔2004〕71 号）文件的规定：2004 年 8 月 31 日起，所有六类土地全部实行公开的土地出让制度，采取公开招标、公开拍卖、公开挂牌的方式出让土地。事实也证明，市场经济不完善时，国家对房地产市场的宏观调控是必要的。

2006 年我国进入全面建设小康社会的新时期，宏观经济形势良好，不少房地产企业以开发精装修、大户型商品房来追逐超额利润，使得大多数中低收入阶层的刚性住房需求得不到满足，房地产业出现了结构性失衡。2005 年 3 月，国务院办公厅下发《关于切实稳定住房价格的通知》；4 月国务院出台《加强房地产市场引导和调控的八项措施》；5 月，国务院转发了建设部等七部委的《关于做好稳定住房价格工作意见的通知》（国办发〔2005〕26号），国家层面控制房价行动就此启幕。2006 年 5 月又颁布了"国六条"，调控的主要目标是大力发展中低价位、中小户型普通商品房，大力建设经济适用住房和廉租住房，充分调整商品房供应结构。2007 年、2008 年，我国的房价更是非理性地上涨，面对房地产泡沫逐渐变大的趋势，我国政府通过各种手段来稳定房价，降低房地产投资热潮，首付达到 40%，贷款利率为基准利率的 1.1 倍，连续加息至 2008 年 10 月，最高达 7.83%。2008 年年底，由于美国的次债危机，引发全球金融危机，我国经济不可避免地受到影响。因此，政府出台了一系列促进房地产发展的政策，如 2009 年国务院发布通知，买房首付 2 成，利率为基准利率的 7 ~ 8.5 折，税收减免，契税按 1% 收取。2009 年、2010 年，房价又出现快速增长。2011 年 1 月，国务院办公厅发布"国八条"，扩大限购范围、加大限购力度，要求直辖市、省会城市、计划单列市（若不含拉萨共计 35 个城市，简称"35 个大中城市"）和房价过高、上涨过快的城市在一定时期实行限购措施，重庆、上海等城市试点房产税。2013 年 2 月 20 日举行的国务院常务会议出台了楼市调控"国五条"。会议不仅再次重申坚持执行以限购、限贷为核心的调控政策，坚决打击投资投机性购房，还在继 2011 年之后再次提出要求各地公布年度房价控制目标。此后，房地产过快发展的趋势得到一定的遏制。

1.4.5　房地产健康发展阶段（2015 年至今）

2015 年 11 月 10 日，中共中央总书记、国家主席、中央军委主席、中央财经领导小组组长习近平在中央财经领导小组第十一次会议上强调"要化解房地产库存，促进房地产业持续发展"。这是习近平总书记十八大以来首次提到房地产业，并为房地产业定调。2015 年 10 月 26 日至 29 日，中国共产党第十八届中央委员会第五次全体会议审议通过了《中共中央关于制定国民经济和社会发展第十三个五年规划的建议》；全会提出，坚持计划生育的基本国策，完善人口发展战略，"全面实施一对夫妇可生育两个孩子政策"；我国从 1980 年开始，推行了 35 年的城镇人口独生子女政策真正宣告终结；"二孩政策"从 2016 年 1 月 1 日起开始实施，该政策对于我国房地产业是利好消息。2017 年"两会"，李克强总理在政府工作报告中用 276 字描述房地产，他指出："要去房地产库存。目前三、四线城市房地产库存仍然较多，要支持居民自住和进城人员购房需求。坚持住房的居住属性，落实地方政府主体责任，加快建立和完善促进房地产市场平稳健康发展的长效机制，以市场为主满足多层次需求，以政府为主提供基本保障。加强房地产市场分类调控，房价上涨压力大的城市要合理增加住宅用地，规范开发、销售、中介等行为。目前城镇还有几千万人居住在条件简陋的棚户区，要持续进行改造。今年再完成棚户区住房改造 600 万套，继续发展公租房，因地制宜提高货币化安置比例，加强配套设施建设和公共服务，让更多住房困难家庭告别棚户区，让广大人民群众在住有所居中创造新生活。"从以上表述来看，2017 年，房地产调控因城施策去库存的总基调没有改变，这是"三去一降一补"（去产能、去库存、去杠杆、降成本、补短板）重点工作的重要内容，同时也是以后政府工作对房地产领域的总安排。

1.5 我国香港地区和美国房地产发展的历程

国际上最普遍的房地产开发模式分别为"香港模式"和"美国模式"，前者从前期的融资、购地、房屋建造和管理都是房地产企业的工作任务。企业不持有物业，直接以出售的形式出售。后者是按照市场化的模式运作，它强调的是房地产行业各个部门的细分与协作，分工比较细致，每一个环节所属的部门都必须通过完成各自的任务获取利益。

1.5.1 我国香港地区房地产业发展的历史及其特点

整体而言，香港地区的房地产开发企业大多对房地产开发与经营进行全产业链整合，由此形成"一条龙式"的房地产开发模式，被简称为"香港模式"，是房地产开发产业链整合的典型代表。

1. 香港地区房地产业发展的历史

（1）起步时期（1945—1959年）。1945年，第二次世界大战结束，香港地区在第二次世界大战中被日本控制了很长一段时间，大量的房屋被战火摧毁。在日本投降后，人们迫切需要住宅，住房问题成为香港房地产的首要社会问题，加之周边国家与地区的移民大量涌入香港，住房问题更加突出。在这样一种大背景下，从政府到民众，都通过各种手段、采取各种措施进行房屋的重修和建造，满足人们最基本的住宿需求，自此香港房地产业开始起步。

（2）发展升温时期（1960—1969年）。20世纪60年代，随着战争所带来的影响逐步消除，人们最基本的温饱和住宅需求得到解决，香港经济也伴随工业化的发展进入快速发展期。政局的稳定、人口的增加、资金的积累使得香港的楼市逐渐由满足住宅需求向商业需求转变。而在住宅需求方面，随着人们的生活水平的提高，不再仅仅满足于基本居住需求。同时，香港基本完成了工业化的转变，房地产的需求也得到进一步释放，促进了房地产业的升温和发展。

（3）繁荣时期（1970—1997年）。进入20世纪70年代，香港由于其特殊的地理环境和制度，逐渐成为亚洲金融中心，是世界上仅次于纽约和伦敦的第三大金融中心，香港房地产业呈现出一派全新的景象，房地产业的聚集度更高，土地被少数实力雄厚的房地产巨头逐步垄断。香港人多地少，导致这段时间内可供开发的土地越来越少，而之前建造的房屋已经不太适应香港的经济发展。这段时间内，大量的房屋被拆除，或被原地重建，新的房屋容积率更高。经济和金融快速、稳定的发展推动了香港房地产业的大繁荣。

（4）低迷发展时期（1997—2001年）。1997年，香港回归祖国，在回归前夕，香港社会各界对香港在回归祖国后的形势较为担忧，导致香港房地产业进入罕见的低迷发展时期。更为严重的是，1997年亚洲金融危机开始爆发并迅速扩散，索罗斯等世界资本大鳄对泰国、新加坡、韩国等国的货币进行狙击，导致这些国家的货币大幅度贬值，引起了外国资本的大量撤资，进而在这些国家引起金融危机与经济危机。香港地区也受到这些国际资本大鳄的攻击，尽管中央地府方面尽力帮助，香港地区并没有出现金融危机与经济危机，但香港的股市和楼市还是受到巨大的影响。香港岛和新界地区70～99.9平方米的私宅，每平方米售价分别由 1997 年的 10.40 万港元和 7.26 万港元逐步下跌至 2001 年的 4.94 万港元和 3.27 万港元，自此香港房地产市场步入了低迷、缓慢的发展阶段。

（5）逐渐恢复时期（2001 年至今）。2001 年以后，随着亚洲金融危机对香港经济影响的逐渐淡化，房地产业低迷发展时期也逐渐结束。同时，伴随香港回归祖国，逐渐度过了磨合期，内地和香港在经济发展上逐渐有了更多的合作，关系也更加紧密。而伴随内地在 21 世纪经济的快速上涨，香港房地产企业逐渐进入大陆，内地和香港在房地产市场上的联系与互动更加紧密，香港房地产逐渐走出低迷，步入逐渐恢复时期。

2. 香港地区房地产业发展的特点

香港的房地产业在发展过程中，受独特的地理情况，法律、经济制度等种种因素影响，形成了独特的开发经营模式。

（1）以商品房预售制度为主体的销售方式。商品房预售，又称售楼花，是指房地产开发商作为出卖人将正在建设而尚未竣工的房屋预先出售给买受人，由买受人支付定金或一定比例的购房款，并与出卖人约定在未来确定的日期将预售房屋交付给买受人的行为。商品房预售制度由香港著名房地产商人霍英东在 1954 年首创，1956 年《预售楼花同意书》的出台标志着香港政府正式以法律的形式对商品房预售制度进行规范与管理。该制度有以下几个好处：①有利于开发商尽快回笼资金，加快资金周转、解决资金不足问题；②能够降低开发商开发房地产过程中所面临的市场风险；③对于消费者而言，预售楼相比现房而言，既能享受到一定折扣优惠，又不用一次性付完房款，使得购房者有足够时间筹集购房资金。基于这些原因，商品房预售制度很快在香港普及，成为香港房地产业最主要的销售方式，也推动了香港房地产市场的繁荣。

（2）极其注重土地储备。香港作为世界上人口密度最大的地区之一，有约 700 万人生活在这块 1 070 平方千米的土地上，而且香港平地少，更导致了市区人口密度极高，土地资源极其稀缺，同时，香港作为全球三大金融中心，拥有大量的资金，这使得土地的供给和需求极其不平衡，在一定时期内导致了"土地为王"，即拥有土地，就能拥有竞争的资本。综上所述，香港的房地产开发商极其重视土地的储备，使得稀缺的土地资源向少数房地产巨头集中，形成土地资源垄断的局面。

（3）全产业链整合开发。随着土地资源向少数房地产巨头集中，房地产资源的垄断使得香港房地产业也逐渐被几个地产集团垄断，使得香港房地产业的集中度加强。20 世纪 80 年代，"长江实业""新鸿基地产"等最大的 10 家地产集团的市值约占地产建筑类上市公司总市值的 70%，开发量约占总开发量的 80%。地产集团因为其雄厚的实力与资本，向房地产全产业链进行延伸，业务涉及房地产开发的各个环节，在开发过程中的市场策划、规划设计、物业服务等领域逐渐形成自己的特色与优势。而 1998 年亚洲金融危机，虽然使得香港房地产业遭受重创，但并未使实力雄厚的开发商遭受致命打击，反而使得中小型地产商破产，进一步加强了行业的集中度。危机过后，香港大型房地产吸取教训，广泛涉足物业持有、酒店管理、租赁服务等，业务范围的拓展使经营风险得到分散与转移，使得其实力进一步加强。

1.5.2　美国房地产的发展历程与模式特点

1. 美国房地产的发展历程

（1）起步时期（殖民地时期—19世纪末）。这一时期，随着美国独立战争的胜利以及美利坚合众国的正式成立，美国人口大量增长，现代文明逐渐普及，大量的城市开始在各地的湖泊、河流以及铁路的周围出现并且得到发展。美国房地产市场已具雏形。此阶段市场表现如下：第一，美国的土地逐渐完成私有化过程，个人、投资者、铁路公司等成为土地私人业主，并且个人可通过出售、出租、交易等进行土地与房屋的所有权转移，于是房地产交易市场开始出现并兴旺。第二，以运作土地批租的房地产公司开始出现，并逐步发展，参与长期的增值投资开发业务，开创了美国早期的社区建设。第三，初步发展的房地产公司在出售土地的同时提供足够的基础设施和服务，并且积极引进配套的商业设施以及食品加工厂、面粉厂、木锯厂等与居民生活密切相关的厂商，同时还规划了学校、教堂和公共广场等的用地。

（2）快速发展时期（19世纪末—"二战"前期）。在此阶段，随着人们在自然科学上认识的逐步深化，工业化的浪潮也席卷了美国，美国的城市化进程快速推进，人口剧增。公共部门和私营部门对此做出改进。此阶段市场表现如下：第一，政府开始提供市政服务，以促进公共基础设施的发展，并开始规范私人房地产开发，此时出现了国家干预私人市场的新形式以及城市规划管理，如兴建公共建筑物、颁布住宅规范、土地用途规划等。第二，在房地产金融方面，各种专业的房地产金融公司陆续出现，储蓄和贷款协会成为住宅贷款中的领导者，尤其在独立式住宅方面，专门促进中等收入者建造和拥有自己的房屋，人寿保险公司和商业银行则在商业和工业、物业、贷款业务方面占统治地位。第三，为了更好地与公共部门、商业活动的其他部门以及普通公众协调沟通，并保护房地产从业者的利益，众多机构及协会形成，如美国房地产经纪人协会、建筑业主和管理者委员会、美国抵押银行家协会、联邦住宅抵押贷款协会、城市土地学会与全国住宅产业协会等。

（3）成熟时期（"二战"结束至今）。"二战"结束后，美国对城市中心进行重组改造、城市更新，对城市郊区则进行基础设施改善，大力发展住宅与商业建设，美国整个房地产业处于发展成熟的阶段。此阶段市场表现如下：第一，美国房地产业内专业化分工高度发展，专业化企业高度市场化，有专门的土地开发商、建设商、中介经纪商、保险商、抵押服务、物业服务等机构。第二，美国房地产业拥有较为规范并健全的法律、土地管理、贷款抵押、保险制度等配套服务支撑体系，对美国房地产市场的发展起到有效的推动与支持作用。第三，在房地产金融领域，房地产投资信托得到巨大发展，从而可以从公共资本市场获得大量的资金用于房地产投资，房地产抵押贷款证券化和二级抵押市场的形成与发展更是将全球资本引入美国房地产市场，使得房地产业的金融市场高度发达。虽然2007年起源于房地产业的美国次贷危机爆发，美国的房地产市场下滑严重，进而引起了美国金融市场的动荡，但到目前为止，美国的经济已经逐步走出危机的影响，标普指数也于2013年超越了金融危机前的最高水平，美国房地产业也走出泥潭，开始进入下一个景气周期。

2. 美国房地产业的模式特点

专业细分和擅长金融市场的运作是美国房地产业模式的最大特点。在房地产业中，英国拥有全世界最完备和最成熟的房地产金融体系。它的主导者是房地产投资商，而围绕房地产开发资本和投资基金的一些配套环节是建筑商、销售商以及其他有关的经销商。美国房地产业发展有以下几个特点：

（1）土地供应方面没有严格的控制。在美国，土地买卖没有严格的限制政策。曾有专家预测说，如果日本趁房地产业最火热时把整个东京的土地都卖掉，就可以买下整个美国的土地，由此可见美国的土地价格是非常低的。研究发现，美国当年进行西部开发时，仅仅缴纳 10 美元的费用并且要在该土地上定居和开垦 5 年以上，那么这块土地就永远地归购买者所有。所以在美国大约有 62% 的土地归私人所有，导致政府无法严格地控制土地的供给。

（2）行业专业分工细致。美国房地产业的发展模式强调的是在开发过程中所有环节均由不同的专业公司来完成，房地产的金融产业链、土地开发产业链、中介产业链和流通产业链等相互依存。根据自己公司的一些特长专注于某个环节，对该产品市场进行相应的细化。例如，有的专门做商品住宅，也有的做大型商业区，还有的在郊区等地方做高档别墅或者大型社区。

（3）金融运作是核心。美国房地产模式各个相应环节中最重要的一环是金融产业链。美国的房地产金融产业链由房地产基金、投资商和银行共同组成。其中大部分资金源于房地产基金，房地产投资商不是投资物业开发，而是进行物业投资，因此大多数的美国地产商来自金融领域，以房地产投资信托基金为代表。

（4）收益大众化。在美国，只有 30% 左右的开发资金来自银行贷款，其余的资金都来自社会，其中 35% 是企业的退休基金，余下 35% 是不动产基金。在美国社会，房地产业基本上都是私人开发。只要愿意去做，任何人都可以通过不同的方式参与房地产投资，其中最主要的渠道是上市企业股票、房产抵押、投资信托基金等贷款证券。这种社会集体参与的房地产开发投资模式降低了美国房地产金融的风险。

1.5.3　我国香港地区与美国房地产发展历程对我国内地的启示

我国香港地区与美国的房地产业由于社会环境不同、发展环境不同，形成了各自鲜明的特点，而它们的存在经历了时间的检验，都有值得内地从业者学习的地方。

1. 完善的房地产金融体系

房地产投资具有投入大、占用资金大、期限长、融资渠道主要依靠商业银行等特点，因此，完善的房地产金融体系能够为房地产企业提供多元化的融资渠道，降低房地产企业的财务风险。无论美国还是香港地区，房地产金融体系都十分完善。美国的房地产投资信托是房地产开发经营资金来源的主要渠道，而房地产投资信托运作的模式多样化又可以降低风险。香港地区方面，则是有多层次的资本市场，房地产企业可以在资本市场上获得可以长期使用的资金。地区通过设计房地产投资基金和房地产投资信托基金等融资工具汇集资本参与房地产开发建设。特别是房地产投资信托基金可以通过联合投资机构、房地产企业及其他社会资本成立基金，投向经过规划设计，具有明确准入对象，形成清晰的投资收益模式，有明确退出渠道的房地产项目。拓展其他融资渠道如金融租赁、委托贷款、PPP 等，为我国房地产企业的发展提供了多元化融资渠道。

2. 产业链纵向整合和产业链横向分工并举

产业链纵向一体化是香港模式最鲜明的特点，香港房地产企业几十年来的稳定发展也证明了在香港这样的环境下其存在有一定的价值。在我国房地产发展初期，主要是借鉴香港房地产的发展经验和开发经营模式。目前，我国的房地产企业巨头（如万科、万达、恒大、绿地等）在规模上已经媲美甚至超越了香港的房地产巨头，对于这部分有着雄厚实力和发展经验以及业内地位的大型、超大型房地产企业，可以进行资源整合，通过兼并、收购、控股、参股、联合或与其他企业合作等手段，进一步做大做强，形成自己的核心竞争力，增强自身的抗风险能力，为消费者提供大量优质的房地产产品。同样，产业链横向分工是美国模式最大的特色，其存在也经历了时间的考验。目前，我国除了少数的房地产巨头外，还有大量的中小型房地产开发企业，它们产品类似、融资模式单一、研发能力弱，因而企业的竞争力弱，在未来房地产业发展速度放缓的大趋势下，必然会有一部分企业退出房地产业。针对这部分企业，可以借鉴美国的经验，根据企业自身资源情况等，在房地产产业链上进行重新定位，选择产业链的某一环节进行深耕细作，成为细分市场上的龙头企业，进而形成自己的核心竞争力，如房地产企业可以转型成土地经营公司、物业经营服务公司、房地产咨询服务公司、房地产金融投资公司等，各得其所，充分发挥各自企业的自身优势。

1.6　房地产开发与经营学科的建设

1.6.1　房地产开发与经营学科的形成和发展

房地产开发与经营是一门应用学科，是应用现代经营管理原理讨论房地产业运动规律，并探讨以较小代价取得较好房地产开发利用效益或效果的科学经营方法的学科，是经营管理学科的一个分支。

房地产开发与经营活动的兴起，使房地产业从传统的劳动密集型行业转变为智力密集型行业。现代化的经营意识、新型的管理思想是使房地产开发与经营企业确定正确的战略和策略，进行高效优质房地产开发、经营销售及物业服务等经营管理活动的重要保证。现代经营理论经过长时期的发展，已形成一个非常有价值的理论宝库。

为了适应社会经济不断发展的要求，21 世纪的房地产业不仅要不断完善房地产开发与经营的理论与方法，也要注重整体学科的发展，并不断更新观念，不断进行补充、完善和发展。可持续发展观念的提出，对传统意义上的房地产也提出了挑战，即要求房地产的开发与建设不仅要能够最大限度地满足当代的需求，也要充分考虑满足未来不断增长的需求。"绿色房地产业"正是适应这种要求提出的新观念。虽然对此还没有准确的概念界定，但是强调在房地产的开发与经营过程中，从设计、建材、公共设施和居室配置到社区管理，要增加科技含量，要遵循节约资源和能源的原则、降低环境的负荷，要有利于促进房地产以及社会经济可持续发展，这是现代房地产业发展所需强调的基本观念。

我国加入世界贸易组织，不仅有利于扩大对外出口和进一步吸引外商直接投资，也直接对我国主要城市（特别是上海、广州等沿海中心城市）的房地产业及房地产市场产生深刻影响。这种影响除了表现在房地产的市场需求以及价格变化上，也会表现在房地产开发与经营观念上。"全球化房地产"是这种变化的一个高度概括，即在逐渐与国际接轨的过程中，在房地产开发、建设、营销以及物业服务等全程服务过程中，不断吸收和引进国外的成功运作机制，实现房地产开发与经营跨区域化或国际化。这种转化，不仅便于与外资机构抗衡，利于进行公平的市场竞争，也利于更新理念，提升开发经营水平。

1.6.2　房地产开发与经营学科的研究内容和方法

1. 房地产开发与经营学科的研究内容

房地产开发与经营活动涉及房地产全部生产过程，以及不同性质房地产开发与经营企业或部门。各个生产环节的内容不同，从事各专业生产的房地产企业或部门也各有特点，因此房地产开发与经营学科的研究内容也较广泛。房地产开发与经营活动的不同阶段、不同内容是密切相关且互相影响的，任一环节的经营失误，都会给总体生产带来不良影响，因此各环节工作又构成一个统一的有机整体。

房地产开发与经营活动可以分为以下基本内容：房地产开发、房地产营销及中介服务、物业服务。各部分内容又涵盖房地产投资可行性分析、投资风险分析、房地产价格及租金评估、房地产市场调查与分析、房地产营销及管理、房地产项目规划设计及施工等。

房地产的开发与经营活动涉及第二产业和第三产业，第二产业部分主要指房屋的生产和建设过程，第三产业部分则指房地产的开发组织、经营管理以及物业服务等过程。无论是在第二产业还是第三产业中，房地产的开发与经营活动主要是发挥策划、组织与协调等管理服务的作用，使各环节能够有机地联系起来，并使房地产的生产和再生产得以完成，同时使房地产的价值得以实现。

2. 房地产开发与经营学科的研究方法

房地产开发与经营作为一门综合性应用学科，学习本科时，首先，应注重以经济学理论和现代经营管理理论为基础和指导思想，应该在充分理解这些理论的基础上，注意吸取各学科精华，并将其灵活应用于房地产开发与经营活动中。如效果成本是经济学强调的基本原理，也是贯穿房地产开发与经营活动的重要原则，特别强调的是在房地产开发与经营活动中要考虑可以货币化的成本和效益，也要考虑难以货币化和量化的成本和效益。现代经营管理的社会系统学派强调在企业经营管理中要注重研究人与社会系统，也要研究技术系统，以保证两方面的协调，使经营决策更具整体性和社会性，这一思想使传统的经营管理思想更为完善。同样，经营决策理论对决策过程的分析，对决策过程中个人与集体心理与社会反应的研究，以及对决策所需信息的开发及其价值、决策目标价值的分析研究，使得经营决策的科学性增加。而经营权变理论强调在政治、经济、法律、技术环境变化多端的情况下，企业只有根据所处内部条件和外部环境随机应变或权宜应变才能成功，而不能一成不变地依靠某种普遍适用的管理理论和方法，这也为经营管理开辟了新径。

其次，作为一门应用学科，房地产开发与经营学也注重将理论应用于房地产实务中，分析研究房地产开发与经营过程的特点和运动规律，并逐步建立一套完整的房地产开发与经营理论和方法体系。可行性分析是在工程建设项目前期进行项目决策时为提供决策依据的重要方法，房地产开发项目的可行性分析不仅要利用可行性分析一般的原理和方法，也要考虑房地产项目的特点，在指标的选择上、参数的确定上要体现房地产项目的特殊要求，这样才能进行正确的分析，为决策提供准确的依据。同时，房地产广告也不完全与一般商品的广告相同，在媒体的选择、广告诉求等方面都要结合房地产的特点进行策划和运作，这样才能达到事半功倍的作用。

最后，在对房地产开发与经营进行定性研究的同时，还要注重定量分析。正如现代经营管理数量学派强调的"管理科学"的出发点是：可以用数学模型和程序来表示与解决经营管理中的计划、组织、决策、控制等问题，并以经济效果最优为目的，求得数学解答——问题的答案。随着科学技术和管理水平的不断提高，谋求定量分析结论，无疑可使经营管理的技术成分相对提高，是一个十分吸引人的发展方向。而计算机软硬件、3G 技术等的发展、应用及推广，也为房地产经营活动的定量分析研究提供了很大的空间。

关键术语

房地产开发；房地产经营；房地产开发流程；房地产发展历程

复习思考题

1. 房地产开发与经营的含义是什么？
2. 房地产开发与经营的特征是什么？
3. 简要叙述房地产开发与经营的程序和内容。

第 2 章

房地产企业

★ 本章概述

本章主要介绍房地产企业的概念、特征和类型，分析房地产企业管理、常见的房地产企业类型、房地产企业资质的申请以及房地产企业的现状。

2.1 房地产企业的概念、特征与类型

2.1.1 房地产企业的概念

企业是在市场竞争环境下，通过有效地整合和利用各种资源，实现自身价值最大化的组织。企业是营利性组织，市场化程度的高低，决定了企业的营利能力。企业将各种生产要素组织起来，通过为社会提供产品和服务实现自身价值最大化，这是企业区别于其他组织的关键特征。企业是独立的经济组织，拥有自己的财产权、决策权和经营权。

房地产由于其自身的特点，即位置的固定性和不可移动性，在经济学上又被称为不动产，可以有三种存在形态：土地、建筑物、房地合一。

房地产企业是指从事土地和房屋开发建设，以及以房地产产品为核心，从事房地产中介、咨询、物业服务，实现自身价值的经济组织。房地产企业对输入的土地、原材料、人力资源、资本、技术、信息等资源，开展各种生产、管理、运营、技术投入等经营活动，将各种输入的资源转换输出为股东满意的财务结果、客户满意的产品和服务、员工满意的人事结果，以及社区满意的信息。房地产企业通过其有效的经营活动，为社会提供各种有形产品和无形产品。有形产品包括各类房屋、构筑物；无形产品包括房地产咨询服务、中介代理服务、估价服务、物业管理服务以及相关的房地产延伸服务。

2.1.2 企业和房地产企业的特征

1. 企业的特征

（1）组织性。企业不同于个人、家庭，它是一种有名称、组织机构、规章制度的正式组织；是由企业所有者和员工通过契约关系自由地（至少在形式上）组合而成的一种开放的社会组织。

（2）经济性。企业作为一种社会组织，不同于行政、军事、政党、社团组织和教育、科研、文艺、体育、医卫、慈善等组织，它首先以经济活动为中心，实行全面的经济核算，追求并致力于不断提高经济效益；而且，它也不同于政府和国际组织对宏观经济活动进行调控监管的机构，它是直接从事经济活动的实体，和消费者同属于微观经济单位。

（3）商品性。企业作为经济组织，又不同于自给自足的自然经济组织，而是商品经济组织、商品生产者或经营者、市场主体，其经济活动是面向、围绕市场进行的。不仅企业的产出（产品、服务）和投入（资源、要素）是商品——企业是"以商品生产商品"，而且企业自身（企业的有形、无形资产）也是商品，企业产权可以有偿转让——企业是"生产商品的商品"。

（4）营利性。企业作为商品经济组织，不同于以城乡个体户为典型的小商品经济组织，它是发达商品经济（市场经济）的基本单位，是以赢取利润为直接、基本目的，利用生产、经营某种商品的手段，通过资本经营，追求资本增值和利润最大化。

（5）独立性。企业还是一种在法律和经济上都具有独立性的组织，它（作为一个整体）对外在社会上完全独立，依法独立享有民事权利，独立承担民事义务、民事责任。

现代企业的新特征：①技术上的先进性——建立在现代先进技术基础上；②管理上的科学性——实行现代化科学管理，包括标准化、精细化管理和社会化、人性化管理；③运营上的"社会性"——它不再是"自由放任"的企业，而是"社会企业"，立足于社会并适应社会需要。

2. 房地产企业的特征

房地产企业是房地产经济运行体的组成部分之一。房地产企业除具备企业的一般性质外，与其他行业企业相比，还具有以下特征：

（1）产品地域性。房地产产品的地域性、空间固定性和唯一性决定了房地产企业的地域属性。房地产产品的地域性、固定性，使得房地产产品不能像其他产品因需要而在生产、消费过程中发生空间位置的移动，或是因空间位置上的移动而改变产品的效用。房地产企业一般以某一区域作为企业的生产经营范围，经营目标、竞争区域也是以区域性市场为主。但是由于互联网的发展，房地产经纪服务业的服务范围从地区性市场辐射到全球性市场，房地产中介企业通过计算机网络可以为世界各地的房屋需求提供服务，部分房地产中介企业的服务范围是全球性的。房地产产品的唯一性决定了房地产企业不能复制同样的产品，不能在一般意义上的生产流水线上生产产品，因此，房地产企业需要投入更多的研发力量，开发具有新创意、适合不同消费者需求的产品和服务。

（2）不完全竞争性。土地市场的垄断性决定了房地产企业的不完全竞争性。产生垄断的原因有三个：一是关键资源由一家企业拥有；二是政府给予一个企业排他性地生产某种产品和劳务的权力；三是就生产成本来说一个生产者比大量生产者更有效率。房地产企业的主要生产要素是土地和房屋。当一家房地产公司购买到一宗土地，该企业就拥有这宗土地的排他性所有权，其开发出的房地产产品就是唯一的，而且成为这种产品的唯一卖者。这时垄断就可能产生。由于土地利用通常被政府管制，房地产开发企业不能任意地根据本公司的战略目标开发房地产项目，必须根据地方政府土地供应计划和土地规划获得土地。当政府给予某一个房地产开发企业排他性地开发某一宗土地的权利时，这个企业就获得了生产这种房地产产品的权利。同样，由于土地利用的政府管制，土地市场具有垄断性，因此，房地产企业存在不完全竞争性。

（3）专业性和综合性。房地产企业存在专业化和综合化发展两个趋势。房地产产品的生产和消费过程具有复杂性和系统性。一个房地产产品的生产必须经历取得土地、寻找资金、施工建设、销售管理、售后服务的全过程。这是一个漫长、相辅相成、互相串联的过程。一个综合性房地产企业可以独立完成全部环节，向消费者提供房地产产品和服务，如土地开发商、房屋建筑商、房地产销售商、资金运营商、物业服务供应商等专业化企业。

相关阅读

当互联网撞上房地产

2013 年 2 月 27 日下午，海南国际旅游岛先行试验区与阿里巴巴集团正式签署战略合作协议：规划总投资 50 亿元，在试验区建我国首个基于云计算和大数据的数字互联网城市——智慧互联网港湾，打造智能化的"未来城市"雏形。

阿里巴巴集团与海南国际旅游岛合作的具体内容包括：依托阿里云的技术领先优势，为政府、企业、居民、游客提供数字化、智能化、个性化终端服务；搭建集电子政务、城市管理、公共服务等为一体的信息化平台；依托支付宝互联网金融和渠道优势，为消费者和全岛居民提供更全面的在线支付解决方案；支持阿里巴巴依托电子商务领先优势，利用互联网和移动终端，探索搭建离岛免税品网络销售平台，为游客提供定制服务。

万科也在做着移民互联网的尝试。2015 年 9 月 18 日到 10 月 6 日，万科利用广点通广告平台的 LBS 定向能力，向深圳部分区域的 QQ 用户投放万科红楼盘的精准营销广告，万科投入 3 万元，获得 2 000 万次的曝光，最终成交额为 400 万元。

除了营销方面的创新外，万科还在做城市配套服务提供商，从四季食堂，到快递代收、万物仓、万客会等，万科正在打造一张不同于腾讯、阿里巴巴集团的物理网络，发挥长项，布局 O2O "最后一公里"的问题。

2.1.3　房地产企业的类型

1. 按照企业功能分类

（1）房地产开发企业。房地产开发企业是依法设立，以营利为目的，从事房地产开发和经营的具有企业法人资格的经济实体。根据 1998 年国务院《城市房地产开发经营管理条例》的规定，房地产开发企业可以在城市规划区内国有土地上进行基础设施建设、房屋建设，转让房地产开发项目或者销售、出租商品房。房地产开发企业有以下两种类型：一是房地产开发专营公司，这是以房地产开发与经营为主要业务的企业；二是房地产开发兼营公司，这是以其他经营项目为主，兼营房地产开发业务的企业。按照开发经营对象可以对房地产开发企业进行以下分类：

①专门从事土地和城市基础设施开发的企业。有两种情况：一种是房地产开发企业通过公开招标、拍卖、挂牌等形式从政府土地部门取得土地后，完成地上物拆迁和基础设施建设，将开发好的土地转让给其他用地者；另一种是房地产开发企业通过公开招标取得土地一级开发项目，按照合同要求进行土地的基础设施建设，并赚取相应的利润，然后将建好的土地交还给政府，由政府再出让给其他用地者。

②专门从事地上建筑物和构筑物建设的房地产企业。这类企业从二级土地市场上取得土地使用权，在土地上建设各类房屋和构筑物，最后将建成的房屋和构筑物出租或出售。

③房地产综合开发经营企业。房地产综合开发经营企业是指把土地和房屋作为统一的开发经营对象进行综合开发建设的房地产企业。一般大型房地产开发企业都是这种类型的企业。

相关阅读 \\\\

恒大集团

公司简介

恒大地产集团有限公司是中国恒大集团的下属控股企业，是集团的地产业务主体，总部位于我国广州。恒大集团是集地产、金融、健康、旅游及体育为一体的世界 500 强企业集团，总资产超过 1 万亿元人民币，年销售规模超 4 000 亿元人民币，员工 8 万多人，解决就业 130 多万人，在全国 180 多个城市拥有地产项目 500 多个。恒大扎根我国，一直致力于推动我国城市化进程，现已在广州、上海、天津、重庆、沈阳、武汉、成都、南京、西安、长沙、太原、昆明、合肥、贵阳、南宁、南昌、济南、郑州、兰州、长春、海口、石家庄、呼和浩特、哈尔滨、乌鲁木齐等全国 50 多个主要城市拥有大型房地产项目 100 多个，覆盖中端、中高端、高端及旅游地产多个产品系列。

发展阶段

第一阶段（1997—2004 年）：【规模取胜】战略阶段

1997 年，恒大确立"小面积、低价格"的发展模式，这是基于当时企业发展战略"规模取胜"而做出的决定，也是当时公司基于对目标市场及市场规模的分析、对目标市场内一般消费者负担能力的评估及可供使用的财务资源估计而制定的。1997 年，恒大只在广州开发 1 个项目；而至 2004 年，公司开始同时开发 10 多个项目，公司的员工人数由 1997 年不足 20 人急升至 2004 年超过 2 000 人。凭借初创阶段持续一致的努力，公司逐步跻身广州房地产十强企业、广东省房地产企业竞争力第 1 名、中国房地产十强企业及中国房地产品牌价值十强企业。

第二阶段（2004—2007 年）：【规模＋品牌】战略过渡阶段

从 2004 年开始，由于中国房地产市场渐趋成熟及竞争日益激烈，恒大转变了原来的企业发展战略。除了实现规模的飞跃，公司开始着重"规模＋品牌"的同时发展，以确保持续发展。在规模扩充方面，公司走出广东省，将地理版图扩充至其他战略性城市，使房地产组合的开发面积从几十万平方米大幅增加至几百万平方米，在此过程中，公司在同时管理遍布全国多个项目方面取得宝贵的经验。在品牌建立上，公司对开发中项目采用规范管理，并开始实施全国标准化运营模式。

第三阶段（2007 年至今）：【规模＋品牌】标准化运营战略阶段

自 2007 年起，恒大继续专注于发展"规模＋品牌"战略，为了在全国有效实施这一策略，公司进一步利用标准化运营模式，推进国内迅速拓展。经过多年实践及调整，恒大标准化运营模式在中国各地的运营中已被证实非常有效。

（2）房地产中介服务企业。根据 2001 年建设部发布的《城市房地产中介服务管理规定》第 2 条的规定，房地产中介服务是指房地产咨询、房地产价格评估、房地产经纪等活动的总称。房地产中介服务企业是指在房地产投资、开发、销售、交易、消费等各个环节中，从事服务性经营活动的、具有法人资格的经济实体，包括房地产咨询、房地产估价和房地产经纪三类企业。房地产中介服务企业的特点有两个方面：一是企业由具体特定资格的专业人员构成，如房地产估价企业的专业人员都要具有《中华人民共和国房地产估价师注册证书》，房地产经纪服务的专业人员都要具有《中华人民共和国房地产经纪人注册证书》；二是企业的经营活动主要是提供委托服务，中介服务企业一般不能主动为委托人提供房地产中介服务，只有当事人根据自身需要并委托中介企业时，房地产中介企业才能在委托范围内提供相应的中介服务，并获得报酬。这与房地产开发企业可以根据企业自己的战略目标决定是否进行某一个房地产项目的开发活动有关。

①房地产咨询服务企业。房地产咨询服务企业主要指依法设立，从事房地产法律、法规、政策、信息、技术等方面咨询服务的经济实体。早期的房地产咨询主要为委托人提供简单的房地产法律条文解读和房地产买卖信息方面的咨询服务。伴随我国房地产业的繁荣发展，对房地产咨询的需求越来越多，而房地产咨询服务企业能够提供的房地产咨询服务项目和服务领域也越来越广。咨询服务项目从解读法律、法规、政策和提供房地产价格信息，发展到为政府、企业和个人提供战略性、前瞻性、综合性的咨询服务，包括地区市场分析、企业战略和管理服务咨询、区域性开发规划战略与方案咨询、项目开发可行性研究咨询、项目营销策划、企业和个人投资咨询，以及融资咨询等。房地产咨询服务企业的发展，对于沟通信息、降低交易成本、加大信息资源的有效利用、增强市场的透明度、促进房地产企业发展起到了十分积极的作用。目前国家对房地产咨询企业的专业人员没有建立执业资格制度，也没有对房地产咨询企业建立等级管理制度。

②房地产估价服务企业。房地产估价服务企业是依法设立并取得房地产估价机构资质，从事房地产估价活动的经济实体。根据《房地产估价机构管理办法》（2005 年建设部令第

142 号）第 3 条的有关规定，房地产估价服务企业可以从事的房地产估价项目包括土地、建筑物、构筑物、在建工程、以房地产为主的企业整体资产、企业整体资产中的房地产等各类房地产评估，以及因转让、抵押、城镇房屋拆迁、司法鉴定、课税、公司上市、企业改制、企业清算、资产重组、资产处置等而需要进行的房地产评估。房地产估价企业从事房地产估价活动，不受行政区域、行业的限制。国家对房地产估价企业实行分级动态管理，2014 年全国共有 301 家房地产一级估价机构。

③房地产经纪服务企业。房地产经纪服务企业是依法设立并取得房地产经纪机构资质，以收取佣金为目的，为促进他人房地产交易而从事居间、代理等经纪业务的经济实体。根据 2011 年住房和城乡建设部、国家发展和改革委员会、人力资源和社会保障部发布的《房地产经纪管理办法》第 3 条的规定，房地产经纪是指房地产经纪机构和房地产经纪人员为促成房地产交易，向委托人提供房地产居间、代理等服务并收取佣金的行为，包括新建商品房销售、二手房买卖、二手房租赁、房地产拍卖，以及其他房地产产权、抵押登记代办业务等经纪业务。

房地产经纪服务对于提高市场效率、促进房屋资源的有效配置起着十分重要的作用。房地产经纪服务企业提供高质量的房地产经纪服务，可以促进房地产市场发展，使市场参与者的决策行为更理性和科学，降低房屋交易双方的信息收集成本，提高信息收集效率。2006 年中国房地产估价师与房地产经纪人学会向全国发布了《房地产经纪执业规则》，并向全国推荐使用房地产经纪业务合同文本。

相关阅读

北京链家房地产经纪有限公司

北京链家房地产经纪有限公司（以下简称"链家"）成立于 2001 年，是一家集房产交易服务、资产管理服务为一体以数据驱动的价值链房产服务平台，业务覆盖二手房交易、新房交易、租赁、装修服务等。链家目前已覆盖北京、上海、广州、深圳、天津、成都、青岛、重庆、大连、合肥等 28 个市，全国门店数量约 8 000 家，旗下经纪人超过 13 万名。目前线上已覆盖 PC 端、链家 APP、链家网手机版等终端，是具备集房源信息搜索、产品研发、大数据处理、服务标准建立为一体的综合型房产服务平台。

（3）物业服务企业。物业服务企业是依法成立，具备房地产物业服务资质，依据物业服务合同从事物业管理服务相关活动的经济实体。物业服务企业属于服务性企业，通过对物业进行管理和经营，提供可靠的、安全的、增值的服务活动，使物业正常使用，从而为业主和物业使用人创造一个舒适、方便、安全的工作和生活环境。物业服务企业提供的服务项目主要有常规性的公共服务、延伸性的专项服务、随机性的特约服务、委托性的代办服务和创造性的经营服务，通过为业主提供服务以达到物业的保值和增值。同时，物业服务企业具有一定的公共管理性的职能，承担着物业区域内公共秩序的维护、市政设施的配合管理、物业的装修管理等职能。国家对物业服务企业实行分级管理。

2. 按照企业所有制性质分类

（1）城镇集体所有制房地产企业。城镇集体所有制房地产企业的资产属于城镇劳动群众所有。

（2）国有独资企业、股份有限公司和有限责任公司。这类房地产企业主要是依据《中华人民共和国公司法》（简称《公司法》）的有关规定组建的。一些全民所有制房地产企业根据《公司法》的有关规定，改造为国有独资公司、股份有限公司和有限责任公司。

1999 年国务院办公厅发布了《国务院办公厅关于清理整顿经济鉴证类社会中介机构的通知》，房地产中介机构在人员、财务、业务、名称四个方面与政府部门、事业单位脱钩，改制为自主经营、自担风险、自我约束、自我发展、平等竞争的经济实体。在改制过程中，一些房地产中介企业经过与原政府部门、事业单位脱钩，改制为房地产责任有限公司。新组建的房地产企业一般都按照《公司法》的有关规定建立符合法律规定、从事房地产业务的经济实体。

这三类企业在出资额、承担责任、股东大会等方面有一定区别。有限责任公司是依据《公司法》的规定设立的，股东以其出资额为限对公司承担责任，公司是以其全部资产对公司的债务承担责任的企业法人；公司依法设立股东大会、董事会（或者执行董事）、经理和监事会（或监事）。国有独资公司是依据《公司法》的规定，由国家授权投资的机构或者国家授权的部门单独投资设立的有限责任公司；国有独资公司不设立股东大会，依法设立董事会和监事会。股份有限公司是依据《公司法》的规定设立的，其全部资本分为等额股份，股东以其所持股份为限对公司承担责任，公司是以其全部资产对公司的债务承担责任的企业法人；公司依法设立股东大会、董事会、经理和监事会。

（3）合伙制房地产企业。合伙制房地产企业是依据《中华人民共和国合伙企业法》的规定设立的，由各合伙人订立合伙协议，共同出资、合伙经营、共同收益、共担风险。各合伙人对企业的债务承担无限连带责任。合伙人可以以货币、实物、土地使用权、知识产权或者其他财产权出资。经全体合伙人协商一致，合伙人也可以用劳务出资。房地产中介企业采用合伙制设立企业的比较多，特别是一些夫妻合作的小型房地产中介服务所。

（4）中外合资经营房地产企业、中外合作经营房地产企业、外资房地产企业。中外合资经营房地产企业是依据《中华人民共和国中外合资经营企业法》的规定，由中国的公司、企业或者其他经济组织与外国公司、企业、其他经济组织或个人共同出资在我国境内设立的中国企业；企业具有中国法人资格，依法采取有限责任公司的形式。中外合作经营企业是依据《中华人民共和国中外合作经营企业法》的规定，由中国的企业、其他经济组织与外国的企业、经济组织或者个人共同出资在我国境内设立的中国企业。外资企业是依据《中华人民共和国外资企业法》的规定在我国境内设立的、全部资产由外国投资者投资的中国企业，但不包括外国企业和其他经济组织在中国境内设立的分支机构。在 20 世纪 90 年代，我国在房地产领域减少了对外资的限制，一些境外资金（包括港澳台地区）进入我国内地与中国企业建立合资、合作企业，共同开发房地产项目。在房地产领域，外资可以直接在中国内地设立房地产独资企业，如以房地产中介服务为主的北京中原房地产经纪公司就是一家外资独资公司。伴随我国经济和房地产业的迅猛发展，外资从早期进入房地产开发企业为主，逐步渗透到中介服务和物业服务领域，建立了各种类型的合资、合作、独资的房地产中介企业和物业服务企业。

2.2 房地产企业的组织模式和战略模式

2.2.1 房地产企业的组织结构设计

1. 组织结构设计的一般原理

不同规模的房地产企业的组织结构设计一般是不同的。设计良好的组织结构有助于员工有效地完成企业任务。组织结构就是在组织中正确地使工作任务得以分解、组合和协调的框架体系。组织结构设计有六个要素，即工作专门化、部门化、指挥链、管理跨度、集权与分权、正规化。房地产企业通常遵循组织结构设计的一般原理，并结合房地产企业的行业特点设计本企业组织结构，其目的在于有效实现企业愿景和战略目标。企业高层领导者在进行组织结构设计时，要考虑六个方面的影响因素：战略、规模、技术、环境、人员素质和生命周期。

2. 常见的房地产企业组织结构设计

房地产企业一般会采用以下五种常见的组织结构设计形式：直线制组织结构、职能制组织结构、直线职能制组织结构、事业部制组织结构和矩阵式组织结构。有些房地产企业也采用新型的组织结构设计：团队结构、虚拟结构和无边界组织。

（1）一般组织结构设计。

①直线制组织结构。这种组织结构的特点是低度部门化，宽管理跨度，职权集中于领导者一人手中，是一种简单结构，适合30人以下的房地产企业。如小型的房地产评估公司、房地产经纪公司、物流服务公司。其优点是命令统一、责权分明、维持成本低、快速灵活；缺点是不利于企业成长，过分依赖领导者的才能和技能。

②职能制组织结构。这种结构是在主管人员的领导下，按专业分工将员工组合在同一职能部门的组织。其缺点是由于部门分割，各部门不了解其他部门的工作，只追求各自的职能利益。其优点是利用专门化、规模化带来了成本节约（图2-1）。

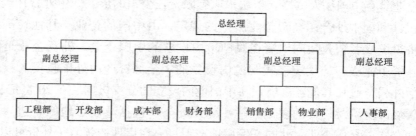

图2-1 某中型房地产开发公司的职能制组织结构

③直线职能制组织结构。直线职能制综合了直线制和职能制，建立了集中决策的职能部门，同时还设立了分散经营的项目部门，是典型的官僚组织结构。职能机构是直接主管的参谋，提出组织的政策和管理规定，不能对直线部门直接进行指挥命令。直线部门独立负责本部门的运营，可以按照产品、地区、顾客等建立直线部门。直线职能制的优点是统一指挥与专业分工相结合；缺点是横向协调难度大、人员多、效率低、管理成本高（图 2-2）。这种组织结构属于集权式的组织结构。

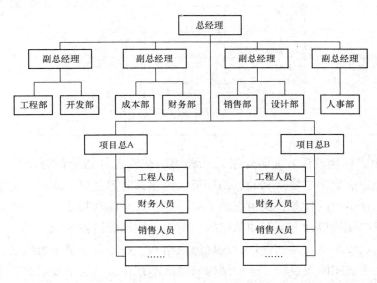

图 2-2　某大型房地产开发公司的直线职能制组织结构

④事业部制组织结构。这是一种相对独立的部门或事业部组成的组织结构，公司总部负责业务管理者的角色，提供财务、法律、培训、技术等方面的支持服务，而事业部则是独立经营、自负盈亏的利润中心，对本部门的绩效负责。在这种组织结构下，对事业部经理的人员素质要求很高。通常超大型、产品种类多、产品差别大、分公司多的房地产企业采用这种组织结构设计模式。其优点是强化了决策机制，总公司层领导着重研究政策和战略发展，提供各种服务，调动事业部的积极性，强调事业部经理对本部门产品和服务的经营责任，有利于培养人才，增强内部竞争；缺点是活动和资源的重复配置导致成本上升，效率降低。这种模式属于分权制组织结构。

⑤矩阵式组织结构。矩阵式组织结构是一种基于职能部门化和产品部门化的组织结构（表 2-1），在这种结构中，既有按照工程部、财务部、营销部、设计部、前期部、物业部等划分的职能单位，也有按照别墅、公寓、写字楼、商城、娱乐项目、餐饮等公司产品划分的项目部门。矩阵结构中的员工受双重领导，即横向的产品线领导和纵向的职能部门领导，同时员工也有双重任务。一般来说，专业人员在完成产品项目后，要回到职能部门中。矩阵式组织结构的优势在于公司可以很好地协调复杂又相互依存的组织活动，不同的专业人员可以很好地沟通和交流，并借助矩阵结构组织平台很好地发挥资源作用。这种结构的不足在于消除了统一指挥后，可能造成一些混乱，员工缺乏安全感，产品线经理会为了得到优秀的专业

人员展开竞争，容易引起组织矛盾。

表 2-1　某大型综合房地产企业集团的矩阵式组织结构

项目 部门	别墅项目部	公寓项目部	写字楼 项目部	停车场 项目部	餐饮娱乐 项目部	商场项目部
前期部						
财务部						
工程部						
物业部						
营销部						
设计部						

（2）现代组织结构设计。上面介绍的几种组织结构设计属于传统结构设计，这种结构使企业常常不能适应越来越复杂和动态的环境，企业有时需要更为简单、灵活和创新的组织结构，安排和构建组织的任务，使组织能够对顾客、员工以及其他利益相关者的要求做出快速反应。新型组织结构设计方案有团队结构、虚拟结构和无边界组织三种。

①团队结构。以团队为基础设计的现代组织结构，好处在于整个组织是由执行组织的各项任务的工作小组或团队组成的。这种结构的团队不存在从高层至基层的管理职权链，每一个团队是一个自治的管理中心，以利润或任务为中心，团队有一名领导，分成若干个小组，小组可以解决顾客提出的问题，避免了"踢皮球"现象。大型房地产经纪机构可以采用团队结构进行组织结构设计。如某房地产经纪机构有 100 个经营店铺，分布在 10 个区域。每一个店铺是一个工作团队，任命一个团队领导；每一个区域的店铺经理再构成一个团队，任命一个区域经理。

②虚拟结构。虚拟结构的主要职能（如生产、销售、设计）是通过外包、租用完成的。虚拟结构是高度集权化的，部门化程度很低，甚至没有。虚拟结构建立在企业关系网络基础上，追求最大程度的灵活性。高级管理层通过合同契约关系维持与其他职能组织之间的关系。因此，管理者大量的时间用于协调和控制外部的关系，主要通过计算机网络进行联系。这种组织结构的优势在于获得新业务、应对竞争对手、开发新产品方面的高度灵活性；缺点在于降低了管理层对企业关键部分的控制力度。

③无边界组织。无边界组织是通用电气公司的前总裁杰克·韦尔奇创造的。这种组织结构取消了横向、纵向与外界的边界，取消了命令链和职能部门，取消了组织的垂直跨度，取而代之的是跨层级的工作团队，工作团队由高层管理者和普通员工组成，企业结构更加扁平化。另外，由于电子网络技术的发展，一些专业技术人员可以在家办公，可以为多个企业老板服务，而他们却在公司的管辖地域范围之外。无边界组织在房地产经纪行业应用比较多，如北美地区的房地产经纪 MLS 系统，房地产经纪人通过网络为顾客提供房屋交易服务，顾客通过网络寻找房地产经纪人为其提供服务。MLS 系统管理者可以拥有无限多个取得经纪

人注册资格的房地产经纪人。

2.2.2 房地产企业的战略模式

早期的房地产企业重视"关系"，期望通过"关系"获得利润，并不十分重视对企业的组织战略、组织结构、人力资源、绩效等进行研究和管理。随着社会主义市场经济的建立和发展，政府加强了自身管理和社会管理，培育市场公平竞争环境，企业通过诚信和竞争才能赢得消费者的认可和政府的信任。在改革开放的大环境下，房地产企业逐渐认识到加强自身管理、建立现代企业制度的重要性。早期国有房地产开发企业一般由政府部门直接进行管理和经营，其机构设置和人事管理带有强烈的计划经济体制烙印，基本没有房地产企业的管理战略，主要是按照上级下达的计划完成建房任务，并按照计划定向销售给使用者。伴随政企分开，国有房地产开发企业按照现代企业管理模式进行改革和创新，转型为独立经营、自负盈亏、公平竞争的市场主体。

现代房地产企业研究企业发展战略，树立房地产企业品牌和产品品牌，营造企业文化，设计能够支持和促进员工有效地完成企业任务的组织结构，把人力资源管理作为房地产企业发展的重要战略，通过规范而科学的管理，提升企业自身形象和社会形象，为社会提供品质更高、服务更好的房地产产品和服务。本节按照管理学的一般理论，重点分析房地产企业的计划管理与战略管理。

1. **房地产企业的计划管理**

计划是企业管理的四大职能之一，计划的主要内容包括确定组织发展目标、制定全局战略、开发广泛的相关计划、制订战略实施和资源分配方案。企业制订计划是一项非常复杂而重要的工作，通过计划工作可以为企业的发展指明方向、减少内外界环境变化对企业的冲击、最小化资源浪费、建立企业绩效控制的指标，而且通过制订企业计划可以带来较高的绩效，使企业获得较高的资产回报率。

房地产企业在制订计划时，通常要考虑两个问题：一是企业的目标是什么；二是如何编制企业的计划书。目标是企业期望的产出，它是企业管理决策的方向和起点，构成了企业绩效评估的标准。计划书规定了实现目标的措施和手段、资源分配方案、进度等。房地产企业的目标通常是多重的，除了为企业创造经济效益外，还包括为客户提供高品质的产品、为股东创造价值、为社会创造财富。房地产企业的目标可以分解为财务目标和战略目标。财务目标包括对企业的收入增长、收益增长、企业红利、毛利润、投资回报率、债券和信用等级、现金流、股票价格、多元化的收入来源等设定较高的目标；战略目标包括对企业的市场份额、同行业产业排名、产品质量、成本约束、产品线、顾客声誉、产品的创新领导者、增长机会等设定较高的目标。这些目标可以从房地产企业的公开网站、年度报告、财务报告等公开陈述中找到。

房地产企业的计划可以分为战略性和运营性两类。战略计划一般是长期的、方向性的和一次性使用的；运营计划一般是短期的、具体的、持续性的。战略计划是应用于整个组织的计划，确定组织的全局目标和组织在环境中的定位。运营计划是对战略计划的细化和实施战略计划的细节方案。由于我国房地产业发展仅几十年，相对于其他行业，房地产企业战略计划的时间还比较短，五年期战略规划比较常见。一些业绩良好的房地产企业也制订了中长期战略计划。

房地产产品的生产和消费过程受国家法律、法规的约束较多，房地产开发和服务项目具有一定的时间性和程序性，因此在制订房地产企业运营计划时，企业管理者要考虑计划的时间性、可操作性和方向性。企业可以采用预算、排程、盈亏分析、线性规划等技术，对资源（包括财务资源、人力资源和无形资源）进行分配，通过在运营计划中合理安排企业的各种资源，来实现房地产企业的发展目标。例如，房地产开发项目资金安排计划、施工进度计划、销售计划中，都渗透着企业对财务资源、人力资源、无形资源的有效使用。

2. 房地产企业的战略管理

越来越多的证据表明，企业战略管理对提高组织绩效具有十分重要的作用，那些失败的企业，往往是由于企业发展战略失败而导致的。战略管理是一组管理决策和行动，企业战略是企业以未来为基点，为寻求和维持持久竞争优势而做出的有关全局的重大筹划和谋略。企业战略是企业为自己确定的长远发展目标和任务，以及为实现这一目标而制定的行为路线、方针政策和方法。企业战略管理涉及企业的计划、组织、领导和控制各个职能。由于企业战略管理包含许多重要的管理决策，决定了企业的发展方向，战略计划为管理人员提供了特定的目标，使管理人员具有一致的愿景，因此具有正式战略管理体系的企业，财务回报要高于没有战略管理系统的企业。制定战略的方法很多，本书主要介绍 SWOT 分析法。该方法由麦肯锡咨询公司提出。

（1）战略管理过程。越来越多的房地产企业实施了战略管理。房地产企业的战略管理过程包括八个步骤。

第 1 步，确定企业当前的使命、目标和战略。每一个企业都要陈述自己的使命，也就是企业存在的理由和价值。定义了企业的使命，企业的管理者才能够按照使命确定企业的产品和服务范围。例如，万科企业集团的使命是成为"中国房地产行业领跑者"；伟业顾问公司的使命是"不做开发商，要做最好的房地产综合服务商"。

第 2~5 步，SWOT 战略分析。

①外部环境分析。分析外部环境对房地产企业管理者至关重要，这主要是由于房地产业的产业链非常长，它通过直接、间接、前向、后向等多种关联方式影响其他产业，同时房地产业又是一个受政府管制和政策影响的行业。因此，管理者要知道外部环境的变化对房地产业和房地产企业产生什么影响，并分析外部环境的变化趋势以及对企业影响的趋势。通过外部环境分析，管理者需要评估企业面临的机会与威胁。机会是外部环境因素中的积极趋势，威胁就是负面趋势。同样的环境可能对处于同一产业的不同公司意味着机会或威胁。国家从 2004 年开始的房地产市场宏观调控，是对房地产企业的一个考验，有的企业在宏观调控过程中或者被其他企业吞并，或者面临解体，而有的企业则蓬勃发展。

②内部资源和能力分析。企业的发展与成功不仅受外部环境的约束，同时受到企业自身资源和能力的限制。企业与众不同的资源和能力是企业的核心能力，它决定了企业的竞争能力。房地产企业通过对内部资源和能力的分析，能够判断和把握企业的优势和劣势。企业的

优势包括有技能的员工、有经验的管理者和企业文化等；能力包括企业在组织各种功能方面的能力，如市场营销、产品研发、信息系统、人力资源管理、财务融资、客户管理等方面的能力。劣势就是企业在经营活动中不擅长的资源和能力。

对企业的机会和威胁、优势和劣势进行分析的方法，就是 SWOT 战略分析。目前很多房地产企业采用 SWOT 战略分析方法，建造 SWOT 矩阵，对企业所处的内外部环境、资源和能力进行评估，找到企业发展的机会，确定企业的战略方向。

第 6～8 步，构造战略、实施战略和评估战略。房地产企业在分析了企业内部环境和自身的资源能力后，就要确定能够发挥自身优势和充分利用环境机会的战略。房地产企业管理者选择企业战略时，必须要选择并实施那些可以使企业可持续发展的企业战略。如以住宅为主导产品的房地产开发企业，其发展方向要与环境相协调，把开发节能、省地、环保的绿色住宅项目作为企业的发展方向，才能与整个国家的可持续发展战略相协调，并实现本企业的可持续发展。同时，成功的战略既取决于战略的有效性，更取决于战略的成功实施。在实施过程中，需要根据内外部环境的变化，不断评估和调整初始战略。

（2）企业战略类型。房地产企业战略可以分为公司层战略、事业层战略和职能层战略。公司层战略是整个组织的方向性战略，决定企业从事什么事业，并决定事业部将在公司战略中扮演的角色。因此，公司层战略决定了整个组织的发展方向。

①公司层战略。总体上看，企业在 SWOT 战略分析的基础上，可以采用以下三种发展战略：稳定战略、增长战略和收缩战略（图 2-3）。

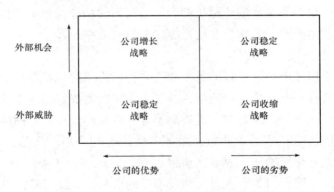

图 2-3　基于 SWOT 分析的公司层战略选择

房地产企业采用稳定战略的特征一般是企业基于不做重大的变革，保持既有的产品结构和服务，维持市场份额和企业的投资回报率。如某城市以二手房中介服务为主的房地产经纪企业，在现有企业经营状况和人力资源条件下，一段时间内，继续以二手房中介服务为主，没有向房地产开发、物业服务等相关行业拓展的计划。

房地产企业采用增长的战略，其特征是企业寻求扩大经营规模，可以采用集中成长战略或多元化战略。采用集中成长战略，房地产企业既可以在一个产业，也可以在一类产品上拓展企业的经营范围和经营规模。集中成长战略可以分为直接扩张、纵向一体化和横向一体化。直接扩张一般从企业内部提高企业的销售额、扩大企业产量或员工数量实现扩张原有业务。房地产经纪企业，可以通过授予特许经营权，实现企业经营规模的扩张。这是一种典型的直接扩张战略。

企业采用纵向一体化也可以实现增长。纵向一体化可以是前向一体化，也可以是后向一体化或者两者同时进行。前向一体化，是从企业输出产品和服务的方向进行扩张，如房地产开发企业，可以建立销售公司、物业服务公司对其生产的房地产进行销售、提供物业服务。后向一体化，是从资源（原材料）输入的方向实现企业扩张，如房地产开发企业建立原材料生产基地，在房地产开发项目中部分采用自己企业生产的原材料，可以降低资源采购成本并最小化低效率运营，同时更好地控制质量，从而维持和提高竞争地位。但是，采用后向一体化战略的房地产开发企业，相对于采用前向一体化的企业，企业经营灵活性降低了。

②事业层战略。房地产企业确定了公司层战略后，需要决定在每项事业上展开竞争，获得竞争优势。竞争优势是使组织具有别具一格和与众不同的特色，来自企业的核心竞争力，如服务、技术、质量、价格、性能等。企业要通过产业分析和采用适当的竞争策略来建立企业的竞争优势，可以采用的三种竞争战略是成本领先战略、差异化战略和聚焦战略。

当房地产企业选择成本领先战略时，需要在提供的产品和服务质量不低于竞争对手的情况下，降低企业的各项成本费用，包括人工成本、销售成本、建造成本等。成本领先战略对房地产企业的组织体系要求很高，企业需要建立严格的成本控制体系、出具频繁而详细的成本控制报告、以定量目标为基础的奖励机制和职责清晰的功能性组织结构。实际上，成本领先战略，也就是低成本战略，要求企业比竞争对手更有效率地设计、生产和营销同类产品和服务，使成本最小化。

差异化战略也是房地产企业选择的重要战略之一。由于房地产需求者的个性化要求，对房地产消费品的需求存在差异性，房地产企业寻求为消费者提供与众不同的房地产产品和服务。差异化战略源于优秀的产品质量、优质的服务、创新的设计、超前的技术、优秀的品牌形象。企业通过提供超过竞争对手质量、服务、性能等的产品，产品价格超过竞争对手价格，产品溢价超过差异化所增加的成本来获得利润。房地产企业采用差异化战略取得成功，需要获得消费者的忠诚度，因为顾客对于与众不同的产品，关注点是产品的质量、性能和服务，对价格不是很敏感。差异化战略对房地产企业的产品研发能力、市场营销能力要求很高，企业要建立富有创新和创造力的企业文化，鼓励员工参与创新活动。由于差异化战略可以为企业带来更多的利润，因此房地产企业建立自己的产品研发中心、设计中心、营销中心已经屡见不鲜。

聚焦战略是针对某一产品、某一区域市场、某一类型消费者提供产品和服务的战略。聚焦战略可以分为两种：一种是低成本聚焦战略；一种是差异化聚焦战略。房地产企业采用这种战略也可以获得成功，但要考虑到市场占有率与盈利率之间的平衡。公司采用差异化聚焦战略，需要在目标细分市场上寻求差异化，如房地产开发企业针对经济富裕的老人建造的高档养老公寓，针对高级单身年轻白领建造的小户型高级公寓等。采用聚焦战略，房地产企业试图在很窄的市场区域或消费群体中提供产品和服务，这对房地产企业的战略远见提出了很高的要求。研究表明，这种战略比较适合于小型企业。

③职能层战略。职能层战略是传统上的各职能部门，如财务、计划、营销、人力资源等部门采取各种战略来支持事业层战略。房地产企业的职能层战略是整个公司战略的组成部分，是以公司战略的事业层战略为核心展开的。

相关阅读 \\\\

万科集团 SWOT 分析

1. 关于万科（内部资源和能力）

万科企业股份有限公司（以下简称万科）成立于 1984 年 5 月，1988 年进入房地产行业；

2006 年万科获 "CCTV2005 年度中国最具价值上市公司"；

2008 年入选《华尔街日报》（亚洲版）"中国十大最受尊敬企业"；

2010 年公司销售金额 1 081.6 亿元，营业收入 507.1 亿元，净利润 72.8 亿元，成为全国第一个年销售额超千亿元的房地产公司。

万科 2011 年全年实现销售面积 1 075.3 万平方米，销售金额达到 1 215.4 亿元，同比分别增长 19.8% 和 12.4%。这是万科继 2010 年销售额突破千亿元之后，业绩再创新高，并成为唯一蝉联房地产业年度销售超千亿元的公司。

2. 中国房地产业概况分析（外部环境）

（1）政治环境分析。政府的总体调控政策仍然走平衡木。法律层面上，国家出台相关法规，既保护也限制了房地产的发展；国家短期内不会允许房价的深度下跌，未来二三十年房地产业仍将是国家经济发展的主要产业。

（2）经济环境分析。房地产行业的发展态势与我国宏观经济的发展成正相关；经济发展仍然呈高速发展态势，带动房地产行业的恢复和飞速发展；国民收入水平也在稳步提高，消费水平逐步提高，房地产的价格也在不断攀升。

（3）技术环境分析。技术（信息技术、生物技术和新材料技术）对房地产行业具有一定的影响，通过采用新技术可提高经济和社会效益。以环保、节能为主题的绿色生态住宅的兴起，表明购买者对住宅品质要求提高。

3. 万科 SWOT 分析

（1）优势（S）：

①中国房地产的龙头企业；

②强大的竞争力；

③财务状况良好，融资渠道通畅；

④增长的方式向质量效益增长。

（2）劣势（W）：

①人才的缺乏；

②员工关注不够，员工的满意度不高；

③缺乏政府的"关爱"。

（3）机会（O）：

①对商品房的刚性需求大；

②迎合了中高档房产消费者的需求；

③手握大量现金，扩大市场占有率；

④享受二、三线房地产带来的好处。

（4）威胁（T）：

①国家进行经济结构的调整；

②获取土地的难度加大，成本较高；

③利润减少，退出成本很高；

④众多房地产公司的高速扩张，削弱了万科的竞争优势。

2.3　房地产企业的设立与资质等级管理

　　根据相关法律规定，我国对房地产企业的设立和资质实行严格许可管理。设立房地产企业除了要符合企业工商登记的一般规定外，还要符合房地产企业设立的特殊要求。同时，由于我国房地产企业刚刚发展起来，企业的技术水平、资金能力、人力资源状况和服务质量参差不齐，因此，国家对房地产企业建立了资质等级管理制度，不同资质等级的房地产企业从事与自身资质等级相对应的营业内容。

2.3.1　房地产开发企业的设立及资质等级管理

1. 房地产开发企业的设立条件

　　房地产开发企业应属于有限公司并且从事房地产开发经营，同时，它还应当执行《公司法》的有关规定。2007年8月修订的《城市房地产管理法》第3章第30条对设立房地产开发企业做了原则性规定：

（1）有自己的名称和组织机构；

（2）有固定的经营场所；

（3）有符合国务院规定的注册资金；

（4）有足够的专业技术人员；

（5）法律、行政法规规定的其他条件。

　　国务院1998年发布的《中华人民共和国城市房地产开发经营管理条例》第2章第5条对房地产开发企业设立做了更为具体的规定。设立房地产开发企业，除应当符合有关法律、行政法规规定的企业设立条件外，还应当具备下列条件：有100万元以上的注册资本；有4名以上持有资格证书的房地产专业人员；有建筑工程专业的专职技术人员；有2名以上持有资格证书的专职会计人员。省、自治区、直辖市人民政府可以根据本地方的实际情况，对设立房地产开发企业的注册资本和专业技术人员的条件做出更高的要求。

2. 房地产开发企业的设立程序

房地产开发设立程序包括两方面：一是工商登记；二是资质审查。

（1）工商登记。对于设立房地产开发企业的工商登记，《城市房地产管理法》第3章和第30条同时规定：设立房地产开发企业，应当向工商行政管理部门申请设立登记，工商行政管理部门对符合本法规定条件的，应当予以登记，发予营业执照。工商行政管理部门在对设立房地产开发企业中申请登记进行审查时，应当听取房地产开发主管部门的意见。房地产企业工商登记的程序如下：

①拟订房地产开发企业章程；

②向当地政府或房地产主管部门提出成立房地产开发企业的申请报告；

③申报企业资质等级；

④办理银行的开户手续，存入注册资金；

⑤办理资金信用证明；

⑥办理营业场所的使用证明；

⑦向工商行政管理部门申请注册登记。

（2）资质审查。新设立的房地产开发企业在领取营业执照后的一个月内，到登记机关所在的县级以上地方人民政府规定的部门备案。备案时应当提交以下材料：

①营业执照复印件；

②企业章程；

③验资证明；

④企业法定代表人的身份证明；

⑤专业技术人员的资格证书和劳动合同；

⑥房地产开发主管部门认为需要出示的其他文件。

3. 房地产开发企业的资质等级与管理

（1）房地产开发企业的资质等级。根据2000年建设部发布的《房地产开发企业资质管理规定》，我国实行房地产开发企业资质等级管理制度一般根据房地产开发企业的资产、专业技术人员和开发经营业绩，核定房地产开发企业资质等级。未取得房地产开发资质等级证书的企业，不得从事房地产开发经营业务。国务院建设行政主管部门负责全国房地产开发企业的资质管理工作；县级以上地方人民政府房地产开发主管部门负责本行政区域内房地产开发企业的资质管理工作。

房地产开发企业按照企业条件分为四个资质等级，并实行分级审批制度。一级资质由省、自治区、直辖市人民政府建设行政主管部门初审，报国务院建设行政主管部门审批。二级资质及二级资质以下企业的审批办法由省、自治区、直辖市人民政府建设行政主管部门制定。经资质审查合格的企业，由资质审批部门发予相应等级的资质证书。申请核定资质等级的房地产开发企业应当提交的证明文件如下：

①企业资质等级申请表；

②房地产开发企业资质证书（正、副本）；

③企业资产负债表和验资报告；

④企业法人代表人和经济、技术、财务负责人的职称证件；

⑤已开发经营项目的有关证明材料；

⑥房地产开发项目手册及《住宅质量保证书》《住宅使用说明书》执行情况报告；

⑦其他有关文件、证明。

一级资质的房地产开发企业承担房地产项目的建设规模不受限制，可以在全国范围承揽房地产开发项目。二级资质及二级资质以下的房地产开发企业可以承担建筑面积 25 万平方米以下的开发建设项目，承担业务的具体范围由省、自治区、直辖市人民政府建设行政主管部门确定。各资质等级企业应当在规定的业务范围内从事房地产开发经营业务，不得越级承担任务。

房地产开发企业一级资质应具备的条件如下：

①从事房地产开发经营 5 年以上；

②近 3 年房屋建筑面积累计竣工 30 万平方米以上，或者累计完成与此相当的房地产开发投资额；

③连续 5 年建筑工程质量合格率达 100%；

④上一年房屋建筑施工面积 15 万平方米以上，或者完成与此相当的房地产开发投资额；

⑤有职称的建筑、结构、财务、房地产及有关经济类的专业管理人员不少于 40 人，其中具有中级以上职称的管理人员不少于 20 人，持有资格证书的专职会计人员不少于 4 人；

⑥工程技术、财务、统计等业务负责人具有相应专业中级以上职称；

⑦具有完善的质量保证体系，商品住宅销售中实行了《住宅质量保证书》和《住宅使用说明书》制度；

⑧未发生过重大工程质量事故。

（2）房地产开发企业资质实行年检制度。国家对房地产开发企业资质实行年检制度，对于不符合原定资质条件或者有不良经营行为的企业，由原资质审批部门予以降级或者注销资质证书。一级资质房地产开发企业的资质年检由国务院建设行政主管部门或者其委托的机构负责。二级资质及二级资质以下房地产开发企业的资质年检由省、自治区、直辖市人民政府建设行政主管部门制定办法。

在年检过程中，房地产开发企业有下列行为之一的，都会受到相应的行政处罚：

①企业未取得资质证书从事房地产开发经营的；

②企业超越资质等级从事房地产开发经营的；

③隐瞒实际情况、弄虚作假骗取资质证书的；

④涂改、出租、出借、转让、出卖资质证书的；

⑤企业开发建设的项目工程质量低劣，发生重大工程质量事故的；

⑥企业在商品住宅销售中不按照规定发放《住宅质量保证书》和《住宅使用说书》的；

⑦企业不按照规定办理变更手续的，由原资质审批部门予以警告，责令限期改正，并可处以 5 000 元以上 10 000 元以下的罚款。

2.3.2　房地产估价企业的设立及资质等级管理

1. 房地产估价企业的设立条件

在中华人民共和国境内申请房地产估价机构资质、从事房地产估价活动的估价机构，应遵守原建设部发布的《房地产估价机构管理办法》（2005 年建设部令第 142 号）的规定。组建房地产估价机构应具备的基本条件如下：

（1）有自己的名称、组织机构和章程；

（2）有固定服务场所；

（3）注册资金达到规定的要求金额；

（4）机构内专职房地产估价师和专职房地产估价员的人员数量达到所设房地产估价机构规定的要求。

2. 房地产估价企业的设立程序

（1）工商登记。成立房地产估价机构，首先要办理工商登记。新设立机构名称必须有"房地产估计"或者"房地产估价"字样，出资人应当是自然人，组织形式可以是有限责任公司或者合伙企业，注册资本或者出资金额要符合规定，有固定营业场所等。具体办理程序可遵照一般企业的工商登记手续。

（2）资质审查。成立房地产估价机构，还要申请房地产估价机构资质。工商注册后 30 日内，到所在地的省、自治区建设行政主管部门、直辖市房地产行政主管部门申请房地产估价机构资质。新设立的机构必须达到房地产估价机构三级资质所规定的条件，才可以申请房地产估价机构三级资质，并设一年的暂定期。

新设立的房地产估价机构，在达到房地产估价机构三级资质的条件时，可向当地建设行政主管部门或房地产行政主管部门申请房地产估价机构三级资质（设置一年的暂定期），需要如实提交的材料如下：

①房地产估价机构资质等级申请表；

②营业执照正、副本复印件；

③出资证明复印件；

④法定代表人或者执行合伙人的任职文件复印件；

⑤专职注册房地产估价师证明；

⑥固定经营服务场所证明；

⑦经工商行政管理部门备案的公司章程或者合伙协议复印件及有关估价质量管理、估价档案管理、财务管理等企业内部管理制度的文件，申报机构信用档案信息。

《房地产估价机构管理办法》同时规定，设立专营或兼营房地产评估的机构，应当向工商行政管理部门申请设立登记。工商行政管理部门对符合条件的，予以登记，发放营业执照。

在资质审查方面，房地产评估机构在领取营业执照后 30 日内，应当向主管部门申请房地产评估机构资质。

3. 房地产估价企业的资质等级与管理

我国实行房地产估价机构资质管理制度。房地产估价机构资质分三个等级：一级、二级、三级。国务院建设行政主管部门负责一级房地产估价机构资质许可。省、自治区人民政府建设行政主管部门、直辖市人民政府房地产行政主管部门负责二级、三级房地产估价机构资质许可，并接受国务院建设行政主管部门的指导和监督。房地产估价机构资质证书分为正本和副本，由国务院建设行政主管部门统一印制，正、副本具有同等法律效力。

国家对房地产估价机构实行资质动态管理。房地产估价机构资质有效期为3年。资质有效期届满，房地产估价机构需要继续从事房地产估价活动的，应当在资质有效期届满30日前向资质许可机关提出资质延续申请。资质许可机关应当根据申请做出是否准予延续的决定。准予延续的，有效期延续3年。所谓资质动态管理，主要是主管部门根据房地产估价机构的执业情况，依据相应的评定标准和评定程序及时对其资质进行重新评定。也就是说，房地产估价机构的资质可上可下，是一个动态的过程。房地产估价机构作为经济鉴证类社会中介机构，必须保持较高的社会认可度，国家实行规范的准入制度和严格的清退机制，可以保证房地产估价机构有较高的执业水准。

2.3.3 房地产经纪企业的设立

1. 房地产经纪企业的设立条件

根据原建设部发布的《城市房地产中介服务管理规定》，房地产经纪机构应具备下列条件：

（1）自己的名称、组织机构；

（2）固定的经营场所；

（3）符合规定的注册资本；

（4）设机构内持有《中华人民共和国房地产经纪人执业资格证书》的人员和持有《中华人民共和国房地产经纪人协理从业资格证书》的人员数量达到所设房地产经纪机构的类型规定的要求；

（5）国家法律和工商登记管理规定的其他条件。

2. 房地产经纪企业的设立程序

设立房地产经纪机构，首先向当地工商行政管理部门申请办理工商登记。房地产经纪机构在领取工商营业执照的一个月内，应当持营业执照、章程、机构人员的书面资料到登记机构所在地县级以上房地产行政管理部门或其委托的机构备案。

目前，国家对房地产经纪企业的资质等级审核和管理并没有统一的规定。各地制定的管理办法对于资质等级的规定也有所不同。评定房地产经纪企业资质，主要依照以下几个条件：一是货币注册资金数额；二是机构中持有《中华人民共和国房地产经纪人执业资格证书》的人员数量；三是是否存在违规违法经营现象。

现行管理办法中，规定房地产经纪机构资质实行年检。对不符合原定资质条件或者具有不良经营行为的机构，由原资质审批部门予以降级或者吊销资质证书。年检工作由房地产管理部门负责，每年一次。年检不合格的，给予降级或吊销资质证书的处理。

2.3.4　房地产物业服务企业的设立及资质等级管理

1. 房地产物业服务企业的设立

（1）工商登记。设立房地产物业服务企业，要按照《公司法》的规定进行注册登记。注册登记手续与一般企业相同，但根据物业服务企业的行业特点，还要符合以下条件：

①有自己的名称、组织机构，物业服务企业名称应符合《公司法》的相关规定，有固定的经营场所；

②有符合规定的注册资本，物业服务企业最低限额的注册资本为 0 万元；

③所设机构内有相应的物业服务专业人员以及工程、管理、经济等相关专业类的专职管理的技术人员。

（2）资质审批。物业服务企业在领取了工商营业执照起 30 日内，到当地房地产主管部门申请资质。新设立的房地产物业服务企业，其资质等级按照最低等级核定，并设一年的暂定期。申请资质应提交的材料如下：

①营业执照复印件；

②企业章程；

③验资证明；

④企业法定代表人的身份证明；

⑤物业服务专业人员的职业资格证书和劳动合同，管理和技术人员的职称证书和劳动合同。

2. 房地产物业服务企业的资质等级管理

根据 2015 年《物业服务企业资质管理办法》的规定，物业服务企业资质等级分为一级、二级、三级。国务院建设主管部门负责一级物业服务企业资质证书的颁发和管理。省、自治区人民政府建设主管部门负责二级物业服务企业资质证书的颁发和管理。直辖市人民政府房地产主管部门负责二级和三级物业服务企业资质证书的颁发和管理，并接受国务院建设主管部门的指导和监督。设区的市人民政府房地产主管部门负责三级物业服务企业资质证书的颁发和管理，并接受省、自治区人民政府建设主管部门的指导和监督。

物业服务企业的工作涉及千家万户，因此房地产管理部门对物业服务企业的资质管理非常重视。主管部门需要对物业服务企业履行合同、管理质量、遵章守法、服务水平等进行监督检查。

2.4　房地产企业的行业管理

2.4.1　房地产企业行业管理概述

行业管理是指政府行政部门与行业组织对房地产企业的主体、运行方式、运行环境、运营规则、行业标准等方面进行的管理和服务活动。

1. 行政管理的主要内容

政府对房地产企业的行政管理主要包括三方面：一是企业设立时的注册登记；二是房地产企业从业相关资质的审批；三是房地产企业从业活动行为的行业监督检查。随着社会主义市场经济体制的建立和发展，政企分开，政府不再干预企业内部的经营事务，而侧重于对房地产企业提供公共管理服务、建立行业管理规则和行业标准、提供公共竞争环境、监督检查房地产企业依法经营等。房地产主管部门建立房地产企业的信用档案系统，是监督房地产企业经营行为的方式之一。

2. 行业组织管理的主要内容

行业组织是介于政府组织和经济组织之间的非政治性组织，具有组织性、非政党性、民间性、非营利性、志愿性、自治性的特点。房地产行业组织是由房地产企业和房地产从业人员组成的自律性组织，其主要职责是开展行业自律监督和管理，建立行业规则，约束行业内经营企业和从业人员的经营行为和执业行为；同时，行业组织还是政府与行业间的桥梁纽带，通过向政府反映行业诉求，研究行业运行规则和行业发展状况，为政府制定行业发展规划、出台政策法规等提供可行性建议。目前我国房地产行业组织主要有中国房地产协会、中国房地产估价师与房地产经纪人学会、中国物业管理协会、中国土地估价师协会。

房地产行业组织对行业管理的主要内容包括：一是行业专业管理。房地产行业专业性很强，从业人员和机构需要专门的知识和技术开展自己的经营活动，因此，行业组织的专业管理非常重要，包括对从业人员资格管理，研究和发布行业技术标准、职业道德、行业准则，开展从业人员继续教育等。二是建立行业内部运行规则，促进行业内部各成员间的公平竞争，制止低价竞争和价格垄断行为，对违反行业规则的从业单位和从业人员进行处罚，处理房地产投诉与纠纷，如房地产经纪人协会有权吊销违法操作的房地产经纪人从业执照。三是研究行业发展规划，开展学术研究与国际交流。四是为会员提供服务，提高行业的竞争力。例如，房地产经纪行业组织通过建立全国性的房地产经纪信息系统，为房地产经纪人提供有效的信息资源，从而提高了房地产经纪业的信用程度，为房地产需求者提供了低价而优质的服务。

2.4.2 房地产企业的信用档案

1. 房地产企业信用档案的建设

房地产企业信用档案是指利用计算机信息系统，依托现有网络资源和信息资源，将房地产企业及执（从）业人员的基本情况、经营业绩、良好行为、不良行为、公众投诉等情况按照规格统一记录，并向社会公示，接受各级政府部门和社会公众的监督。信用档案系统建设有利于规范房地产企业及执（从）业人员的市场行为，增强信用意识，诚信守法经营，也为各级政府部门的房地产市场监管、社会公众的房地产信用信息查询和违法违纪行为的投诉提供了有效途径，促进了整个房地产行业诚信度和服务水平的提高。

根据《关于建立房地产企业及执（从）业人员信用档案系统的通知》（建住房函〔2002〕192号）文件的规定，住房和城乡建设部统一负责房地产企业信用档案系统的建设工作，各级房地产行政主管部门负责组织建立本行政区内所有房地产企业及执（从）业人员的信用档案，住房和城乡建设部组织建立一级资质房地产企业及执（从）业人员的信用档案。住房和城乡建设部信息中心负责信用档案系统建设的技术支持和系统运行与维修管理工作。

信用档案信息采用多种途径采集，包括政府部门、行业组织、房地产企业、执（从）业人员、其他中介机构和社会公众等信息来源。为保证房地产企业信用档案信息的全面性与准确性，房地产信用档案信息记录每季度至少要自行上报一次，及时更新信息。

一级房地产信用档案系统接受社会公众按照统一格式提交的网上投诉。系统管理部门对收到的投诉信息进行处理，并根据核查结果和反馈信息，确定该投诉及其处理结果是否公示和记入该企业的信用档案。投诉信息转到被投诉企业后，企业要在 15 日之内做出处理意见并反馈到系统管理部门。

房地产企业信用档案系统的信息分为公示信息和授权查询信息两大类。其中公示信息可以在中国房地产与房地产信息网站、中国房地产估价师与房地产经纪人学会网站、中国物业管理协会网站，以及地方主管部门、行业协会网站上查询。授权查询信息，需要按照房地产信用档案管理规定的条件和程序进行查询。

2. 房地产企业及执（从）业人员信用档案

（1）房地产开发企业信用档案内容。房地产开发企业信用档案内容包括企业基本情况、企业主要管理人员情况、企业良好行为记录、企业不良行为记录、企业已完成和在建项目情况、企业在建项目预售许可证情况、资格年检情况。

（2）房地产估价企业及执（从）业人员信用档案内容。房地产估价企业信用档案主要内容包括机构基本情况、法定代表人基本情况、机构良好行为记录、机构不良行为记录、估价项目汇总、估价项目基本情况、其他股东（合伙人）情况、注册房地产估价基本情况、机构资质年审情况、投诉情况。

注册房地产估价师信用档案的主要内容包括个人基本情况、个人从业及汇总、估价项目、继续教育情况、科研能力表现、良好行为记录、不良行为记录、投诉情况等。

（3）房地产物业服务企业信用档案内容。房地产物业服务企业信用档案内容包括企业基本情况、企业主要管理人员情况、企业良好行为记录、企业不良行为记录、物业服务项目情况、项目主要管理人员情况、资质年审情况。

2.4.3　房地产估价师的执业资格管理

注册房地产估价师是指通过全国房地产估价执业资格考试或资格认定、资格互认，取得中华人民共和国房地产估价师职业资格，并按照《注册房地产估价师管理办法》注册，取得中华人民共和国房地产估价师注册证书，从事房地产估价活动人员。国家实行房地产估价人员执业资格认证和注册登记制度。

1. 从业范围

房地产估价师的从业范围包括房地产估价、房地产咨询以及与房地产估价有关的其他业务。注册房地产估价师可以在全国范围内开展与其聘用单位业务范围相符的房地产估价活动。

2. 执业资格的取得

住房和城乡建设部与人力资源和社会保障部共同负责全国房地产估价师职业资格制度的政策制定、组织协调、考试、注册和监督管理工作。房地产估价师职业资格实行全国统一考试制度。申请参加房地产估价师职业资格考试，需要符合一定条件。房地产估价师职业资格考试合格者，由人力资源和社会保障部或其授权的部门颁发《房地产估价师执业资格证书》。

3. 注册

取得执业资格的人员，应当受聘于一个具有房地产估价机构资质的单位，经注册后方可从事房地产估价执业活动。根据 2006 年建设部颁布的《注册房地产估价师管理办法》，国务院建设主管部门对全国注册房地产估价师注册、执业活动实施统一监督管理；省、自治区、直辖市人民政府建设（房地产）主管部门对本行政区域内注册房地产估价师的注册、执业活动实施监督管理；市、县、市辖区人民政府建设（房地产）主管部门对本行政区域内注册房地产估价师的执业活动实施监督管理。

注册房地产估价师的注册条件为取得执业资格；达到继续教育合格标准；受聘于具有资质的房地产估价机构；没有不允许注册的情形。申请初始注册，省、自治区、直辖市人民政府建设（房地产）主管部门应当自受理之日起 20 日内审查完毕，并将申请材料和初审意见报国务院建设主管部门。国务院建设主管部门应当自受理之日起 20 日内做出决定。申请变更注册、延续注册，省、自治区、直辖市人民政府建设（房地产）主管部门应当自受理申请之日起 5 日内审查完毕，并将申请材料和初审意见报国务院建设主管部门。国务院建设主管部门应当自受理之日起 10 日内做出决定。注册证书是注册房地产估价师的执业凭证，注册有效期 3 年。

4. 继续教育

房地产估价师从事的是一项专业性、技术性很强的活动，房地产估价理论和方法在不断发展与成熟，房地产估价相关法律、法规和政策也在逐步完善和配套，因此房地产估价师除了通过自学和估价实践来弥补不足和不断提高外，还需要通过继续教育来提高自身的理论水平，完善知识结构，提高估价技能和职业道德水平，并促进房地产估价业整体水平的提高。

注册房地产估价师在每一注册有效期内应当达到国务院建设主管部门规定的继续教育要求。注册房地产估价师继续教育分为必修课和选修课，每一注册有效期各为 60 学时。经继续教育达到合格标准的，颁发继续教育合格证书。注册房地产估价师继续教育，由中国房地产估价师与房地产经纪人学会负责组织。

关键术语

房地产企业；战略管理；企业资质；行业管理；企业组织结构；企业等级

复习思考题

1. 我国房地产企业的特征有哪些？

2. 对比分析房地产企业五种一般组织结构设计的优缺点。

3. 分析房地产企业的现代组织结构设计的发展趋势。

4. 简述房地产企业战略管理的内容。

5. 简述房地产企业资质管理。

6. 简述房地产企业行业管理的主要内容。

7. 谈谈你对房地产企业的现状和看法。

第 3 章

房地产项目用地的获取

★本章概述

　　房地产企业在项目开发前必须获取国有建设用地使用权，本章主要针对建设用地获取的三种方式进行介绍，即划拨、出让和转让。其中出让和划拨属于土地一级市场行为，转让属于土地二级市场行为。

3.1　土地及土地管理制度

3.1.1　土地的概念

　　土地既是一种自然资源，又是一种重要的生产要素，是人类生产生活所必需的。关于土地的概念，古今中外说法不一。《土地基本术语》（GB/T 19231—2003）规定，土地是地球陆地表面具有一定范围的地段，包含垂直于它上下的生物圈的所有属性，是由近地表气候、地貌、表层地质、水文、土壤、动植物以及过去和现在人类活动的结果相互作用而形成的物质系统。从这个意义上来说，土地包括地下层、地表层以及地上空间。

　　土地依其广义、狭义解释程度的不同，可区分为下面三种：

　　（1）狭义的土地：指地球表面的陆地，包括土地表面、地表以下及其垂直空间。

　　（2）广义的土地：指地球表面的陆地和被水覆盖的部分。水覆盖的部分指海洋、江、河、湖泊、池塘等。

　　（3）最广义的土地：指自然资源，除包括地球表面的陆地和被水覆盖的部分外，还包括日光、空气、水、热能、风力等自然赋予的一切有形和无形的自然力在内。经济学家对土地所做的解释多采用最广义的概念。英国经济学家马歇尔在其著作《经济学原理》一书中明确表示，土地是指自然赋予人类的水陆、空气、光线、热能等。美国的亨利·乔治说，土地一词，并非仅指区别于水及空气的地面而言，其实含有人工以外的全部物质在内。而政治学家把土地与人民、主权并列称为国家组成的要素，当然不只局限于陆地，应包含水、陆、空及地下蕴藏的各种天然资源在内，而且含有领海和领空。

综上所述，根据土地管理实践和学术研究的成果，从经济学和管理学的角度看，土地是地球表面特定地段，由气候、土壤、水文、地貌、地质、动物、植物、微生物及人类活动的结果等要素所组成的，内部存在大量物质、能量、信息交换流通，空间连续，性质随时间不断变化的一个自然和社会经济综合体。

3.1.2 土地的分类

根据用地的不同特性，土地可以从不同角度分成不同的类型。

1. 根据土地用途的差异、利用方式划分

土地根据土地用途的差异、利用方式等因素分类主要运用于我国土地资源管理。2007年国家发布的《土地利用现状分类》把"建设用地"分成一大类，包括商服用地、工矿仓储用地、住宅用地、公共管理与公共服务用地、特殊用地、交通运输用地、水域及水利设施用地、其他土地等八类。具体见表3-1。

表3-1 建设用地分类

建设用地	商服用地	批发零售用地
		住宿餐饮用地
		商务金融用地
		其他商服用地
	工矿仓储用地	工业用地
		采矿用地
		仓储用地
	住宅用地	城镇住宅用地
		农村宅基地
	公共管理与公共服务用地	机关团体用地
		新闻出版用地
		科教用地
		医卫慈善用地
		文体娱乐用地
		公共设施用地
		公园与绿地
		风景名胜设施用地

续表

建设用地	特殊用地	军事设施用地
		使领馆用地
		监教场所用地
		宗教用地
		殡葬用地
	交通运输用地	铁路用地
		公路用地
		街巷用地
		机场用地
		港口码头用地
		管道运输用地
	水域及水利设施用地	水库水面
		水工建筑物用地
	其他土地	空闲地

我国土地证书上的土地用途是按照本分类来登记的，如住宅小区一般登记为住宅用地，宾馆登记为商业用地。

2. 根据土地使用的性质和功能划分

《城市用地分类与规划建设用地标准》（GB 50137—2011）中按土地使用的性质进行划分，包括城乡用地分类、城市建设用地分类两部分。城乡用地是指市（县）域范围内所有土地，包括建设用地与非建设用地。建设用地包括城乡居民点建设用地、区域交通设施用地、区域公用设施用地、特殊用地、采矿用地等，非建设用地包括水域、农林用地以及其他非建设用地等。城市建设用地指城市和县人民政府所在地镇内的居住用地、公共管理与公共服务用地、商业服务业设施用地、工业用地、物流仓储用地、交通设施用地、公用设施用地、绿地。

3. 根据土地开发程度划分

根据土地开发程度的不同，建设用地可划分为生地、毛地和熟地。

生地是指不具备城市基础设施的土地，如荒地、农地。毛地是指具有一定城市基础设施但不完善且未完成房屋拆迁安置的土地。熟地是指具备较完善的城市基础设施且土地平整，能直接进行开发建设的土地。

地产开发企业获取的如果是熟地，即可立即进行施工建设；如果是毛地，则需要对地上建筑物实施拆迁，对被拆迁人进行补偿；如果是生地，则需要实施征收手续，将土地由集体所有征收为国家所有，然后才可以在土地上进行房屋的施工建设。

3.1.3　土地制度

土地制度是指包括一切土地问题的制度，是人们在一定社会经济条件下，因土地的归属和利用问题而产生的所有土地关系的总称。

土地制度有广义和狭义之分。广义的土地制度是指包括一切土地问题的制度，是人们在一定社会经济条件下，因土地的归属和利用问题而产生的所有土地关系的总称。广义的土地制度包括土地所有制度、土地使用制度、土地规划制度、土地保护制度、土地征用制度、土地税收制度和土地管理制度等。

狭义的土地制度仅仅指土地的所有制度、土地的使用制度和土地的国家管理制度。在新中国成立后的很长的一段历史时期内，由于特定的历史原因，在人们的传统观念上，习惯把土地制度理解为狭义的土地制度。改革开放特别是实行社会主义市场经济以后，随着我国社会经济制度的不断变化和发展，人们对我国土地制度含义的理解不断深化和发展。新的观点摆脱了旧的思想观念的束缚，更强调广义的土地制度，在重视土地所有制度、土地使用制度、土地的国家管理制度的同时，更增强了对新形势下由新的土地关系所产生的新的土地制度的关注程度，如土地利用制度、土地流转制度、耕地保护制度、土地用途管制制度等。

土地制度是反映人与人、人与地之间关系的重要制度。它既是一种经济制度，又是一种法权制度，是土地经济关系在法律上的体现，是构成上层建筑的有机组成部分。

我国现阶段的土地制度是以社会主义土地公有制为基础和核心的土地制度，包括了上述广义土地制度的全部内容。20 世纪 80 年代，土地行政管理制度开始改革。国家制定了《中华人民共和国土地管理法》，成立了国家土地管理局；把土地的使用权和所有权分离，在土地使用权上，把无偿、无限期使用变为有偿、有限期使用，使土地真正按照其商品的属性进入市场。

中华人民共和国实行土地的社会主义公有制，即全民所有制和劳动群众集体所有制。

全民所有，即土地所有权由国家代表全体人民行使，具体由国务院代表国家行使，用地单位和个人只有使用权，城市市区的土地全部属于国家所有，实行国有土地有偿使用制度（国家在法律规定的范围内划拨国有土地使用权的除外）。

农民集体所有的土地依法属于村民集体所有，由村集体经济组织或者村民委员会经营、管理。农村和城市郊区的土地，除由法律规定属于国家所有的以外，属于集体所有；宅基地和自留地、自留山，也属于集体所有。

国务院土地行政主管部门统一负责全国土地的管理和监督工作。

3.2　划拨土地使用权的获取

3.2.1　土地使用权划拨的概念

土地使用权划拨是指经县级以上人民政府依法批准，在土地使用者缴纳补偿、安置等费用后将该幅土地交付其使用，或者将土地使用权无偿交付给土地使用者使用的行为。我国城镇国有土地使用制度改革的基本结构实行土地使用权出让和土地使用权划拨两种形式，即"双轨制"。也就是说，今后房地产开发用地主要通过出让与划拨这两种方式取得。土地使用权划拨与出让的区别，具体表现在以下三个方面：

1. 取得方式和支付费用不同

以划拨方式取得土地使用权是以非竞争的方式取得的，而以出让方式取得土地使用权是政府与土地使用者以竞价的方式取得的。前者取得土地使用权的代价是支付国家规定的征地、拆迁补偿费用，后者的出让价是在竞争中形成的。划拨土地和向农民集体组织征用土地是同一过程。征地费由使用者先支付给政府，再由政府支付给被征地者。政府以划拨方式出让土地给使用者，除了收取管理费以外，不收取土地使用费。

2. 使用期限不同

划拨土地使用权是无期限限制的，《城市房地产管理法》第23条规定："依照本法规定以划拨方式取得土地使用权的，除法律、法规另有规定外，没有使用期的限制。"而出让土地使用权则是有期限的，在出让合同中有明确规定。当然，土地使用权出让合同期满，土地使用权可以续期，但它总是有期限的。

3. 取得的内容不同

通过划拨方式取得的土地使用权不是一项独立的财产权，除法律规定的情况外，它不得转让、出租、抵押，即不得从事经营活动，土地使用者仅有使用的权利，承担依法管理、保护与合理利用的义务。而通过出让方式取得的土地使用权则是一项相对独立的财产权，依法可以转让、出租、抵押以进行经营活动。

3.2.2　土地使用权划拨的特征

土地使用者通过划拨获得土地使用权，即土地使用权划拨，具有以下几个特征。

1. 行政性

土地使用权的划拨是行政划拨，国家在对土地使用权进行划拨时，行使的是行政权力，个人是无权进行划拨的，国家行政主管机关与用地申请人的法律地位和权利义务是不对等的。

2. 无偿性

划拨土地使用权不需要使用者出钱购买土地，即不用向国家缴纳土地地租性费用，也无须支付土地使用权出让金，而是经国家批准其无偿地、无年限限制地使用国有土地。但取得划拨土地使用权的使用者依法应当缴纳土地使用税、补偿安置费等。

3. 无期限性

《城市房地产管理法》第23条第2款规定："依照本法规定以划拨方式取得土地使用权的，除法律、行政法规另有规定外，没有使用期限的限制。"虽然无偿取得划拨土地使用权没有年限限制，但因土地使用者迁移、解散、撤销、破产或者其他原因而停止使用土地的，国家应当无偿收回划拨土地使用权，并可依法出让。因城市建设发展需要和城市规划的要求，也可以对划拨土地使用权无偿收回，并可依法出让。无偿收回划拨土地使用权的，其地上建筑物和其他附着物归国家所有，但应根据实际情况给予适当补偿。

4. 限制性

划拨土地使用权一般不得转让、出租、抵押，但符合法定条件的也可以转让、出租、抵押，即土地使用者为公司、企业、其他组织和个人，领有土地使用权证，地上建筑物有合法产权证明，经当地政府批准其出让并补交土地使用权出让金或者以转让、出租、抵押所获收益抵交出让金。未经批准擅自转让、出租、抵押划拨土地使用权的，没收其非法收入，并根据其情节处以相应罚款。即以划拨方式取得的土地使用权，除法律、行政法规另有规定外，没有使用期限的限制，土地使用权不能转让。

3.2.3 划拨土地使用权的适用范围

以划拨方式取得国有土地使用权的情形，根据《城市房地产管理法》第 24 条的规定，下列建设用地的土地使用权，确属必需的，可以由县级以上人民政府依法批准划拨。

1. 国家机关用地和军事用地

国家机关是国家权能的管理与执行机关，包括政、党、军机关，他们担负着管理社会政治、经济、文化等工作的重任。军队是国家安全的重要保障。国家机关用地和军事用地均为非经营性用地，不可能在地产市场上通过有偿方式取得土地使用权。因此，法律规定可以通过划拨形式取得土地使用权。

2. 城市基础设施用地和公益事业用地

城市基础设施和公益事业的建设是为社会的公共利益服务的，是城市现代化的重要标志，不仅服务于每个公民，而且造福于人类。因此，法律规定对城市基础设施的用地，以及公益事业的用地可以实行划拨的形式。

3. 国家重点扶持的能源、交通、水利等项目用地

国家能源、交通、水利等项目建设关系一国经济实力与发展的后劲，为此，我国在政策上一向对能源、交通、水利建设给予鼓励与支持，特别是对列为国家重点扶持的能源、交通、水利建设。因而在这些项目的用地上也体现这一政策。同时作为国家重点扶持的能源、交通、水利等项目建设用地与经营性用地有着根本的区别，其主要目的是为了国家经济建设，而不是为了盈利。因此，对于这类用地，我国法律规定可以采用划拨形式。

4. 法律、行政法规规定的其他用地

除上述四种用地可以采取划拨形式外，其他用地都必须采用有偿出让的方式。

以划拨方式取得土地使用权的，经主管部门登记、核实，由同级人民政府颁发土地使用权证。

3.2.4 划拨获取土地使用权的程序

根据《中华人民共和国土地管理法》及其实施条例的规定，建设项目以划拨方式取得土地使用权，需要经过县级以上人民政府依法批准划拨，其取得划拨土地使用权需经过以下几个步骤：

1. 预审

用地申请前，在建设项目可行性研究论证时，应由土地管理部门对建设项目用地有关事项进行审查，提出建设项目用地预审意见；可行性研究报告报批时，必须附上土地管理部门出具的建设项目用地预审意见。

2. 申请

具体建设项目需要使用土地的，由建设单位持建设项目的批准文件，向市、县人民政府土地管理部门提出建设用地申请。

3. 审查

建设单位的用地申请由市、县人民政府土地管理部门审查，拟定供地方案，即划定的用地范围，并组织建设单位与被征地单位及有关单位商定补偿、安置方案。然后报市、县人民政府批准；需要上级人民政府批准的，应当报上级人民政府批准。

4. 批准

供地方案等经批准后，由市、县人民政府向建设单位颁发建设用地批准书。

5. 登记发证

用地申请批准后，建设单位应当依法向市、县人民政府土地管理部门申请土地登记，并由市、县人民政府颁发《国有土地使用权证》。土地登记是划拨土地使用权的公示方法，《国有土地使用权证》是取得划拨土地使用权的唯一证明。

3.2.5 划拨方式获取土地使用权过程的主要费用

根据《中华人民共和国土地管理法》《中华人民共和国土地管理法实施条例》《中华人民共和国物权法》《国务院关于深化改革严格土地管理的决定》的规定，建设项目占用的土地涉及农民集体土地转为国有建设用地的，应当办理农用地转用审批手续，同时按照原用途给予补偿。

1. 土地补偿费

用地单位依法对被征地的农村集体经济组织，因其土地被征收造成经济损失而支付的一种经济补偿。

2. 青苗补偿费

用地单位对被征收土地上的青苗，因征地受到毁损，向种植该青苗的单位和个人支付的一种补偿费用。

3. 附着物补偿费

用地单位对被征收土地上的附着物，如房屋、其他设施，因征地被毁损而向该所在人支付的一种补偿费用。

4. 安置补助费

用地单位对被征地单位安置，因征地所造成的富余劳动力而支付的补偿费用。

5. 社会保障费用

根据《中华人民共和国物权法》第42条规定，征收集体所有的土地，除应当依法足额支付土地补偿费、安置补助费、地上附着物和青苗的补偿费等费用外，还应当安排被征地农民的社会保障费用，保障被征地农民的生活。

6. 其他费用

在征收集体土地过程中还会发生耕地占用税、新增建设用地有偿使用费、耕地开垦费、征地管理费等，对地面有建筑物需要拆迁的还应缴纳房屋拆迁管理费。

3.3　出让土地使用权的获取

3.3.1　土地使用权出让的概念

土地使用权出让是指国家以土地所有者的身份将国有土地使用权在一定年限内让给土地使用者，并由土地使用者向国家支付土地使用权出让金的行为。土地使用权出让是土地使用权作为商品被经营和进入流通领域的第一步，也是房地产开发用地最为重要的形式之一。土地使用权出让包含以下几层含义：

1. 土地使用权出让的主体是国家

在土地出让过程中，政府是国有土地产权的唯一代表。只有代表国家的县级以上地方人民政府才有权有偿出让土地使用权，市、县人民政府土地管理部门具体代表市、县人民政府主管国有土地使用权出让的行政管理工作，其他任何单位和个人均不得充当出让人。

2. 土地使用权出让的客体仅限于城市规划区域内的国有土地使用权

土地使用权出让的客体是有严格限制的。首先，出让的是土地使用权，而非土地所有权。国有土地所有权不允许转移。其次，出让仅限于土地的使用权，地下资源、埋藏物和市政公用设施不属于出让之列。最后，出让的土地使用权仅限于城市规划区内的国有土地，集体所有土地需要经政府依法征收转为国有土地后，才能由政府出让土地使用权。

3. 土地使用权的出让是有期限的

国家出让土地使用权是有期限的，而不是无限期出让给土地使用者。国家通过对年限的限制，合理调整布局和费用，以不断提高土地的经济、社会效益。土地使用者在使用年限届满后，如需继续使用土地，应向政府申请续期，经批准重新签订土地使用权出让合同，支付土地使用权出让金。如不再申请或未经批准的，政府将无偿收回土地使用权（住宅用地期限届满后自动续期）。使用期届满前，政府一般不收回土地使用权，但在特殊情况下，政府根据社会公共利益的需要，可以依照法定程序提前收回，并根据土地使用者使用土地的实际年限和土地开发的实际情况给予相应的补偿。《中华人民共和国城镇国有土地使用权出让和转让暂行条例》第 12 条规定，国有土地使用权出让最高年限按用途确定：居住用地 70 年；工业用地 50 年；教育、科技、文化、卫生、体育用地 50 年；商业、旅游、娱乐用地 40 年；综合或者其他用地 50 年。

4. 土地使用者必须向国家支付土地使用权出让金

国家依法对国有土地实行有偿使用制度，土地使用者要获得土地的使用权（除依法划拨的土地使用权外），必须向国家支付土地使用权出让金。土地使用权受让方只有在支付了土地使用权出让金后，才能向政府土地管理部门申请登记，领取土地使用权证书，取得土地使用权。

3.3.2　土地使用权出让的形式及程序

国有土地使用权出让，可以采取拍卖、招标、挂牌或双方协议的形式。《中华人民共和国物权法》第137条规定："设立建设用地使用权，可以采取出让或者划拨等方式。工业、商业、旅游、娱乐和商品住宅等经营性用地以及同一土地有两个以上意向用地者的，应当采取招标、拍卖等公开竞价的方式出让。"第138条规定："采取招标、拍卖、挂牌、协议等出让方式设立建设用地使用权的，当事人应当采取书面形式订立建设用地使用权出让合同。"

1. 协议出让的方式及程序

协议出让，又称为定向协议出让，是指出让方与选定的受让方通过协商的方式有偿出让土地使用权。具体来说，它一般是由土地使用者（有意受让方）向代表政府的土地管理部门提出用地申请，经批准后，再由出让方（土地管理部门）与受让方协商地价、出让年限、付款方式、付款期限以及用地条件，经双方达成协议后，签订土地使用权出让合同（土地试用合同），实现土地使用权的有偿出让。协议方式一般使用于非经营性单位用地或需要减免地价的特殊用地，以及国家和地方政府确定予以扶持优先发展的建设项目用地。以协议方式出让土地使用权，尽管有地价，但是没有引入竞争机制，缺乏公开性，地价的确定、土地出让给谁等问题，受具体承办者的主观因素影响较大，以这种方式确定的地价实际上不是市场地价。以协议方式出让土地使用权的市场是一种没有竞争、不发达、不公开的地产市场。但是这种方式的特点是政府对地价等因素容易进行控制，灵活度大，基于这个特点，该方式一般适用于以公益事业或福利事业为目的的用地出让，如经济适用房用地。同时，它也有不足之处，所以《房地产管理法》规定：商业、旅游、娱乐和豪华住宅用地，有条件的必须采取招标、拍卖或挂牌方式；没有条件的，不能采取招拍挂方式的，可以采取双方协议的方式。但是采取协议出让土地使用权的出让金不得低于国家规定的最低价。协议出让的国有土地在协议双方达成一致后，需将意向出让地块的位置、用途、面积、出让年限、土地使用条件、意向用地者、拟出让价格等信息在中国土地市场网进行公示。公示期间有异议且经审查确实存在违反法律法规行为的，协议出让终止。此外，协议出让结果也必须向社会公开，接受监督。

土地使用权协议出让的工作程序如下：

（1）由土地使用权者有意受让方根据自身的生产经营需要，向土地管理部门提出使用土地的申请。

（2）土地使用权出让方向受让方提供出让土地使用权地块的必要资料和有关规定。其主要包括土地位置、四至范围、面积、地籍图；土地的规划用途、开发建设用地面积；建筑容积率、密度和建筑高度限制等各项规划要求；基础设施的建设期限、地面设施的建设期限、必须投入的资金底线；环境保护、园林绿化、卫生防疫、交通和消防等要求；市政基础设施现状和市政建设计划要求；地块的地面现状；出让形式和年限、出让金的付款方式和要求；有关出让、转让等方面的具体规定和办法；出让合同标准格式；土地使用者的义务和法律责任以及需要提供的其他资料。

（3）受让方得到用地资料后，在规定的时间内持上级主管机关的批准文件（设计任务书、初步设计或可行性研究报告）以及文字说明、资金来源证明等文件资料（包括图片）向所在地土地管理部门正式提出用地申请。申请书应载明开发建设该地段的设想以及愿意付出价款的金额、支付方式等。

（4）土地管理部门在接到用地申请后，在规定的时间内进行审查，并答复受让方，如同意双方洽谈的，同时将确定的洽谈时间、地点通知对方。

（5）经出让方与受让方双方协商达成一致后，即签订《土地使用权出让合同》，受让方按照规定支付定金，并在合同规定的期限内缴纳土地使用权出让金，并办理土地使用权登记手续，领取土地使用权证书。

2. 招标方式出让的形式及程序

招标出让国有土地使用权是指市、县人民政府土地行政主管部门发布招标公告，在规定的期限内邀请特定或者不特定的公民、法人和其他组织参加国有土地使用权投标，土地招标小组根据投标结果择优确定土地使用者的行为。招标方式有两种，即公开招标与邀请招标。公开招标由招标小组通过报刊、广播、电视等传播媒介发出招标公告进行招标。邀请招标是由招标小组向符合规定条件的单位发出招标文件的方式进行招标。招标的内容由招标小组确定，既可出标价，同时要求提交一份规划设计方案，也可仅限于出标价。这种方式一般适用于对开发有较高要求的建设性用地，如大型或关键性的发展计划于投资项目。

招标出让土地使用权，引入了市场机制，体现了商品交换的原则。但是在实际出让活动中，中标的并不一定是出价最高的单位或个人，因为在确定中标者时，既要考虑投标报价，还要考虑对投标规划设计方案和企业的资信情况进行综合的评价，最后择优选定中标者，因此中标地价也不完全等于市场地价。从这点来说，招标出让土地使用权的市场，也不完全是一个竞争的市场。但是投标者大多会事先准备两个以上的规划设计方案，自行择优后再投标，这将有利于土地规划利用的优化。采取这种方式引入竞争机制，有助于政府部门选择最合适的受让人。

土地使用权招标出让的程序如下：

（1）出让方（土地管理部门）通过一定的媒介（如新闻媒体）向有意受让方或要求用地者发出招标书（或招标公告）。招标书（或招标公告）中应指明出让地块的位置、面积、用途、出让年限、投标者应具备的资格、投标地点、截止日期及其他有关要求、规定、投标保证金的金额和支付方式等内容。

（2）有意受让方发出投标书。参加投标者向招标者（出让方）领取投标须知、土地投标书、土地使用权出让合同书以及土地使用规则等，在规定的投标截止日期前到出让方指定的地点缴纳投标保障金并将密封后的投标书投入指定的标箱。投标书一经投入标箱，不得从标箱中取出。投标者在投标截止时间之前，如需要修改标书可以另投修改书，原标书无效。投标书在投标的有效期间内发生两方面的效力：一是对于投标人来说，有法律上的约束力，在投标的有效期间内不得撤销标书，其有效期间至定标后为止。中标后，投标人就负有与招标人订立出让合同的义务，因此撤回投标书，将意味着丧失投标保证金。二是对招标人来说，招标人享有从投标人中选择最优者的权利，享有承诺人的资格。招标人享有可以与中标者订立合同的权利，但没有必须订立合同的义务，除在招标通告中或者在招标文件中说明必选最优条件者订立合同外，招标人可以废除全部投标而另行招标。

（3）开标、评标和定标。在规定的招标期届满后出让方邀请房地产、建设规划、财政税务、银行、法律等方面的专家和专业人员组成评标委员会，由评标委员会主持开标、评标和定标工作。评标委员会对投标书实行公开评标，决定中标者。凡不具备投标资格的标书或不符合招标文件规定的标书，以及超过截止日期送达的标书，委员会有权决定其无效。评标委员会对有效标书进行评审，择优确定中标者。评标委员会签发定标书后，由出让方向中标者发出中标证明书。开标、评标、定标应由公证机关公证，并出具公证书。招标人在开标后，可以拒绝全部投标，这种情况称为废标。废标一般在下列情况下发生：一是所有标书实质上均未按招标文件要求编制；二是投标单位过少没有竞争性。

（4）双方签订《土地使用权出让合同》。中标者持中标证明书在规定的日期内与出让方签订土地使用权出让合同，并支付定金。中标者原交付的保障金可抵充定金。中标者在规定的时间内不与出让方签订出让合同的视为放弃中标，所缴纳的保证金不予退还。因故要求延期签订合同的应在期限届满之前向出让方提出延期签约的申请。延期不得超过一定的日期，如广州规定不得超过 15 日，上海规定不得超过 30 日。同时，未中标者所缴纳的投标保证金，由出让方如数退回。

（5）中标者支付土地使用权出让金后，到土地管理局办理使用权登记，领取土地使用权证书。

3. 拍卖出让的方式与程序

拍卖出让土地使用权，是指在指定的时间、地点利用公开场合由政府的代表者主持拍卖土地使用权，拍卖者报出底价，由竞买者出价或者报价竞争，最后将拍卖的土地使用权归出价最高者的一种特殊买卖活动。拍卖出让方式充分引进了竞争机制，排除了任何主观因素，是公开的、完全竞争的土地市场竞买方式，也是最成熟的土地市场竞买方式。它主要适用于竞争性强、盈利大的房地产业、金融业、商业、旅游业和娱乐业用地。拍卖出让的方式对拍卖者和竞投者都有较高的要求。拍卖方事先不仅要公布竞投土地的位置、面积、用途、土地使用年限及付款方式、付款时间，还要制订好规划设计方案并公布其要点（如建筑密度、容积率、建筑层数及建筑总面积、绿化率比例等），以便竞投者进行决策分析和讨价还价。对竞投者来说，为了在竞投中取胜，在参加拍卖前，应将拍卖地块的基础设施、环境状况对投资的影响以及该地块的区位对客户的吸引力进行充分的实地调查和分析。对建筑商品房出售的，还要详细计算建筑成本（包括地价、工建费、资金利息、使用税、土地增值税等），同时还要研究商品房的市场行情，分析其变化趋势。最后，还应制订多种还价方案，尤其是要掌握竞投的极限价格，以做到心中有数，见机行事，做出科学的临场决断。

土地使用权拍卖出让的程序如下：

（1）制定工作方案。制定拍卖前期工作方案报土地管理部门中心审定。

（2）编制拍卖文件。根据业务处提供的地块材料编制、印刷拍卖文件。

（3）发布拍卖公告。出让人至少在拍卖开始日前 20 天发布拍卖公告，公布拍卖出让宗地的基本情况和拍卖时间、地点。

（4）出售拍卖文件。按拍卖公告规定时间出售拍卖文件，并组织现场踏勘。

（5）组织现场踏勘。组织意向竞买人对拟出让地块进行现场踏勘、答疑。

（6）受理竞买申请。在拍卖公告规定的时间内，竞买人持竞买申请书、营业执照副本、房地产开发资质证明（另有规定除外）、法定代表人身份证复印件（或授权委托书、委托代理人身份证复印件）办理竞买申请，并缴纳竞买保证金。

（7）审查竞买资格。根据拍卖文件要求，对竞买申请人的开发资质、诚信记录进行审查，向符合条件者发放竞买人资格确认通知书及竞买号牌。

（8）举办拍卖会。按拍卖公告规定的时间、地点举行拍卖会。竞得人与出让人当场签订成交确认书，同时缴纳定金和佣金。

（9）公布成交结果。拍卖活动结束后 10 个工作日内，出让人将拍卖出让结果在土地有形市场或者指定的场所、媒介公布，并退还竞买保证金。

（10）签订出让合同。竞得人于签订《成交确认书》之日起 10 日内与出让人签订《国有建设用地使用权出让合同》。

4. 挂牌出让的方式与程序

挂牌出让国有土地使用权，是指市、县人民政府土地行政主管部门发布挂牌公告，按公告规定的期限将拟出让宗地的交易条件在指定的土地交易场所挂牌公布，接受竞买人的报价申请并更新挂牌价格，根据挂牌期限截止时的出价结果确定土地使用者的行为。挂牌实际上是介于拍卖和招标之间的一种形式，挂牌更多地体现为一种公示制度，挂牌后公示期间，所有的单位和个人都可以竞投。

土地使用权挂牌出让的程序如下：

（1）制定工作方案。制定挂牌前期工作方案报土地管理部门中心审定。

（2）编制拍卖挂牌文件。根据业务处提供的地块材料编制、印刷拍卖文件。

（3）发布挂牌公告。出让人至少在挂牌开始日前 20 天在指定媒体上发布挂牌公告，公布挂牌出让宗地的基本情况和挂牌时间、地点。

（4）出售挂牌文件。在挂牌公告规定的时间内出售挂牌文件，并组织现场踏勘。

（5）组织现场踏勘。组织意向竞买人对拟出让地块进行现场踏勘、答疑。

（6）受理竞买申请。在挂牌公告规定时间内，竞买人持竞买申请书、营业执照副本、房地产开发资质证明（另有规定除外）、法定代表人身份证复印件（或授权委托书、委托代理人身份证复印件）、"竞买报价员"授权委托书、身份证复印件办理竞买申请，并缴纳竞买保证金。

（7）审查挂牌资格。根据挂牌文件要求，对竞买人的开发资质、诚信记录等进行审查，对符合条件的，发给《竞买人资格确认通知书》，通知其参加挂牌活动。

（8）挂牌。在挂牌公告规定的时间和交易场所，出让人将宗地的地块情况、最新报价情况等信息挂牌公告，并不断接受新的报价、更新显示挂牌报价。在报价截止后，如果还有竞买人报价，可以填写《竞价申请书》，并通过传真的形式将《竞价申请书》传真到挂牌文件规定的地点。

（9）揭牌。在挂牌公告规定的挂牌截止日次日，按照挂牌文件规定确定是否成交，并确定竞得人。竞得人与出让人签订成交确认书，缴纳定金。同时，对需要现场竞价的挂牌宗地进行现场竞价，并与竞得人签订成交确认书，缴纳定金和佣金。

（10）公布成交结果。挂牌活动结束后10个工作日内，出让人将挂牌出让结果在土地有形市场或者指定场所、媒体公布，并退还竞买保证金。

（11）签订出让合同。竞得人于签订《成交确认书》之日起10日内与出让人签订《国有建设用地使用权出让合同》。

3.3.3 土地使用权出让方式选择范围

1. 必须纳入招标拍卖挂牌范围的土地

供应经营性用地以及有竞争要求的工业用地；其他土地供地计划公布后同一宗地有两个或者两个以上意向用地者的；划拨土地使用权改变用途，《国有土地划拨决定书》或法律、法规、行政规定等明确应当收回土地使用权，实行招标拍卖挂牌出让的；出让土地使用权改变用途，《国有土地使用权出让合同》约定或法律、法规、行政规定等明确应当收回土地使用权，实行招标拍卖挂牌出让的；依法应当招标拍卖挂牌出让的其他情形。

2. 可协议出让范围的土地情形

供应商业、旅游、娱乐和商品住宅等各类经营性用地以外用途的土地，其供地计划公布后同一宗地只有一个意向用地者的；原划拨、承租土地使用权人申请办理协议出让，经依法批准的；划拨土地使用权转让申请办理协议出让，经依法批准的；出让土地使用权人申请续期，经审查批准的；法律、法规规定可以协议出让的其他情形。

3.4 土地使用权的转让

3.4.1 土地使用权转让的概念

土地使用权转让是指土地使用者将土地出让合同规定的全部权利与义务随土地使用权一起转移给第三者的活动。

土地使用权转让与土地使用权出让在本质上都属于土地使用权的交易，但两者有着本质的区别。首先，土地使用权出让是国家以土地所有者的身份，将土地使用权在一定年限内让与土地使用者的行为。出让的主体是国家与土地使用权受让者。土地使用权转让是土地使用者将土地使用权再转移的行为，主体均为土地使用者。其法律关系的主体双方都是各自独立的法人和个人，而不是政府和用地单位。由于双方当事人转让的仅仅是土地的使用权，而非所有权，因此，国家作为土地所有者的地位与身份并不会因为土地使用权的再度转让而发生变化。这种转让只是新的土地使用者取代了原土地使用权受让人的法律地位，出让合同规定的权利与义务随土地使用权的转移而转移，并不改变。其次，从物权理论上讲，土地使用权出让属于他物权的设立，土地使用权转让则属于他物权的转移。最后，从土地交易市场来说，土地使用权出让属于一级市场，由国家垄断经营，土地使用权转让属于二级市场，属于一个自由竞争市场。国有土地使用权转让的方式具体有三种表现形式：出售是指转让人以土地使用权作为交易条件，取得一定收益的行为；交换是指土地使用者之间互相转移土地使用权的行为；赠与是指转让人将土地使用权无偿转移给受让人的行为。

3.4.2　土地使用权转让的法律条件

未按土地使用权出让合同规定的期限和条件投资开发利用土地的，土地使用权不得转让。土地使用权转让应当签订转让合同。土地使用权转让时，土地使用权出让合同和登记文件中所载明的权利、义务随之转移，土地使用权转让时，其地上建筑物、其他附着物的所有权转移，应当依照规定办理过户登记。土地使用权和地上建筑物、其他附着物所有权分割转让的，应当经市、县人民政府土地管理部门和房产管理部门批准，并依法办理过户登记。土地使用权转让须符合上述规定，否则即为非法转让。

以出让方式取得土地使用权的，转让时应符合下列条件：

（1）按照出让合同约定已经支付全部土地使用权出让金，并取得土地使用权证书。

（2）按照土地出让合同约定进行投资开发，属于房屋建设工程的，完成开发投资总额的 25% 以上；属于成片开发土地的，形成工业用地或者其他建设用地条件。

（3）土地使用权转让只能在原土地使用权出让合同规定的权利义务范围内进行，权利人不得扩张其权利的内容。

以划拨方式取得土地使用权的，转让房地产时，应当按照国务院规定，报有批准权的人民政府审批。有批准权的人民政府准予转让的，应当由受让方办理土地使用权出让手续，并依照国家有关规定缴纳土地使用权出让金。以划拨方式取得土地使用权的，转让房地产报批时，有批准权的人民政府按照国务院规定可以不办理土地使用权出让手续的，转让方应当按照国务院规定将转让房地产所获收益中的土地收益上缴国家或做其他处理。房地产转让，应当签订书面转让合同，合同中应当载明土地使用权取得的方式。

3.4.3　土地使用权转让的程序

根据我国土地使用权转让的实践，土地使用权转让一般采取如下转让程序：

1. 转让申请

由原受让人向出让人提出转让土地使用权的申请。出让人（土地管理部门）就转让情况对再受让人的资信、转让合同草案、转让金标准进行审查。如果审查无异议，则向原受让人发出同意转让的通知书，若不同意转让则指出原因和改正建议。在审查申请时，土地管理部门应对拟转让地价进行评审，若发现转让价过低，政府可优先收购。价格过高的，可采取必要调控措施。对于转让土地使用权是否需要经过申请，各地规定不一，事实上只有少数地方规定转让必须经过申请。

2. 签订转让合同

原受让人通过招标、拍卖或协议方式确定新的受让人后。要与新的受让人签订转让合同，明确双方当事人的权利义务，另外转让合同的内容必须符合出让合同的要求。《城市房地产管理法》第41条规定："房地产转让应当签订书面转让合同，合同中应载明土地使用权取得的方式"。

3. 转让合同公证

转让合同公证是由公证机关证明转让合同的真实性与合法性的非诉讼活动。转让合同属经济合同的性质，虽然《城镇国有土地使用权出让和转让暂行条例》并没有做出转让合同要进行公证的规定，但是各个地方政府法规基本上都规定了土地使用权转让合同必须进行公证。有些地方规定，公证是转让合同生效的必要条件，而转让合同经过公证后具有强制执行的效力。

4. 缴纳土地转让费和土地增值税

转让合同签订后，再受让人应按合同要求及时向转让人支付土地转让费，同时转让人要在合同签订后的七日内到税务部门缴纳土地增值税。由于国家建设投资等原因而使土地增值，使得转让方在转让时获得增值收益，国家要对这部分收益征税，这就是土地增值税。征收土地增值税是防止土地投机和规范房地产交易市场的有效措施之一。

5. 土地使用权变更登记

双方当事人共同到土地所在地市、县人民政府土地管理部门办理土地变更登记手续，换领土地使用权证书。办理变更登记时需提交转让登记申请书、土地使用证和房产证、土地转让合同、付款凭证、受让人资信、法人代表证明书等。同时，也应就土地上建筑物所有权转让合同向房地产管理部门办理过户登记。

3.4.4 土地使用权转让过程中的税费

1. 出让方

（1）土地增值税。根据《土地增值税暂行条例》规定，转让国有土地使用权的行为，以转让土地使用权取得的全部收入减去法定的扣除额后的余额为土地增值额，按照累进税率征收土地增值税。

课外补充

法定的扣除额

（1）取得土地使用权所支付的金额。取得土地使用权所支付的金额可以有三种形式：以出让方式取得土地使用权的，为支付的土地出让金；以行政划拨方式取得土地使用权的，为转让土地使用权时按规定补缴的出让金；以转让方式取得土地使用权的，为支付的地价款。

（2）与转让土地使用权相关的税金。指在转让土地使用权时缴纳的增值税、城市维护建设税，教育费附加、印花税也可视同税金扣除。

（3）土地增值税采取四级超率累进税率，具体标准如表3-2所示。

表 3-2 土地增值税税率　　　　　　　　　　　　　　%

土地增值额税率	税率
增值额未超过扣除项目金额 50% 的部分	30
增值额超过扣除项目金额 50% 未超过 100% 的部分	40
增值额超过扣除项目金额 100% 未超过 200% 的部分	50
增值额超过扣除项目金额 200% 的部分	60
注：若税务机关发现以上数据不够真实，会要求对转让价格或扣除费用进行评估。	

（2）城市维护建设税和教育费附加。以上述增值税税额为计税依据，分别按照 5%（纳税人在县城、镇的）和 3% 的税率征收城市维护建设税和教育费附加。

（3）企业所得税。按新企业所得税法规定，以转让土地使用权取得的全部收入减去土地使用权的购置或受让原价、城市维护建设税和教育费附加和土地增值税后的余额为应纳税所得额，一般按照 25% 的税率征收企业所得税。

（4）印花税。根据《中华人民共和国印花税暂行条例》的规定，土地使用权转让合同属于产权转移书据，以合同中的金额为计税依据，征收印花税。

2. 受让方

（1）城镇土地使用税。根据《中华人民共和国城镇土地使用税暂行条例》规定，凡在城市、县城、建置镇、工矿区范围内使用土地的单位应缴纳城镇土地使用税。

根据《财政部、国家税务总局关于房产税、城镇土地使用税有关政策的通知》（财税〔2006〕186 号）规定，以出让或转让方式有偿取得土地使用权的，应由受让方从合同约定交付土地时间的次月起缴纳城镇土地使用税；合同未约定交付土地时间的，由受让方从合同签订的次月起缴纳城镇土地使用税。

以纳税人实际占用的土地面积（平方米）为计税依据，按一定的税率按年缴纳。

（2）印花税。根据《中华人民共和国印花税暂行条例》的规定，土地使用权转让合同属于产权转移书据，以合同中的金额为计税依据，按 5‰ 的税率征收印花税。

（3）契税。《中华人民共和国契税暂行条例》规定，土地使用权的转让，以成交价格为计税依据，以 3%～5% 税率征收契税。

3.4.5 土地使用权转让与出让的区别

土地使用权的出让与转让是土地市场中的两个层次。在行为主体上，出让的主体是政府及土地管理部门，转让的主体是市场中的经济实体及个人；在法律关系上，出让形成的法律关系不是完全平等的，出让方占据着垄断地位，转让形成的法律关系是双方平等的；在市场层次上，出让属于土地一级市场行为，转让属于土地二级市场行为；在年限上，出让年限按照合同约定，但不得超过国家法定年限，转让年限为出让合同年限减去已使用年限后的剩余使用年限；在土地转移方式上，出让方式包括协议、招标、挂牌、拍卖，转让方式包括出售、交换、赠与继承。土地使用权出让与转让的区别见表 3-3。

表3-3 土地使用权出让与转让的区别

区别	出让	转让
行为主体	政府及土地管理部门	任何单位和个人
法律关系	不平等，垄断地位	平等地位
在市场中所处层次	一级市场	二级市场
年限	按照合同规定，不超过国家规定的最高年限	剩余使用年限
方式	协议、招标、挂牌、拍卖	出售、交换、赠与、继承

关键术语

划拨；出让；招拍挂；转让

复习思考题

1. 房地产项目用地获取的方式有哪些？
2. 简述出让土地使用权的含义及形式。
3. 简述划拨土地使用权和出让土地使用权的区别。
4. 简述招标、拍卖、挂牌、协议出让国有土地的范围。
5. 简述土地使用权转让和出让的区别。

第 4 章

房地产项目可行性研究

本章在介绍房地产开发项目可行性研究的概念、作用、内容的基础上，对房地产开发项目的财务评价、国民经济评价、环境影响评价、不确定性分析等基本方法和内容进行了详细的阐述。

★ 任务发布

根据政府发布的土地出让公告，做一个可行性研究报告。其中核心的是财务评价，土地价款给高了，可能获取不了应有的利润；价款给低了，可能得不到土地的开发权。应以多少价款获得土地的使用权？以某国土房管告字〔2016〕39 号为例。

某市国土资源和房屋管理局

国有建设用地使用权公开出让公告（国土房管告字〔2016〕39 号）

某市国土资源和房屋管理局决定公开出让一（幅）地块的国有建设用地使用权。现将有关事项公告如下：

一、公开出让地块的基本情况和规划指标要求。

序号	土地位置	用途	土地面积/m²	规划指标要求			出让价款起始价/万元	投标、竞买保证金/万元
				可建面积/m²	最大建筑密度	绿地率		
10101	某组团 A 分区 A08 – 1/03、A08 – 2/03 号宗地	商业金融业用地	19 300	≤193 600	≤60%	≥5%	86 964	17 393

其他需要说明的宗地情况：

1. 土地面积以实测为准。

2. 竞得人取得《国有建设用地使用权成交确认书》后 5 个工作日内申请订立《国有建设用地使用权出让合同》，逾期则《国有建设用地使用权成交确认书》自行失效。

二、中华人民共和国境内外的法人、自然人和其他组织均可申请参加（其他法律、法规、政策另有规定的除外），申请人可以单独申请，也可以联合申请。

三、我局将根据申请截止时的申请情况，在 2016 年 11 月 26 日 12：00 时确定上述宗地公开出让的具体方式（招标、拍卖或挂牌），并告知所有申请人。

本次国有建设用地使用权公开出让按照价高者得的原则确定受让人。

四、本次公开出让的详细资料和具体要求，见公开出让文件，申请人可于 2016 年 11 月 6 日 12：00—2016 年 11 月 26 日 12：00，到某市土地和矿业权交易中心获取出让文件。

五、申请人可于 2016 年 11 月 6 日 12：00—2016 年 11 月 26 日 12：00 到某市土地和矿业权交易中心向我局提出书面申请。交纳投标、竞买保证金的截止时间为 2016 年 11 月 26 日 12：00。申请人在参与竞买报名时，应于截止时间之前向某市土地和矿业权交易中心汇入竞买保证金（以到市土矿交易中心银行账上时间为准，否则不予受理报名）。

经审查，申请人按规定交纳投标、竞买保证金，具备申请条件的，我局将在 2016 年 11 月 26 日 12：00 前确认其投标、竞买资格。

六、公开出让的时间另行通知，地点为某市土地和矿业权交易中心。

七、其他需要公告的事项：

1. 公告时间内有 2 家以上（含 2 家）申报的，土地供应方将择日采取招标拍卖方式确定受让方；公告时间内仅有 1 家申报的，土地供应方将挂牌出让。招标拍卖日期另行通知。

2. 取得《国有建设用地使用权成交确认书》后 5 个工作日内签订《出让合同》，逾期未签则《成交确认书》自行失效。

3. 详情请登录某市土地和矿业权交易中心网站。

八、联系方式：

联系地址：* * * * * * * *

联系电话：* * * * * * * *

联系人：* * *

某市国土资源和房屋管理局

* * * * 年 * * 月 * * 日

4.1　房地产项目可行性研究概述

由于房地产开发项目具有建设周期长、面临的不确定因素多、建设过程复杂、投资额大等的特征，因此房地产项目开发存在的风险较大，一旦项目投资失败，损失就会比较大。所以房地产项目的投资决策非常重要，而决策的依据是可行性研究对项目所做的科学性分析与预测，做好可行性研究工作是项目成败的先决条件。

4.1.1 房地产项目可行性研究的分类、目的和作用

房地产项目可行性研究也称房地产项目技术经济论证，它是指在调查的基础上，运用多学科研究成果，在房地产项目投资决策前对有关建设方案、技术方案或生产经营方案进行市场分析、技术分析、财务分析和国民经济分析，对房地产投资项目的技术可行性与经济合理性进行综合评价的过程。可行性研究的目的是使决策科学化、程序化，提高决策的可靠性，并为项目的实施控制提供依据或参考。其主要任务是研究新建、改（扩）建某个项目在技术上、经济上和环境与社会影响上的可行性，通过对各种相关因素的分析计算，论证各种实施方案的经济、环境与社会效果，选定技术上先进、经济上合理、社会和环境效益最佳的方案，从而为项目的投资决策提供科学可靠的依据。

1. 房地产项目可行性研究的分类

根据不同的分类方法，房地产项目可行性研究可划分成不同的类型。

按照房地产项目可行性研究所处的阶段和研究的详细程度不同，可以分为投资机会研究、初步可行性研究、详细可行性研究。

按照房地产项目可行性研究对象提供的现状条件不同，可以分为土地以及开发项目的可行性研究、房地产综合开发的可行性研究、续建房地产开发项目的可行性研究和房地产项目可行性研究。

按照房地产项目的用途不同，可分为居住房地产项目可行性研究、商用房地产项目可行性研究、办公房地产项目可行性研究、旅馆房地产项目可行性研究、餐饮房地产项目可行性研究、娱乐用途房地产项目可行性研究、工业用途房地产项目可行性研究、特殊用途房地产项目可行性研究、土地开发项目可行性研究等。

按照房地产项目未来获取收益的方式不同，可以分为出售型房地产项目可行性研究、出租型房地产项目可行性研究和混合型房地产项目可行性研究。

2. 房地产项目可行性研究的目的和作用

（1）房地产项目可行性研究的主要目的。

①避免项目投资决策失误；

②减小项目的风险性；

③避免项目方案的多变；

④保证项目不超支、不延误；

⑤对项目因素的变化心中有数；

⑥达到投资的最佳经济效果。

随着项目建设阶段的变化，可调整余地越来越小，成本变动越来越大。因此，业主应注意两者之间的关系，以及合理的可行性研究和设计给项目带来的好处。

（2）房地产项目可行性研究的作用。房地产项目的特点和房地产开发实践表明，开发项目的关键是决策，开发商应该高度重视可行性研究工作的开展。随着房地产市场的逐步规范，房地产投机机会越来越少。投资房地产只有依靠合法经营，不断提高决策水平，才能获得开发收益。可行性研究在项目投资实践中具有重要作用，具体体现在以下几个方面：

①可行性研究是投资决策的重要依据。投资项目，尤其是大型房地产项目投资决策，必须建立在根据详细可靠的市场预测、成本分析和效益估算所进行的对项目的评价和分析基础上，对项目的合法性、技术可行性和收益性进行的判断评价上。其中，可行性研究完成的经济评价和分析是投资决策的重要依据。

②可行性研究是项目审批的依据。在我国，投资项目必须列入国家的投资计划。房地产项目要经过政府相关职能部门立项、审批，而立项审批的依据之一就是提供可行性研究报告或项目建议书。

③可行性研究是项目基金筹措的依据。房地产开发项目可行性研究对房地产项目的经济、财务指标进行分析，从中可以了解项目的筹资能力、还本付息能力和经营效益获取能力。商业银行等金融机构根据可行性研究报告（或项目评估报告），了解项目的流动性、收益性和安全性，结合国家的信贷政策，做出能否给房地产开发项目提供贷款的决策。因此，这也是企业筹集资金和信贷方提供资金的依据。

④可行性研究是编制设计任务书的依据。可行性研究对开发项目的建设规模、建设项目的内容及建设标准等都做出了安排。这些正是项目设计任务书的内容。

⑤可行性研究是开发商与各方签订合同的依据。开发商在可行性研究确定的项目实施方案的框架内，按部就班地落实项目的前期工作，指导开发商与设计、供应、资金融通等部门商签有关协议。因此，可行性研究也是开发商与各方签订合同的依据。

4.1.2 房地产项目可行性研究的内容和步骤

1. 房地产项目可行性研究的内容

房地产项目可行性研究的内容因项目的复杂程度、环境状况和具体情况不同而有所不同，但一般包括三个方面的内容，即项目的必要性分析、项目实施的可能性分析及项目的技术和经济评价。就具体内容而言，房地产开发项目可行性研究都应该包括以下几个方面的内容：

（1）项目概况。主要包括项目名称及背景，开发项目所具备的自然、经济、水文地质等基本条件，开发对象的社会经济发展前景以及项目开发的宗旨、规模、功能和主要技术经济指标等。

（2）市场分析和需求预测。在深入调查和充分掌握各类资料的基础上，对拟开发项目的市场需求及市场供给状况进行科学的分析并做出客观的预测，包括开发成本、市场售价、销售对象及开发周期、销售期等的预测。

（3）规划方案的优选。在对可供选择的规划方案进行分析、比较的基础上优选最为合理、可行的方案作为最后方案，并对其进行详细描述，包括选定方案的建筑物布局、功能分区、市政基础设施分布、建筑物及项目的主要技术参数、技术经济指标和控制性规划技术指标等。

（4）开发进度安排。主要指对开发进度进行合理的时间安排。可以按照前期工作、主体工程、附属工程、交工验收等阶段安排好开发项目的进度。作为大型开发项目，由于建设期长、投资额大，一般需要进行分期开发，这就需要对各期开发的内容同时做出统筹安排。

（5）项目投资估算。就是要对开发项目所涉及的成本费用进行分析估计。房地产开发项目涉及的成本费用主要有土地费用、前期工程费、建筑安装工程费、市政基础设施费用、公共配套设施费用、期间费用及各种税费。需要说明费用估算依据和估算范围。就估算的精度而言，没有必要像预算那样要求精确，但应充分注意到各项费用在不同建设期的变化情况，力争和未来事实相符，提高评价的准确性。

（6）资金的筹集方案和筹资成本估算。根据项目的投资估算和投资进度安排，合理估算资金需求量，拟订筹资方案，并对筹资成本进行计算和分析。由于房地产项目投资额巨大，开发商必须在投资前做好资金安排，通过不同的方式筹措资金，保证项目的正常运行。

（7）财务评价。财务评价是依据国家现行财税制度、现行价格和有关法规，从项目角度对项目的盈利能力、偿债能力和外汇平衡等项目财务状况进行分析，并借以考察项目财务可行性的一种方法。财务评价具体包括在项目的销售预测、成本预测基础上进行预计损益表、预计资产负债表、预计现金流量表、预计债务偿还表、预计资金来源与运用表的编制，以及进行财务评价指标和偿债指标的计算，如财务净现值、财务内部收益率、投资回收期、债务偿还期、资产负债率等，据以分析投资的效果。

（8）风险分析。风险分析是可行性研究的一项重要内容，包括盈亏平衡分析、敏感性分析和概率分析等内容。风险分析通过对影响投资效果的社会、经济、环境、政策、市场等因素的分析，了解各因素对项目的影响性质和程度，为项目运作过程中对关键因素进行控制提供可靠依据。同时根据风险的可能性为投资者了解项目的风险大小及风险来源提供参考。

（9）国民经济评价。国民经济评价是按照资源合理配置的原则，从国民经济的角度出发，用一套参数（包括影子价格、影子公司、影子汇率和社会折现率等）计算、分析项目对国民经济的净贡献，以评价项目经济合理性的经济评价方法。国民经济评价是项目评价的重要组成部分，也是投资决策的重要依据。国民经济评价包括社会效益评价和环境效益评价。社会效益是指项目投资为满足社会需求所做贡献的大小，如对社会经济增长、对提高居住水平、对城市经济发展及其他关联企业的发展、对国家财政税收所做的贡献等。环境效益是指项目开发给城市环境改善带来的效益，如项目对于美化居住环境、改善居住条件和投资环境、美化城市及消除污染等所做的贡献。

（10）结论。根据对相关因素的分析和各项评价指标，对项目的可行与否做出明确结论，针对本项目存在的问题提出建议并对建议的效果做出估计。

2. 房地产项目可行性研究的步骤

可行性研究一般包括以下几个步骤：

（1）组织准备。进行可行性研究首先要求组建研究班子，具体负责可行性研究的整体构想、经费筹集、研究计划制订等。由于可行性研究是一个相当复杂的智力活动，研究班子的成员应包括了解房地产市场的专家、熟悉房地产开发的工程技术人员、熟悉城市规划及管理的专家，领导班子应由熟悉房地产市场、工程技术、经济管理和经营，并善于进行协调工作的专业人员来主持。

（2）资料收集及市场调查。这一步骤包括收集各类有关资料和进行现场实际调查。收集的资料主要有政府的方针、政策，城市规划资料，各类资源资料，有关社会经济发展、交通、地质、气象等方面的技术资料以及房地产市场分析的资料等。现场实际调查主要包括投资现场的实地自然、经济、社会、技术现状的调查，如居民人数、户数及结构现状调查、市政基础设施状况调查、地上地下障碍物调查、非居民户生产经营状况调查等。

（3）开发方案的设计、评价和选择。对于同一个开发项目而言，可以有不同的开发方案实施。每一种开发方案都有各自的特点，根据不同的开发方案实施会得到不同的经济收益和社会效益。

（4）详细研究。采用先进的技术经济分析方法，对优选出项目开发方案进行财务评价、国民经济评价，分析项目的可行性。

（5）编写研究报告书。可行性研究报告书是对可行性研究全过程的描述，其内容要与研究内容相同。内容要全面、翔实。

4.1.3　房地产项目可行性研究的阶段

房地产项目可行性研究可分为四个阶段：投资机会研究阶段、初步可行性研究阶段、详细可行性研究阶段以及评估和决策阶段。

1. 投资机会研究阶段

投资机会研究是投资者从地区、部门、资源或特定项目方面去寻求投资机会，往往比较粗略。在调查、收集资料的基础上，投资费用估算用类似工程的单位生产能力建设费用或资本周转率等方法，进行粗略的分析和估算。

2. 初步可行性研究阶段

初步可行性研究是在投资机会研究的基础上进行的。其主要作用是进一步判断投资机会研究是否正确，并据此做出投资与否的初步决定，以及是否进行详细研究的决定。

初步可行性研究的主要任务是将机会研究的投资建议具体化为多个比选方案，并进行初步评价，筛选方案，确定项目的初步可行性。

3. 详细可行性研究阶段

详细可行性研究又称最终可行性研究，也称为技术经济可行性研究，其主要任务是对工程项目进行深入的技术经济分析，重点是对项目进项财务评价和国民经济评价。

详细可行性研究是项目的关键环节，也是项目研究的决定性阶段。它的研究结果——可行性研究报告，可作为进行工程项目建设的依据，为项目的决策提供依据，为下一阶段工程设计提供设计基础资料和依据，也是作为向银行申请贷款的依据。

4. 评估和决策阶段

评估和决策阶段由投资决策部门组织或授权专业银行、工程咨询公司，代表国家对上报的项目可行性研究报告进行全面审核和再评价。其任务是审核、分析、判断可行性研究报告的可靠性和真实性，提出项目评估报告，为决策者提供最后的决策依据。

不同项目类型的可行性研究内容和要求，见表4-1。

表 4-1　不同项目类型的可行性研究内容和要求

项目类型	可行性研究阶段			
	投资机会研究	初步可行性研究	详细可行性研究	评估和决策
大中型	√	√	√	√
小型			√	√
改扩建		√	√	√
对投资及成本估算净度误差/%	≤ ±30	≤ ±20	≤ ±10	≤ ±10
研究时间/月	1～3	3～5	6～8	1～3
研究费用（占总投资百分比）	0.2%～1%	0.25%～1.25%	0.5%～3%	—

4.1.4　房地产项目可行性研究报告及注意事项

1. 房地产项目可行性研究报告

房地产项目可行性研究报告是房地产项目可行性研究的成果性文件。房地产项目可行性研究报告一般由专业的咨询机构编写，由于从事房地产开发的大型房地产开发企业拥有一定的市场分析人员，也可以独立编写可行性研究报告。一般来讲，专业机构编写一个项目的可行性研究报告应包括封面、摘要、目录、正文、附件和附图六个部分。

（1）封面。封面一般要反映可行性研究报告的名称、专业研究编写机构名称及编写报告的时间三个内容。

（2）摘要。这部分用简洁明了的语言介绍项目的概况、市场情况、可行性研究的结论及有关说明或假设条件，突出重点，假设条件清楚，使阅读人员能在最短的时间内了解全报告的精要，也有专家主张不写摘要，因为可行性研究报告事关重大，阅读者理应仔细全面阅读。

（3）目录。由于一份可行性报告少则 10 余页，多则数十页，为了便于写作和阅读人员将报告的前后关系、假设条件及具体内容必须条理清楚地编写和掌握，并编写目录。

（4）正文。它是可行性研究报告的主体，一般来讲，应包括概况（包括项目背景、项目概况、委托方、受托方、可行性研究的目的、可行性研究的编写人员、编写的依据、编写的假设和说明）；市场调查和分析；规划设计方案；建设方式和建设进度；投资估算及资金筹措；项目财务评价；风险分析；可行性研究的结论；研究人员对项目的建议；相应的附表。

（5）附件。它包含可行性报告的主要依据，是可行性报告必不可少的部分。一般来讲，一个项目在做正式的可行性研究时，必须有政府有关部门的批准文件（如规划选址意见书、土地批租合同、土地证、建设工程许可证等）。专业人员必须根据委托书和上述文件以及相应的法律、法规方能编写项目可行性研究报告。

（6）附图。一份完整的可行性研究报告应包括以下附图：项目位置图、地形图、规划红线图、设计方案的平面图，有时也包括项目所在地区或城市的总体规划图等。

房地产项目可行性研究报告可供政府、投资人、金融机构等多方使用。政府通过可行性研究报告了解该项目的国民经济贡献，是否符合城市规划、土地利用总体规划，是否符合国民经济发展计划的要求，是否符合国家的产业政策，以之作为决定是否给予立项的依据。投资人主要是通过可行性研究报告了解项目的收益性，用以判断项目是否在能够承担在风险范围内带来预期的利润，从而决定是否值得投资。金融机构主要是从项目的收益性、流动性和安全性三个方面来了解项目能否拥有稳定的现金流，金融机构是否存在资金无法收回的风险，利息能否按期收回，能否带来稳定的回报。所以，编制房地产项目可行性研究报告从内容上必须符合多方面的需要，房地产项目可行性研究报告是一个全面反映项目技术、经济、市场三个方面的经济分析报告，集政策环境效益的内容于一身。

2. 房地产项目可行性研究注意事项

由于可行性研究报告是提供给房地产企业进行投资决策的主要文件和依据，这份文件撰写的质量，直接关系到项目的实施和收益。在进行可行性研究中要特别注意：第一，可行性研究报告的撰写要明确、翔实，尽量使其内容丰富，能反映客观事实。第二，可行性研究报告编制完成后，必须进行专家论证，以确保分析报告的科学合理性。第三，可行性研究报告各项内容应完整，不能有缺项，使其能够提供完整和全面的分析依据。

4.2 房地产项目财务评价

房地产项目财务评价是可行性研究中的重要内容，它是在国家现行会计制度、税收法规和市场价格体系下，鉴定和分析工程项目的投资、成本、收入、税金和利润等，从项目角度考察项目建成投产后的盈利能力、清偿能力和财务生存能力，据此评价和判断项目财务可行性的一种经济评价方法。明确房地产项目对财务主体的价值以及对投资者的贡献，项目财务评价也为投资决策、融资决策，以及银行审贷提供依据。

4.2.1 项目财务评价的指标体系

评价工程项目方案经济效果的好坏，一方面取决于基础数据的完整性和可靠性，另一方面则取决于选取的评价指标体系的合理性，只有选取正确的评价指标体系，使经济评价的结果能与客观实际情况相吻合，工程项目方案经济效果的评价才具有实际意义。

投资项目评价的指标是多种多样的，它们从不同角度反映项目的经济性，这些指标一般可以分成三大类：第一类是反映资金利用效率的效率型指标，如投资收益率、净现值指数、内部收益率等；第二类是以货币单位计量的价值型指标，如净现值、费用年值等；第三类是以时间单位计量的时间型指标，如投资回收期。这三类指标从不同角度考察项目的经济性，在进行投资项目经济评价时，应根据评价深度要求或获得资料的情况以及评价方案本身的条件，选用多个不同的指标，从不同侧面反映评价方案的经济效果。

房地产项目财务评价从不同的角度，按照不同的划分方法可以形成形式不同的指标体系。

1. 按是否考虑时间价值划分的指标体系

在工程项目评价中，按计算评价指标时是否考虑资金的时间价值，将评价指标分为静态评价指标和动态评价指标。

静态评价指标是在不考虑时间因素对货币价值影响的情况下直接通过现金流量计算出来的经济评价指标。静态评价指标的最大特点是计算简便，它适于评价短期投资项目和逐年收益大致相等的项目，另外对方案进行概略评价时也常采用静态评价指标。

动态评价指标是在分析项目或方案的经济效益时，要对发生在不同时间的效益、费用计算资金的时间价值，将现金流量进行等值化处理后计算评价指标。动态评价指标能较全面地反映投资方案整个计算期的经济效果，适用于对项目整体效益评价的融资前分析，或对计算期较长以及处在终评阶段的技术方案进行评价，见图 4-1。

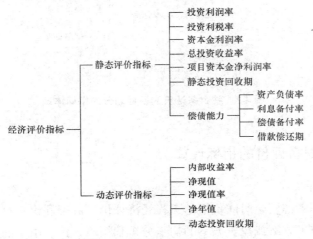

图 4-1　按是否考虑时间价值划分的指标体系

2. 按指标性质划分的指标体系

按指标性质划分的指标体系见图 4-2。

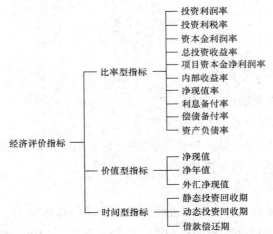

图 4-2　按指标性质划分的指标体系

3. 按财务评价的目标划分的指标体系

按财务评价的目标划分的指标体系见图4-3。

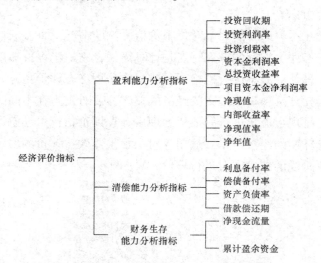

图 4-3 按财务评价的目标划分的指标体系

4.2.2 项目财务评价的指标计算

1. 项目的静态评价

静态评价是指不考虑资金时间价值的工程经济评价。静态评价具有简单明了、易于计算的特点，适用于对技术方案或投资方案的初步分析和粗略评价。由于静态评价忽略了资金的时间价值，经济评价结果不准确，仅由静态评价结论为依据所进行的投资决策容易导致投资失误。静态评价方法很多，这里主要介绍投资收益率法、静态投资回收期法。

（1）投资收益率法。投资收益率是指项目在正常年份的净收益与期初的投资总额的比值。其表达式为：

$$R = \frac{NB}{K}$$

式中 K——投资总额，$K = \sum_{t=0}^{n} K_t$；

K_t——第 t 年的投资额；

n——完成投资额的年份；

NB——正常年份的净收益，根据不同的分析目的，NB 可以是税前利润、税后利润，也可以是年净现金流量等；

R——投资收益率。

根据 K 和 NB 的具体含义，R 可以表现为各种不同的具体形态。投资收益率常见的具体形态有总投资收益率、项目资本金净利润率、投资利税率、投资利润率等。

用投资收益率判断方案的优劣需要用方案的投资收益率与国家或行业确定的基准投资收

益率相比较。而基准投资收益率是国家或行业根据历史数据确定的。设基准投资收益率为 R_b，判断准则为：

当 $R \geqslant R_b$ 时，项目可行，可以考虑接受。

当 $R < R_b$ 时，项目不可行，应予以拒绝。

若多个方案比较，则在各个方案满足 $R \geqslant R_b$ 时，投资收益率越大的方案越好。

（2）静态投资回收期法。投资回收期又称为返本期，是反映投资方案盈利能力的指标。

静态投资回收期是在不考虑资金时间价值的条件下，以方案的净收益回收其总投资（包括固定资产投资和流动资金）所需要的时间，一般以年为单位。项目投资回收期宜从项目建设开始年算起，若从项目投产开始年算起，应予以特别注明。

静态投资回收期的表达式为

$$\sum_{t=0}^{P_t} (CI - CO)_t = 0$$

式中　P_t——静态投资回收期；

$(CI - CO)_t$——第 t 年净现金流量。

静态投资回收期可借助项目投资现金流量表，根据净现金流量来计算，其具体计算分为以下两种情况：

①当项目建成投产后各年的净收收益均相同时，可简单视为

$$P_t = \frac{TI}{EBIT}$$

式中　TI——项目总投资；

$EBIT$——年平均息税前利润。

显然，此时静态投资回收期就是总投资收益率的倒数。

②当项目建成投产各年的净现金流量不相同（甚至变化极大）时，静态投资回收期可根据累计净现金流量求得，累计净现金流量值的变化过程体现了投资回收的过程，如图4-4所示，也就是在现金流量表中累计净现金流量由负值转化为零的时点。其表达式为

$$P_t = (T-1) + \frac{第 (T-1) 年的累计净现金流量的绝对值}{第 T 年的净现金流量}$$

式中　T——项目各年累计净现金流量首次为正值或零的年份数。

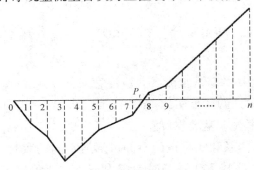

图 4-4　投资回收期示意

使用净现金流量回收全部投资的思路是建立在当年经营性支出在当年销售收入中已经得到了回收，这样，各期净利润和所提取的折旧和摊销便可作为净现金流量以收回全部投资。

用静态投资回收期评价投资项目时，需要与根据同类项目的历史数据和投资者意愿确定的基准投资回收期 P_c 相比较：

若 $P_t \leqslant P_c$，则项目可以考虑接受；若 $P_t > P_c$，则项目应予以拒绝。

由于静态投资回收期越长，项目的盈利能力越弱，而且项目面临的风险越大，因此投资者必然希望投资回收期越短越好。

静态投资回收期的优点是既可判定单个方案的可行性（与 P_c 比较），也可用于方案间的比较（判定优劣）。

静态投资回收期指标的缺点主要如下：

一是没有反应资金的时间价值；

二是没有用到方案在回收期以后的现金流量数据；

三是没有考虑到项目的期末残值；

四是在方案的投资额相差悬殊时，方案比较的结论可信度降低。

静态投资回收期能在一定程度上反映方案的经济性和风险性，在建设项目评价中具有独特的地位和作用，但由于其缺陷，仅作辅助性指标使用。

2. 项目的动态评价

动态评价是指考虑了资金时间价值并且以项目在整个寿命期内的全部现金流量数据为基础所进行的工程经济评价。动态评价克服了静态评价的缺点，尽管计算相对复杂，但在对投资项目进行经济评价时，应以动态分析为主，必要时增加某些静态评价指标进行辅助分析。本书将在下面的内容中具体介绍常用的几种动态评价方法，如现值法、内部收益率法、动态投资回收期法等。

（1）净现值。

①指标含义。净现值（NPV）是将项目在整个计算期内各年的净现金流量，按某个给定的折现率（如基准收益率 i_c）折算到经济活动起始点（建设期初）的现值的和。

②计算表达式。

净现值的表达式为

$$NPV = \sum_{t=0}^{n} (CI - CO)_t (1 + i_c)^{-t}$$

式中　　NPV——净现值；

　　　　$(CI - CO)_t$——第 t 年的净现金流量（应注意正负号）；

　　　　n——项目（或方案）的计算期；

　　　　i_c——设定的折现率（或基准收益率）。

净现值根据具体评价体系和侧重点的不同可形成不同的表现方式（种类），无论哪种净现值，其计算方式都可选择人工计算或计算机的 Excel 程序求解。这里只介绍人工计算法。

人工计算法指将各年的净现金流量通过查表或公式计算进行折现再求和。

③评价标准。若 $NPV=0$，说明该方案基本能满足行业或部门的基准收益率要求的盈利水平，方案勉强可行或有待改进；若 $NPV>0$，表明该方案除了达到基准收益率要求的盈利水平外，还有超额收益，方案可行。因此，$NPV \geqslant 0$ 时，项目（方案）在财务上考虑接受，反之，认为方案不可行。

在使用 NPV 对多个方案进行评价时，NPV 大的方案为优方案。

④净现值指标的特点。

a. 净现值指标的优点：一是考虑了资金的时间价值，使项目投资盈利能力的计算更加精确，可以为制定投资决策提供科学依据。二是直接以货币额表示项目的附加收益额，经济意义明确、直观。三是既可用于单方案评价，也可用于多个互斥方案的评价与选优。

b. 净现值指标的缺点：一是基准折现率这一外生变量对 NPV 和项目决策结论的影响很大。若折现率定得太高，可行项目就可能被否定；折现率定得过低，不可行的项目就可能被选中。该法依赖于客观、合理的基准折现率。二是当各方案的投资额差别很大时，用 NPV 进行比选可能存在偏差。显然，一个勉强合格的大型项目的净现值一般要比一个具有较好经济效益的小型项目净现值大得多；使用净现值法对两个方案进行选优时，结论一般会选择大型项目，而实际上小型项目的投资收益率要高。

（2）内部收益率法。

①内部收益率的含义。内部收益率又称内部报酬率（IRR），是项目净现值为零时的折现率。内部收益率容易被人误解为项目初期投资的收益率。事实上，内部收益率的经济含义是投资方案占用的尚未回收资金的获利能力，是项目正好能够回收投资的年收益率，能反映项目自身的盈利能力，其值越高，方案的经济性越好。由于这一指标仅由项目固有的现金流量系统决定，项目外生变量没有涉及其中，故有内部收益率之称。

在项目整个寿命期内，如果按 IRR 折算各期净现金流量，在寿命期期末到来之前始终存在着未能回收的投资，只能等到了寿命期期末投资才被全部收回，此时的净现金流量刚好等于零。而净现值和净年值以及费用年值等指标都需要事先设定一个基准折现率才能进行计算和比较，因此内部收益率指标的科学性较其他强。

②内部收益率的表达式。

$$NPV(IRR)=\sum_{t=0}^{n}(CI-CO)_t(1+IRR)^{-t}=0$$

式中　IRR——内部收益率，其值域是（$-1,\infty$）。

对于多数方案来说，IRR 值域应为（$0,\infty$）。

由公式可知，当各年的净现金流量不等，且计算期较长时，内部收益率需求解以折现率为未知数的多项高次方方程，求解过程比较烦琐。一般来说，求 IRR 用人工试算法与使用 Excel 程序两种方法求解。这里只介绍人工试算法。

对于计算期不太长，生产期年净效益变化不大的方案，计算不十分困难时采用人工试算法。试算法分为线性插值法和图解法两种，人们习惯于使用线性插值法来近似求解内部收益率，其求解步骤如下：

第一步，计算方案各年的净现金流量。

第二步，在满足下列两个条件的基础上预估两个适当的折现率：

$i_1 < i_2$，且 $(i_2 - i_1) \leq 5\%$，一般在 2% 为宜（实际工作中 i_1 往往是根据给出的基准收益率 i_c 确定，作为第一步试算依据）；$NPV(i_1) > 0$，$NPV(i_2) < 0$。

第三步，用线性插值法计算 IRR 的近似值，其公式为

$$IRR = i_1 + \frac{NPV}{NPV(i_1) + |NPV(i_2)|} \times (i_2 - i_1)$$

用公式计算的近似解 IRR 会略大于精准解 IRR。

线性内插法原理如图 4-5 所示。因为非常规现金流量的方案的存在可能不是唯一的，线性内插法计算对其不适用，因此线性内插法只适用于具有常规现金流量的投资方案。

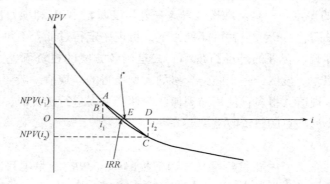

图 4-5   线性内插法原理

③评价标准。IRR 指标用于单方案经济评价时，如果 $IRR \geq i_c$，则认为该方案是可以考虑接受的，当 $IRR < i_c$ 时，该方案应予拒绝。如果折现率（或贷款利率）取其内部收益率时，则该方案在计算期内的投资恰好得到回收，净现值等于零。内部收益率越高，该方案的效益越好。但内部收益率法不能直接用于多方案的比选。

④使用范围。以上讨论的 IRR 使用情况用于"常规"方案（投资项目）的经济评价。这类方案的净现值函数曲线如图 4-5 所示，即方案的净现金流量从投资开始时刻起至少有一项或几项是负值，接下去一系列正值，此时计算期内净现金流量的符号变化只有一次，即所有负现金流量都出现在正现金流量之前。可以证明，此时方案有唯一的 IRR 解。

对于非常规投资项目则不适用。非常规投资项目指项目计算期内，带负号的净现金流量不仅发生在建设期（或生产期），而且分散在带正号的净现金流量之中，即在计算期内净现金流量变更多次正负号。

⑤内部收益率的特点。

a. 内部收益率的优点：一是能直观地反映方案投资的最大可能盈利能力或最大的利息偿还能力（或项目对贷款利率的最大承担能力）。二是考虑了资金的时间价值以及项目在整个计算期内的经济状况。三是内部收益率值取决于项目的净现金流量系列的情况，这种项目内部决定性，使它在应用中具有一个显著的优点，即避免了净现值指标须事先确定基准收益

率这个难题，而只需要知道基准收益率的大致范围即可。

b. 内部收益率的缺点：一是由于 *IRR* 指标是根据方案本身数据计算得出而不是专门给定，所以 *IRR* 不能直接反映资金价值的绝对大小。二是用 *IRR* 这个效率指标进行方案的比选时，不能保证与 *NPV* 得出的结论总是一致。效率最高的方案，不一定是净收益最大的方案。鉴于 *NPV* 最大准则的正确性（因为净现值所依据的基准收益率能反映行业或投资主体的期望，符合收益最大化的决策准则），*IRR* 作为反映项目内生的特性指标，不应直接用于项目或方案的比选。三是计算比较麻烦，对于非常规现金流量的项目来讲，内部收益率可能不存在。

（3）动态投资回收期法。静态投资回收期存在没有考虑资金时间价值的缺陷，可采用其改进指标即动态投资回收期进行方案经济评价。

①指标含义。动态投资回收期是在考虑资金时间价值前提下，以项目净收益抵偿项目全部投资所需的时间，用符号 P_d 表示。

②计算公式。P_d 满足使方案净现金流量的现值累计正好为 0，即满足下式：

$$\sum_{t=0}^{P_d} (CI - CO)_t (1 + i_c)^{-t} = 0$$

式中　P_d——动态投资回收期；

　　　i_c——基准收益率。

在实际计算中，可采用实用计算式如下：

$$P_d = T - 1 + \frac{第\ T - 1\ 年的累计净现金流量现值的绝对值}{第\ T\ 年的净现金流量现值}$$

式中　T——项目累计净现金流量现值首次出现正值或零的年份。

③评价准则。采用动态回收期法计算的投资回收期仍需要和基准投资回收期进行比较。设 P_c 为基准投资回收期，当 $P_d \leqslant P_c$ 时，则项目或方案可以被接受，否则应予以拒绝。

动态投资回收期指标的优点是考虑了资金的时间价值，使投资回收时间的计算更加精确，为制定科学的投资决策提供了依据。

4.2.3　房地产开发项目建设投资预测与分析

房地产开发项目的预测主要包括对项目的销售预测和开发建设投资数据的预测。预测方法根据预测的性质划分为定性预测和定量预测两种。定性预测是指根据人的主观判断做出的预测。定量预测是根据历史数据，通过建立数学模型建立变量之间的数学关系，进而对变量未来进行预测的方法。房地产成本预测对房地产开发过程中的成本费用进行预测，为项目财务的评价、资金筹集方案的选择和未来成本费用支出的控制提供依据。

4.2.4　房地产开发项目成本费用构成

开发建设投资是指在开发期内完成房地产产品开发建设所需投入的各项费用，主要包括土地费、前期工程费、基础设施建设费、房屋开发费、公共配套设备建设费、开发间接费、管理费、销售费、财务费、其他费用、税金及政府收费以及不可预见费等。

1. 土地费

房地产项目土地费是指取得房地产项目用地而发生的费用。房地产项目取得土地有多种方式，发生的费用各不相同。其主要有下列几种：划拨或征收土地的土地征收拆迁费、出让土地的土地出让地价款、转让土地的土地转让费、租用土地的土地租用费、股东投资入股土地投资折价和取得土地支付的税费。

（1）土地征收拆迁费。土地征收拆迁费分为农村土地征收拆迁费和城镇土地拆迁费。

①农村土地征收拆迁费主要包括土地补偿费、青苗补偿费、地上附着物补偿费、安置补助费、新菜地开发建设基金、征地管理费、耕地占用税、拆迁费、其他费用。

②城镇土地拆迁费主要包括地上建筑物、构筑物、附着物补偿费，搬家费，临时搬迁安置费，周转房摊销以及对于原用地单位停产、停业补偿费，拆迁管理费和拆迁服务费等。

（2）土地出让地价款。土地出让地价款是指国家以土地所有者的身份将土地使用权在一定年限内让与土地使用者，并由土地使用者向国家支付土地使用权出让地价款，主要包括向政府缴付的土地使用权出让金和根据土地原有状况需要支付的拆迁补偿费、安置费、城市基础设施建设费或征地费等。例如，以出让方式取得城市熟地土地使用权，土地出让款由土地出让金加上拆迁补偿费和城市基础设施建设费构成。

土地出让地价款的数额由土地所在城市、地区、地段、土地的用途以及使用条件、合同条件等许多方面的因素决定。许多城市对于土地制定了基准地价，具体宗地的土地出让地价款要在基准地价的基础上加以适当调整确定。

（3）土地转让费。土地转让费是指土地受让方向土地转让方支付土地使用权的转让费。依法通过土地出让或转让方式取得的土地使用权可以转让给其他合法使用者。土地使用权转让时，地上建筑物及其他附着物的所有权随之转让。

（4）土地租用费。土地租用费是指土地租用方向土地出租方支付的费用。以租用方式取得土地使用权可以减少项目开发的初期投资，但在房地产项目开发中较为少见。

（5）土地投资折价。房地产项目土地使用权可以来自房地产项目的一个或多个投资者的直接投资。在这种情况下，不需要筹集现金用于支付土地使用权的获取费用，但一般要对土地使用权评估作价。

（6）土地支付的税费。其主要是指契税。

2. 前期工程费

房地产项目前期工程费主要包括项目前期规划、设计、可行性研究，水文、地质勘测，以及"三通一平"等阶段的费用支出。

项目的规划、设计、可行性研究所需的费用支出一般按项目总投资的一个百分比估算，一般情况下，规划设计费额为建安工程费的3%左右，可行性研究费占项目总投资的1%～3%。水文、地质勘探所需的费用可根据所需工作量结合有关收费标准估算，一般为设计概算的0.5%左右。

"三通一平"等土地开发费用，主要包括地上原有建筑物、构筑物拆除费用、场地平整费用和通水、电、路的费用。这些费用的估算可根据实际工作量参照有关计费标准估算。

3. 基础设施建设费

基础设施建设费是指建筑物两米以外和项目用地规划红线以内的各种管线和道路工程，其费用包括供水、供电、供气、排污、绿化、道路、路灯、环卫设施等，以及各项设施与市政设施干线、干管、干道的接口费用。一般按实际工程量估算。

4. 房屋开发费

房屋开发费包括建安工程费、附属工程费和室外工程费。

建安工程费是指直接用于工程建设的总成本费用，主要包括建筑工程费（结构、建设、特殊装修工程费）、设备及安装工程费（给水排水、电气照明及设备安装、空调通风、弱电设备及安装、电梯及其安装、其他设备安装等）和室内装饰家具费等。

附属工程费包括锅炉房、热力站、变电室、煤气调压站、自行车棚、信报箱等建设费用。室外工程费包括自来水、雨水、污水、煤气、热力、供电、电信、道路、绿化、环卫、室外照明等的建设费用。

在可行性研究阶段，房屋开发费尤其是其中建安工程费的估算，可以采用单元估算法、单位指标估算法、工程量近似匡算法、概算指标法等，也可根据类似工程经验估算。

（1）单元估算法。单元估算法是指以基本建设单元的综合投资乘以单元数得到项目或单项工程总投资的估算方法。如以每间客房的综合投资乘以客房数估算一座酒店的总投资、以每张病床的综合投资乘以病床数估算一座医院的总投资等。

（2）单位指标估算法。单位指标估算法是指以单位工程量投资乘以工程量得到单项工程投资的估算方法。一般来说，土建工程、给排水工程、照明工程可按建筑平方米造价计算，采暖工程按耗热量（千卡/小时）指标计算，变配电安装按设备容量（千伏安）指标计算，集中空调安装按冷负荷量（千卡/小时）指标计算，供热锅炉安装按每小时产生蒸汽量（立方米/小时）指标计算，各类围墙、室外管线工程按长度（米）指标计算，室外道路按道路面积（平方米）指标计算。

（3）工程量近似匡算法。工程量近似匡算法采用与工程概预算类似的方法，先近似匡算工程量，配上相应的概预算定额单价和取费，近似计算项目投资。

（4）概算指标法。概算指标法采用综合的单位建筑面积和建筑体积等建筑工程概算指标计算整个工程费用。常使用的估算公式：直接费用 = 每平方米造价指标 × 建筑面积，主要材料消耗量 = 每平方米材料消耗量指标 × 建筑面积。

5. 公共配套设备建设费

公共配套设备建设费是指居住小区内为居民服务配套建设的各种非营利性的公共配套设施（又称公建设施）的建设费用，主要包括居委会、派出所、托儿所、幼儿园、公共厕所、停车场等。一般按规划指标和实际工程量估算。

6. 开发间接费

开发间接费是指房地产开发企业所属独立核算单位在开发现场组织管理所发生的各项费用，主要包括工资、福利费、折旧费、修理费、办公费、水电费、劳动保护费、周转房摊销和其他费用等。

当开发企业不设立现场机构，由开发企业定期或者不定期派人到开发现场组织开发建设活动时，发生的费用可直接计入开发企业的管理费用中。

7. 管理费

管理费是指房地产开发企业的管理部门为组织和管理房地产项目的开发经营活动而发生的各项费用，主要包括管理人员工资、职工福利费、办公费、差旅费、折旧费、修理费、工会经费、职工教育经费、劳动保险费、待业保险费、董事会费、咨询费、审计费、诉讼费、排污费、绿化费、房地产税、车船使用税、土地使用税、技术转让费、技术开发费、无形资产摊销、开办费摊销、业务招待费、坏账损失、存货盘亏、损坏和报废损失以及其他管理费用。管理费可按项目投资或前述四项直接费用的一个百分比计算，这个百分比一般为3%左右。

8. 销售费

销售费是指房地产开发企业在销售房地产产品过程中发生的各项费用，以及专设销售机构的各项费用，主要包括销售人员工资、奖金、福利费、差旅费、销售机构的折旧费、修理费、物料消耗、广告费、宣传费、代销手续费、销售服务费以及预售许可证申领费等。销售费占销售收入的比重一般为10%～15%。

9. 财务费

财务费是指企业为筹集资金而发生的各项费用，主要包括借款和债券的利息、金融机构手续费、代理费、外汇汇兑净损失以及其他财务费用。利息以外的其他融资费用一般占利息的10%左右。

10. 其他费用

其他费用主要包括临时用地费、临时建设费、工程造价咨询费、总承包管理费、合同公证费、施工执照费、工程质量监督费、工程监理费、竣工图编制费、工程保险费等。这些费用一般按当地有关部门规定的费率估算。

11. 税金及政府收费

房地产项目投资估算中应考虑项目所担负的与房地产投资有关的各种税金和地方政府或有关部门征收的费用，主要包括固定资产投资方向调节税、土地使用税、市政管线分摊费、供电贴费、用电权费、绿化建设费、电话初装费、分散建设市政公用设施建设费等。在一些大中型城市，这部分税费已经成为房地产项目投资费用中占较大比重的费用。各项税费应根据当地有关法规标准估算。如市政管线分摊费、供电站费、用电权费、绿化建设费列入基础设施费，销售税金及附加列入销售费用。

12. 不可预见费

不可预见费根据项目的复杂程度和前述各项费用估算的准确程度，以上述各项费用的3%～7%估算。

4.3　房地产项目风险分析

4.3.1　风险与房地产项目风险

风险是未来实际收益与预期收益的偏差和可能性大小。房地产项目风险是指在房地产开发活动过程中存在影响开发利润的多种因素，而这些因素的作用难以或无法预料、控制，使得企业实际开发利润可能与预期利润发生背离，因而使企业有蒙受经济损失的机会或可能性。房地产项目具有政策影响性强、资金需求量大、建设周期长、市场变化快等特点，其发展过程中易受到社会政治、经济、文化、技术等因素的制约，导致其总是面临着大量的风险。从业人员需要对房地产项目进行风险分析，根据风险分析的结论，制定防范措施，降低风险所造成的损失及负面影响。

4.3.2　房地产项目风险分析方法

1. 盈亏平衡分析法

盈亏平衡分析又称量本利分析，是将成本划分为固定成本和变动成本并假定产销量一致，根据产量、成本、售价和利润四者之间的函数关系，确定盈亏平衡点，进而评价方案的一种方法。

盈亏平衡点：盈利和亏损的分界点。在这个点处，收入等于成本，项目既不盈利也不亏损。

（1）盈亏平衡点的确定。

①销售收入的确定。设房地产商品产销量为 Q，产品的单位售价为 P，则销售收入为

$$TR = P \times Q$$

式中　TR——销售收入；

　　　P——销售价格，单位为元/平方米；

　　　Q——房地产产品数量。

②总成本的确定。房地产开发的成本费用很多，它们和房地产商品数量的关系依据成品特性可以分为固定成本、变动成本和半变动成本。其中，固定成本是指不随房地产商品数量变动而变动的成本费用，如房地产开发企业的折旧费、管理费等；变动成本是指随着房地产商品数量的变动成比例变动的成本费用，如建安工程费用、前期工程费用等；半变动成本是指和房地产商品数量有一定的关系，但无严格比例关系的成本费用。总成本与房地产商品的关系则为

$$TC = FC + VC' + VC = FC + VC' + V_c \times Q$$

式中　TC——总成本；

　　　FC——固定成本；

　　　VC'——半变动成本；

　　　VC——变动成本；

V_c——单位变动成本；

Q——房地产商品数量。

一般情况下，半变动成本可以根据分析的具体情况，在一定范围内作为固定成本考虑，所以总成本和房地产商品数量关系表示为

$$TC = FC + VC = FC + V_c \times Q$$

③利润的确定。房地产开发项目的利润为销售收入和总成本的差额，公式表示如下：

$$M = TR - TC = PQ - FC - V_c \times Q$$

式中　M——利润。

④盈亏平衡点的确定。其包括盈亏平衡点销售量、盈亏平衡点的销售额，根据 $M = TR - TC = PQ - FC - V_c \times Q = 0$，则盈亏平衡点销售量为

$$Q^* = FC/ \ (P - V_c)$$

式中　Q^*——盈亏平衡点的销售量，此时盈亏平衡点的销售额为

$$TR^* = P \times Q^*$$

（2）项目经营安全率。根据盈亏平衡模型，产销量达到盈亏平衡点则可避免亏损。产销量超过盈亏平衡点越多利润越大，经营状况越好，即使有不利因素影响导致产销量有所下降，也不至发生亏损。项目经营安全率是反映项目承受外部风险能力的指标，其表达式为

$$f = \ (Q - Q^*) \ /Q \times 100\%$$

项目安全率越小，表明项目风险承受能力越小，反之则越大。

实践中，可以参考表4-2的数值判断企业的经营情况。

表4-2　经营安全率　　　　　　　　　　　　　　　　　%

经营状况	安全	较安全	不太好	要警惕	危险
经营安全率	≥30	25～30	15～25	10～15	<10

【例4-1】　某开发项目预计平均售价 6 400 元/m²，单位变动成本为 2 400 元/m²，开发商开发固定成本为 7 600 万元，开发项目土地面积 10 000 m²，容积率为4，商品房得房率为85%，试计算盈亏平衡点销售量并分析项目的安全性。

解：由题意可得

$Q^* = 7\ 600 \times 10^4/ \ (6\ 400 - 2\ 400) \ = 19\ 000 \ (\text{m}^2)$

$f = \ (10\ 000 \times 4 \times 85\% - 19\ 000) \ / \ (10\ 000 \times 4 \times 85\%) \ \times 100\% = 44.12\%$

说明该项目有足够的风险承受能力。

2. 敏感性分析法

（1）敏感性分析的概念。敏感性分析是通过分析、预测项目主要因素发生变化时对项目基本方案经济评价指标的影响，从中找出敏感性因素，并确定其影响程度。若某个不确定性因素的小幅度变化就导致经济效果的较大变动，则其为敏感性因素。

（2）敏感性分析的步骤。进行房地产项目敏感性分析，可以遵循以下步骤：

①选择要分析的不确定性因素。对于房地产开发项目而言，存在的不确定性因素很多，包括售价和租金、开发成本、开发周期、空置率、贷款利率、贷款额度等。

a. 售价和租金。售价和租金是影响开发项目经济效果的最为重要的因素之一。这可以从两个方面看：一方面，售价和租金是在开发项目完成只进行一段时间后的售价和租金，这并不是开发商所能控制的，属于外生变量范畴，受到整个国家和地区政治、经济形势和社会因素的影响，具有极大的不确定性；另一方面，售价和租金的稍许变动会对项目的经济效果产生极大影响。

b. 开发成本。开发成本是影响开发项目的另一个非常重要的因素，包括土地费用、项目前期费用、建筑安装成本、期间费用和有关的税费等。其中土地费用和建筑安装成本在房地产开发项目的成本中占据相当大的比重，它们对于项目的收益起着相当重要的作用。这些成本的变动又是不确定的，因此也是需要分析的一个敏感性因素。

c. 开发周期。项目开发周期是指从项目所需土地购置开始，经过施工建设、竣工验收直至完成租售为止所经历的时间，包括项目的开发前期、建设期和空置期（租售期）。每个开发项目实施前，都要经过项目的审批报建、拆迁安置、"三通一平"和项目的施工招标等工作，这个时期就是项目的开发前期。

d. 空置期与空置率。空置期是指竣工物业待销售、待租所经历的时间。空置期的长短受市场供求状况及市场购买力的影响非常大。空置率是指经过合理的空置期仍然处于待售或待租状态的物业占竣工物业的比重。如果空置期长、空置率高，开发商将面临更高的利息支出，增加开发项目的财务负担，使利润下降。

e. 贷款利率和贷款额度。一般来说，房地产开发项目的资金来源中 50% ~ 70% 都是外借资金，能否及时筹集到这部分资金和筹集多少直接影响到项目的实施；而贷款利率的高低又影响到项目的开发成本大小，进而影响项目的收益。而这些都不是完全能够预测到的，要受到国家经济政策、利率政策等的影响，变动较大。

②确定不确定因素变化程度。敏感性分析通常是针对不确定因素的不利变化进行，为绘制敏感性分析图的需要也可考虑不确定因素的有利变化。

不确定因素变化的百分率，习惯上常选取 ±10%。为了作图的需要，可分别选取 ±5%、±10%、±15%、±20% 等。对于不便使用百分数表示的因素，如建设期，可采用延长一段时间表示，如延长一年。

百分数的取值其实并不重要，因为敏感性分析的目的并不在于考察项目效益在某个具体的百分数变化下发生变化的具体数值，而只是借助它进一步计算敏感性分析指标，即敏感度系数和临界点。

③选取分析指标。建设项目经济评价有一整套指标体系，敏感性分析可选定其中一个或几个主要指标进行。最基本的分析指标是内部收益率或净现值，根据项目的实际情况也可选择投资回收期等其他评价指标。

通常财务分析与评价的敏感性分析中必选的分析指标是项目投资财务内部收益率，国民经济分析与评价中必选的分析指标是经济净现值或经济内部收益率。

④计算敏感性指标。

a. 敏感度系数。敏感度系数是项目效益指标变化的百分率与不确定因素变化的百分率之比。敏感度系数高，表示项目效益对该不确定因素敏感程度高，提示应重视该不确定因素对项目效益的影响。敏感度系数的计算式如下：

$$E = \frac{\Delta A}{\Delta F}$$

式中　E——评价指标 A 对于不确定因素 F 的敏感度系数；

　　　ΔA——不确定因素 F 发生 ΔF 变化时，评价指标 A 的相应变化率（%）；

　　　ΔF——不确定因素 F 的变化率（%）。

$E > 0$，表示评价指标与不确定因素同方向变化；$E < 0$，表示评价指标与不确定因素反方向变化。$|E|$ 较大者敏感度系数高。

敏感度系数的计算结果可能受到不确定因素变化率取值不同的影响，敏感度系数的数值会有变化。但其数值大小并不是计算该项指标的目的，重要的是各不确定因素敏感度系数的相对值，借此了解各不确定因素的相对影响程度，以选出敏感度较大的不确定因素。虽然敏感度系数有以上缺陷，但在判断各不确定因素对项目效益的相对影响程度上仍然具有一定的作用。

b. 临界点。临界点是指不确定因素的极限变化，即不确定性因素的变化使项目由可行变为不可行的临界数值，也可以说是该不确定因素使内部收益率等于基准收益率或净现值变为零时的变化率，当该不确定因素为费用科目时，为其增加的百分率；当该不确定因素为效益科目时，为其降低的百分率。临界点也可用该百分率对应的具体数值（转换值）表示。当不确定因素的变化超过了临界点所表示的不确定因素的极限变化时，项目效益指标将会转而低于基准值，表明项目将由可行变为不可行。

临界点的高低与设定的基准收益率有关，对于同一个投资项目，随着设定基准收益率的提高，临界点会变低（临界点表示的不确定因素的极限变化变小）；而在一定的基准收益率下，临界点越低，说明该因素对项目效益指标影响越大，项目对该因素就越敏感。

可以通过敏感性分析图求得临界点的近似值，但由于项目效益指标的变化与不确定因素变化之间不完全是直线关系，有时误差较大，因此最好采用试算法或函数求解。

⑤敏感性分析结果表述。

a. 编制敏感性分析表。将敏感性分析的结果汇总于敏感性分析表，在敏感性分析表中应同时给出基本方案的指标数值、所考虑的不确定因素及其变化、在这些不确定因素变化的情况下项目效益指标的计算数值；编制各不确定因素的敏感度系数与临界点分析表，也可与敏感性分析表合并成一张表，如表 4-3 所示。

表 4-3　某项目敏感性分析表

不确定因素	不确定因素变化率/%	财务内部收益率/%	敏感度系数	临界点/%
基本方案		15.3		

续表

不确定因素	不确定因素 变化率/%	财务内部 收益率/%	敏感度系数	临界点/%
建设投资变化	10	12.6	−1.76	12.3
	−10	18.4	−2.04	
销售价格变化	10	19.6	2.81	−7.1
	−10	10.6	3.05	
原材料价格变化	10	13.8	−0.95	22.4
	−10	16.7	−0.94	

b. 绘制敏感性分析图。根据敏感性分析表的数值可以绘制敏感性分析图，横轴为不确定因素变化率，纵轴为项目效益指标。图中曲线可以明确表明项目效益指标变化受不确定因素变化的影响趋势，并由此求出临界点。

⑥对敏感性分析结果进行分析。应对敏感性分析表和敏感性分析图显示的结果进行文字说明，将不确定因素变化后计算的经济评价指标与基本方案评价指标进行对比分析，分析中应注重以下三个方面：

a. 结合敏感度系数及临界点的计算结果，按不确定因素的敏感性程度进行排序，找出较为敏感的不确定因素。可通过直观检测得知或观其敏感度系数和临界点，敏感度系数较高者或临界点较低者为较为敏感的因素。

b. 定性分析临界点表示不确定因素变化发生的可能性。以可行性研究报告前几章的分析研究为基础，结合经验进行判断，说明所考察的某种不确定因素是否可能发生临界点所表示的变化，并做出风险的粗略估计。

c. 归纳敏感性分析的结论，指出最敏感的一个或几个关键因素，粗略预测项目可能的风险。对于不进行系统风险分析的项目，应根据敏感性分析结果提出相应的减轻不确定因素影响的措施，提请项目业主、投资者和有关各方在决策和实施中注意，以尽可能降低风险，实现预期效益。

（3）单因素敏感性分析。单因素敏感性分析是指在其他因素保持不变时每次只变动一个因素的数值，估算单个因素的变化对项目效益产生的影响。

敏感性分析的基本步骤如下：

①确定方案敏感性分析的具体经济效果评价指标。一般可采用净现值、净年值、内部收益率、投资回收期等作为分析评价指标，主要针对项目的具体情况进行选择；

②选择影响方案经济效果指标的主要变量因素，并设定这些因素的变动范围；

③计算各变量因素在可能的变动范围内发生不同幅度变动所导致的方案经济效果指标的变动结果，建立起一一对应的数量关系，并用图或表的形式表示出来；

④确定敏感因素，对方案的风险情况做出判断。

【例 4-2】某一开发项目投资方案见表 4-4，进行敏感性分析，$I_c = 10\%$。

表4-4 某项目投资基本方案

影响因素	初期投资/万元	租赁收入/万元	年经营费用/万元	寿命期/年
估计值	2 000	600	350	20

解：（1）选取初期投资/租赁收入（价格）和经营费用为拟分析的不确定因素；

（2）选取净现值（NPV）指标作为评价指标；

（3）计算预测水平的净现值评价指标，则

$$NPV = -2\ 000 + （600 - 350）(P/A, 10\%, 20)$$
$$= -2\ 000 + 250 \times 8.513\ 6 = 128.4\ （万元）$$

（4）确定敏感性因素的变动幅度分别为10%和20%，并计算变动后的评价值指标。根据初期投资、租赁收入和经营费用的变动计算的评价指标分别见表4-5～表4-7。最后做出的敏感性曲线见图4-6。

表4-5 初期投资的敏感性分析

初期投资变动幅度/%	-20	-10	0	+10	+20
NPV/万元	528.4	328.4	128.4	-71.6	-271.6

表4-6 租赁收入的敏感性分析

租赁收入变动幅度/%	-20	-10	0	+10	+20
NPV/万元	-893.23	-328.42	128.4	639.22	1 150.03

表4-7 经营费用的敏感性分析

经营费用变动幅度/%	-20	-10	0	+10	+20
NPV/万元	724.35	426.38	128.4	-169.58	-467.55

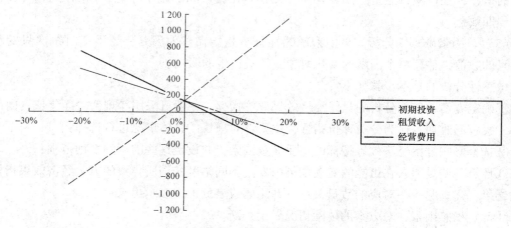

图4-6 敏感性曲线图

（5）排序并确定敏感性因素。根据绝对判定法可知敏感性因素依次为

$$租赁收入（价格）\rightarrow 经营费用\rightarrow 期初投资$$

提出控制方案。由于方案的价格是最敏感性因素，经营费用次之，最后是期初投资，因此，首先需要控制的是价格，考虑如何在较少增加期初投资的前提下较大提高租赁价格或经营费用，使得整个项目的效益得到整体提高。

3. 概率分析

概率分析，又称风险分析，是运用概率理论研究不确定性因素的变动对项目经济效果指标影响的一种定量分析方法。通过敏感性分析可以判断不确定性因素的敏感性，但这是在考虑所有因素具有同等出现概率的前提下做出的，不能完全反映不确定性因素的风险性；通过概率分析则可以了解项目风险性大小。某个不确定性因素如果是敏感性因素，但是若发生的概率非常小，则实际给项目带来的风险就非常小，甚至可以忽略。

（1）相关概念。由于在房地产开发项目实施过程中存在许多不确定性的因素，这些不确定性因素的发生是随机变量，相应地，用这些变量计算所得的评价指标也将是随机变量。根据概率理论，完整地描绘随机变量可以通过确定其期望值、方差和概率分布来完成。

①概率 $P（X）$ 及概率分布。在进行房地产投资过程中，某一个参数是变动的，但是变动多少，什么时间变动，其结果是无法事先把握的，就把这个参数的变动称为一种随机现象。每一次随机现象连同结果就是一次随机事件。表示市场价格这一随机事件的变动的结果或程度，这即是一个随机变量。

出现某种随机事件的次数与各种可能出现的随机事件的次数总和的比值称为某一随机事件的概率。通常用 $P（X）$ 表示随机事件 X 可能出现的概率。概率有以下基本性质：

a. 概率为非负值，即 $P（X）\geqslant 0$。

b. 任何随机事件 X 的概率都介于 0 和 1 之间，即 $0\leqslant P（X）\leqslant 1$。

c. 必然事件 μ 的概率总是 1，即 $P（\mu）\equiv 1$。

d. 不可能事件 V 的概率总和是 0，即 $P（V）\equiv 0$。

e. 所有随机事件的概率总和为 1，即 $\sum P（X_i）\equiv 1$，i 为随机事件的次数。

所有随机变量可能出现的概率取值的分布情况，称为概率分布。概率分析就是分析和研究随机变量的概率分布情况，并据以预测期望值和标准差。在进行房地产开发项目评价时，一般只分析离散型随机变量的概率分布。

离散型随机变量的概率分布是指随机变量个数是有限的，其分布不是连续的，这时可以用确定的概率值表示其概率分布情况。如房地产价格在销售时可能会出现下降 10%、下降 5%、不变、上升 5%、上升 10% 五种情况，出现的随机变量的个数是有限的，因此可以称为离散型随机变量。如果可以判定上述随机变量出现的概率分别为 0.1，0.3，0.3，0.2，0.1，则可以用表格形式描述其概率分布（表4-8）。

表 4-8　离散型变量的概率分布

房地产价格变动	−10%	−5%	0	+5%	+10%
概率 $P（X_i）$	0.1	0.3	0.3	0.2	0.1

②期望值 $E(X)$。对于离散型随机变量 X，如果出现 n 种随机结果，每一种随机结果 X_i 出现的概率为 $P(X_i)$，即其概率分布（表4-9）。

表 4-9 离散型变量及其概率分布表

X	X_1	X_2	X_3	…	X_{n-1}	X_n
$P(X)$	$P(X_1)$	$P(X_2)$	$P(X_3)$	…	$P(X_{n-1})$	$P(X_n)$

则可以将随机变量的期望值定义为

$$E(X) = \sum X_i \times P(X_i)$$

由此可以看出，随机变量的期望值实际上是一个加权平均值。随着随机变量取值的增多，相应的概率分布值也就越多，加权平均值就越接近实际可能值。所以期望值并不是一个真实的准确值。

例如，上面的房地产价格变动的期望值为

$E(\Delta P) = -10\% \times 0.1 + (-5\%) \times 0.3 + 0 \times 0.3 + 5\% \times 0.2 + 10\% \times 0.1$
$= -0.5\%$

③方差 $D(X)$。方差是反映数学期望值和实际值的偏差程度的指标。其计算公式为

$$D(X) = \sum (X - X_i)^2 \times P(X_i)$$

式中 $D(X)$——方差；

X——随机变量的平均值，也可以用随机变量的期望值取代平均值；

X_i——随机变量的数值；

$P(X_i)$——随机变量的概率值。

$D(X) = [-0.5\% - (-10\%)]^2 \times 0.1 + [-0.5\% - (-5\%)]^2 \times 0.3 + [(-0.5\%) - 0]^2 \times 0.3 + [-0.5\% - 5\%]^2 \times 0.2 + [-0.5\% - 10\%]^2 \times 0.1 = 0.003\ 225$

（2）概率分析的步骤。在进行项目评价过程中，概率分析一般仅对项目的财务净现值的期望值和出现财务净现值大于和等于零时的累计概率计算。前者是以概率为权数计算出来的各种不同情况下的财务净现值的加权平均值；后者则反映了在各种可能情况下财务净现值出现大于和等于零时的累计概率。一般步骤如下：

①列出各种要考虑的不确定因素。

②预计各种不确定因素可能发生的情况，即其可能出现的几种数据值或变动幅度。

③分别确定每种情况出现的可能性，即概率，各种可能情况出现的概率之和等于1。

④分别求出各种可能情况下的财务净现值、加权平均值和期望值。

⑤计算净现值大于和等于零的累计概率。

【例4-3】某房地产开发项目的现金流量见表4-10，根据经验和预测，开发成本和销售收入为需要分析的两个不确定性因素，各自可能发生的变化即概率见表4-11，取 $I_c = 10\%$，试计算项目的财务净现值、财务净现值大于和等于零的概率和净现值大于 1 000 万元的累计概率。

表 4-10　某房地产开发项目现金流量　　　　　　　　万元

年份	0	1	2	3	4
投资与开发成本	1 200	3 600	3 000		
销售收入				700	6 200
净现金流量	− 1 200	− 3 600	− 3 000	700	6 200

表 4-11　项目开发成本和销售收入的概率分布　　　　　万元

概率 变幅 变动因素	− 15%	0	+ 15%
销售收入	0.4	0.4	0.2
投资和开发成本	0.2	0.5	0.3

解：首先列出本项目的净现金流序列的全部可能状态（表 4-12）共计 8 种，然后分别计算各状态下的概率 P，财务净现金值和加权财务净现值，从而求得项目的财务净现金值的期望值 $E（X）$ 为 2 155.11 万元。

表 4-12　项目净现金流序列的全部可能状态

1	2	3	4	5	6	7	8
开发成本 变动趋势	概率 1	销售收入 变化趋势	概率 2	状态	概率 P_i (2×3)	财务净现值 $FNPV_i$/万元	$FNPV_i × P_i$ /万元
15%	0.3	15%	0.2	A	0.06	2 923.09	177.78
		0	0.4	B	0.12	1 499.01	179.88
		− 15%	0.4	C	0.12	74.93	8.99
0	0.5	15%	0.2	D	0.1	3 965.9	396.59
		0%	0.4	E	0.2	2 541.82	508.36
		− 15%	0.4	F	0.2	1 117.74	223.55
− 15%	0.2	15%	0.2	G	0.04	5 008.71	200.35
		0%	0.4	H	0.08	3 584.63	286.77
		− 15%	0.4	I	0.08	2 160.55	172.84
合计	1				1		2 155.11

$$P（FNPV \geqslant 0）= 1 − P（0）= 1$$

$$P（FNPV \geqslant 1 000）= 1 − P（1 000）= 1 − 0.12 = 0.88$$

4.4 房地产项目的国民经济评价

国民经济评价是项目经济评价的又一重要组成部分，是投资决策的重要依据之一。房地产开发项目对于改善城市居民的居住条件，提高人民物质文化生活水平具有极其重要的意义。但是，城市房地产项目的开发要和国家或地区的总体发展相适应，使有限的资金发挥最大的效益。而在实际中，有的项目对于投资者来说也许是最优的，能为投资者带来较大的经济效益，但对于国家或地区来讲却不一定是最优的。因此，国家对拟建项目不仅应考虑项目本身对投资者的影响，还要综合考虑项目对国家、社会的影响。也就是说，在对项目进行财务评价的同时，还应进行国民经济评价。

4.4.1 国民经济评价概述

1. 国民经济评价的概念

国民经济评价是按合理配置资源的原则，采用社会折现率、影子汇率、影子工资和货物影子价格等经济分析参数，从项目对社会经济所做贡献以及社会为项目付出代价的角度，考察项目的经济合理性。

国民经济评价可以采用经济费用效益分析或经济费用效果分析的方法，对那些能对行业、区域和宏观经济产生明显影响的项目，进行系统的经济影响分析。

2. 国民经济评价的作用

（1）能正确反映项目对社会经济的净贡献。财务分析主要是从企业（财务主体）的角度考察项目的效益。由于企业的利益并不总是与国家和社会的利益完全一致，项目的财务盈利性至少在以下几个方面可能难以全面正确地反映项目的经济合理性：

①国家给予项目补贴；

②企业向国家缴税；

③某些货物市场价格可能扭曲；

④项目的外部效果。

因而需要从项目对社会资源增加所做贡献和项目引起社会资源耗费增加的角度，进行项目的经济分析，以便正确反映项目的经济效率和对社会福利的净贡献。

（2）为政府合理配置资源提供依据。合理配置有限的资源（包括劳动力、土地、各种自然资源、资金等）是人类经济社会发展所面临的共同问题。在完全的市场经济状态下，可通过市场机制调节资源的流向，实现资源的优化配置。在非完全的市场经济中，需要政府在资源配置中发挥调节作用。但是由于市场本身的原因及政府不恰当的干预，可能导致市场配置资源的失灵。

项目的经济分析对项目的资源配置效率，即项目的经济效益（或效果）进行分析评价，可为政府的资源配置决策提供依据，提高资源配置的有效性。其主要体现在以下两方面：

①对那些本身财务效益好，但经济效益差的项目进行调控。政府在审批或核准项目的过

程中，对那些本身财务效益好，但经济效益差的项目可以限制，使有限的社会资源得到更有效的利用。

②对那些本身财务效益差，而经济效益好的项目予以鼓励。政府对那些本身财务效益差，而经济效益好的项目，可以采取某些支持措施鼓励项目的建设，促进对社会资源的有效利用。

应对项目的经济效益费用流量与财务现金流量存在的差别以及造成这些差别的原因进行分析，特别是对一些国计民生急需的项目，如果经济分析合理，而财务分析不可行，可提出相应的财务政策方面的建议，调整项目的财务条件，使项目具有财务可持续性。

（3）政府审批或核准项目的重要依据。在我国新的投资体制下，国家对项目的审批和核准重点放在项目的外部性、公共性方面，经济分析强调从资源配置效率的角度分析项目的外部效果，是政府审批或核准项目的重要依据。

（4）为市场化运作的基础设施等项目提供财务制订方案的依据。对部分或完全市场化运作的基础设施等项目，可通过经济分析论证项目的经济价值，为制定财务方案提供依据。

（5）有助于实现企业利益与全社会利益有机地结合和平衡。国家实行审批和核准的项目，应当特别强调要从社会经济的角度评价和考察，支持和发展对社会经济贡献大的产业项目，并特别注意限制和制止对社会经济贡献小甚至有负面影响的项目。正确运用经济分析方法，在项目决策中可以有效地察觉盲目建设、重复建设项目，有效地将企业利益与全社会利益有机地结合。

（6）比选和优化项目（方案）的重要作用。为提高资源配置的有效性，方案比选应根据能反映资源真实经济价值的相关数据进行，这只能依赖于经济分析，因此经济分析在方案比选和优化中可发挥重要作用。

3. 国民经济评价的范围和研究内容

（1）评价范围。铁路、公路等交通运输项目；较大的水利水电项目；国家控制的战略性资源开发项目；动用社会资源和自然资源加大的中外合资项目；主要产出物和投入物市场价格不能反映真实价值的项目。

（2）研究内容。

①识别国民经济效益和费用；

②计算和选取影子价格；

③编制国民经济评价效益费用表；

④计算国民经济评价指标并进行方案比选。

4.4.2　国民经济效益和费用的识别

1. 直接效益、直接费用与转移支付

（1）直接效益。项目直接效益是指由项目产出物产生的并在项目范围内计算的经济效益，一般表现为项目为社会生产提供的物质产品、科技文化成果和各种各样的服务所产生的效益。例如，工业项目生产的产品、矿产开采项目开采的矿产品、邮电通信项目提供的邮电通信服务等满足社会需求的效益；运输项目提供运输服务满足人流物流需要、节约时间的效益；医院提供医疗服务满足人们增进健康减少死亡的需求；学校提供的学生就学机会满足人们对文化、技能提高的要求等。

（2）直接费用。项目直接费用是指项目使用投入物所产生并在项目范围内计算的经济费用，一般表现为投入项目的各种物料、人工、资金、技术以及自然资源而带来的社会资源的消耗。

（3）转移支付。项目的有些财务收入和支出，是社会经济内部成员之间的"转移支付"，即接受方所获得的效益和付出方所发生的费用相等。从社会经济角度看，并没有造成资源的实际增加或减少，不应计作经济效益或费用。经济分析中，项目的转移支付主要包括项目（企业）向政府缴纳的大部分税费（除体现资源补偿和环境补偿的税费外）、政府给予项目（企业）的各种补贴、项目向国内银行等金融机构支付的贷款利息和获得的存款利息。在财务分析基础上调整进行经济分析时，要注意从财务效益和费用中剔除转移支付部分。

2. 间接效益与间接费用

在国民经济评价中应关注项目的外部性，对项目产生的外部效果进行识别，习惯上把外部效果称为间接效益和间接费用。间接效益和间接费用是由项目的外部性导致的项目对外部的影响，而项目本身并未因此实际获得收入或支付费用。

（1）间接效益。项目间接效益是指由项目引起，在直接效益中没有得到反映的效益。例如，项目使用劳动力，非技术劳动力经训练转变为技术劳动力，技术扩散的效益等。

（2）间接费用。项目间接费用是指由项目引起而在项目的直接费用中没有得到反映的费用。例如，项目对自然环境造成的损害，项目产品大量出口从而引起该种产品出口价格下降等。

3. 经济效益和经济费用识别的基本要求

（1）对经济效益与费用进行全面识别。凡项目对社会经济所做的贡献，均计为项目的经济效益，包括项目的直接效益和间接效益。凡社会经济为项目所付出的代价（社会资源的耗费，或称社会成本）均计为项目的经济费用，包括直接费用和间接费用。国民经济评价应考虑关联效果，对项目涉及的所有社会成员的有关效益和费用进行全面识别。

（2）遵循有无对比的原则。判别项目的经济效益和费用，要从有无对比的角度进行分析，将"有项目"（项目实施）与"无项目"（项目不实施）的情况加以对比，以确定某项效益或费用的存在。

（3）合理确定经济效益与费用识别的时间跨度。经济效益与费用识别的时间跨度应足以包含项目所产生的全部重要效益和费用，不完全受财务分析计算期的限制。不仅要分析项目的近期影响，还需要分析项目将带来的中期、远期影响。

（4）正确处理"转移支付"。正确处理"转移支付"是经济效益与费用识别的关键。对社会成员之间发生的财务收入与支出，应从是否新增加社会资源和是否增加社会资源消耗的角度出发加以识别，将不增加社会资源和不增加社会资源消耗的财务收入与支出视作社会成员之间的"转移支付"，在经济分析中不作为经济效益与费用。

（5）遵循以本国社会成员作为分析对象的原则。经济效益与费用的识别应以本国社会成员作为分析对象。对于跨越国界，对本国之外的其他社会成员也产生影响的项目，应重点分析项目给本国社会成员带来的效益和费用，项目对国外社会成员所产生的效果应予单独陈述。

4.4.3　国民经济评价参数

经济参数是进行国民经济评价的重要工具。正确理解和使用这些参数，对正确估算经济效益和费用，计算评价指标并进行经济合理性的判断，以及方案的比选、优化十分重要。国民经济评价参数分为两类：一类是通用参数，包括社会折现率、影子汇率、影子工资等，由专门机构组织测算和发布；另一类是各种货物、服务、土地、自然资源等影子价格，需由项目评价人员根据项目具体情况自行测算。

1. 社会折现率

社会折现率反映社会成员对于社会费用效益价值的时间偏好，也是现在的社会价值与未来价值之间的权衡。社会折现率又代表着社会投资所要求的最低动态收益率。

社会折现率是经济分析的重要通用参数，既用作经济内部收益率的判别基准，也用作计算经济净现值的折现率。

2. 影子汇率及影子汇率换算系数

影子汇率是指能正确反映外汇真实价值的汇率，即外汇的影子价格。在经济分析中，影子汇率通过影子汇率换算系数计算。影子汇率换算系数是影子汇率与国家外汇牌价的比值，由国家统一测定和发布。根据我国外汇收支情况、进出口结构、进出口环节税费及出口退税补贴等情况，目前我国的影子汇率换算系数取值为 1.08。

3. 影子工资换算系数

国民经济评价中，影子工资作为项目使用劳动力的费用。

影子工资一般是通过影子工资换算系数计算。影子工资换算系数是影子工资与财务分析中劳动力的工资之比。

技术性工作的劳动力的工资报酬一般由市场供求决定，影子工资换算系数一般取值为 1，即影子工资可等同于财务分析中使用的工资。

根据我国非技术劳动力就业状况，非技术劳动力的影子工资换算系数为 0.25~0.8。具体可根据当地的非技术劳动力供求状况确定，非技术劳动力较为富余的地区取较低值，不太富余的地区取较高值，中间状况取 0.5。

4.4.4　国民经济评价效益费用表

将项目的全部投资（包括自有资金和借入资金）作为投资额，即编制全部投资的国民经济效益费用流量表，如表 4-13 所示。

表 4-13 国民经济评价效益费用表（全部投资）

序号	项目 \ 年份	建设期		销售期（经营期）					
		0	1	2	3	4	5	6	……
1	效益流量								
1-1	销售（租赁）收入								
1-2	回收固定资产余额								
1-3	回收流动资产余值								
1-4	项目间接效益								
2	费用流量								
2-1	建设投资（全部投资）								
2-2	流动资金								
2-3	经营费用								
2-4	项目间接费用								
3	净效益流量								

计算指标：$ENPV =$

$EIRR =$

4.4.5 国民经济评指标

1. 经济净现值

经济净现值（$ENPV$）是指用社会折现率将项目计算期内各年的经济净效益流量折算到项目建设期初的现值之和，是经济费用效益分析的主要指标。

经济净现值的计算式为

$$ENPV = \sum_{t=1}^{n} (B - C)_t (1 + i_s)^{-t}$$

式中 B——经济效益流量；

C——经济费用流量；

$(B - C)_t$——第 t 年的经济净效益流量；

n——计算期，以年计；

i_s——社会折现率。

经济净现值是反映项目对社会经济净贡献的绝对量指标。项目的经济净现值等于或大于零，表示社会经济为拟建项目付出代价后，可以得到符合或超过社会折现率所要求的以现值表示的社会盈余，说明项目的经济盈利性达到或超过了社会折现率的基本要求，认为从经济效率看，该项目可以被接受。经济净现值越大，表明项目所带来的以绝对数值表示的经济效益越大。

2. 经济内部收益率

经济内部收益率（EIRR）是指能使项目在计算期内各年经济净效益流量的现值累计等于零时的折现率，是经济费用效益分析的辅助指标。经济内部收益率可由下式表达：

$$\sum_{t=1}^{n}(B-C)_t(1+EIRR)^{-t}$$

式中　EIRR——经济内部收益率；

其余符号同前。

经济内部收益率是从资源配置角度反映项目经济效益的相对量指标，表示项目占用的资金所能获得的动态收益率，反映资源配置的经济效率。项目的经济内部收益率等于或大于社会折现率时，表明项目对社会经济的净贡献达到或者超过了社会折现率的要求。

4.4.6　国民经济评价和财务评价的区别

（1）评价的角度和基本出发点不同。财务评价是站在项目的层次上，从项目的财务主体、投资者、未来的债权人角度，分析项目的财务效益和财务可持续性，分析投资各方的实际收益或损失，分析投资或贷款的风险及收益；国民经济评价则是站在国家的层次上，从全社会的角度分析评价比较项目对社会经济的效益和费用。

（2）项目效益和费用的含义与范围划分不同。财务评价只根据项目直接发生的财务收支，计算项目的直接效益和费用；国民经济评价则从全社会的角度考察项目的效益和费用，不仅要考虑直接的效益和费用，还要考虑间接的效益和费用。从全社会的角度考虑，项目的有些收入和支出不能作为费用或效益。例如，企业向政府缴纳的大部分税金和政府给予企业的补贴、国内银行贷款利息。

（3）评价使用价格体系不同。财务评价使用预测的财务收支价格；国民经济评价则使用影子价格。

（4）评价内容不同。财务评价要进行盈利能力分析、偿债能力分析、财务生存能力分析；而国民经济评价只有盈利性，即经济效益分析。

4.5　房地产项目环境影响评价

4.5.1　房地产项目环境影响评价概述

房地产项目在施工阶段将会产生大量的废水、废气和噪声等污染，对项目的周边环境产生不良影响，特别是在建设项目的营运期间，污染项目将会直接降低居民的体验和幸福感，降低房地产开发建设项目的总体效益水平。房地产建设项目的实施需要重视对环境的影响，重视项目与外部环境之间的关系，要在最大程度上减少负的外部性。这就要求对房地产环境影响进行评价研究，保证建设项目选址的合理性，避免房地产项目的布局不合理，严重污染环境，破坏生态平衡等影响项目长远发展的问题。

1. 环境影响评价的概念

环境影响评价即分析、预测和评估项目建成投产后可能对环境造成的影响，进而提出相应的预防或减轻有害环境影响的措施，并实施跟踪监测的方法和制度。环境影响评价是一个不断循环、补充的过程。对项目实施全面、客观地环境影响评价，有利于决策者根据评价结果进一步完善决策方案和建设活动。

2. 房地产项目环境影响评价的概念

房地产项目环境影响评价是指在房地产项目的规划阶段，对该项目在实施过程中及项目完工后，即规划选址、设计、施工及运营等阶段，全面细致地调查、预测和评估拟建项目可能对项目所在地及周边区域造成的环境影响，以及周围环境可能对项目造成的影响，再针对不同的潜在环境问题提出相应合理的、切实可行的防治措施、对策与建议。

4.5.2 房地产项目环境影响评价的内容

房地产项目环境影响评价的内容主要包括以下六个方面：

1. 房地产项目的基本情况

房地产项目的基本情况主要有项目性质、项目组成、主要经济技术指标等。项目性质指项目主要包括新建项目、改扩建项目及用地性质改变的项目等。项目组成一般指项目由主体工程与附属工程组成。主体工程一般包括住宅楼、大型商场及酒店等，附属工程包括游泳池、运动场、幼儿园、停车场及配电室等。经济技术指标一般指项目总用地面积、总建筑面积、绿地率、容积率等，住宅项目的经济技术指标还包括套型总建筑面积、总户数、套内使用面积、停车位等。

2. 房地产项目周围地区的环境现状

房地产项目的选址非常重要，首先应遵循国家和项目所在地区的相关政策与规划，进而对项目周围地区的环境状况进行全面调查。调查包括项目所在地的地理位置、水文条件、气象情况、社会环境、环境背景质量、生态环境状况、主要污染源和影响生态环境的工程行为等。

3. 房地产项目对周围地区的环境影响的分析预测

房地产项目对周围地区的环境影响的分析预测包括分析建设项目对周围地区的地质、水文、气象等环境因素可能产生的影响；分析项目施工运营阶段的污染物的种类及排放量，预测噪声及其他污染物对周围居民生活、大气、水、土壤等各方面的影响范围和程度。

4. 环境保护措施及其经济、技术论证

项目开发各个阶段均应采取环保措施保护环境，比如施工阶段，应当在开工之前根据房地产项目的施工组织设计明确污染防治的措施及对策。

5. 环境影响经济损益分析

房地产项目的环境影响经济损益分析通常包括预估环境保护投资金额，以及可能由此得到的环境效益、社会效益等，如对城市景观环境的影响分析、土地功能的变化分析、区域社会环境影响分析、区域消费水平的变化分析、区域产业结构的调整等。

6. 结论

结论包括下列问题：项目对环境质量的影响；项目选址、规划方案的合理性；污染防治方案的经济性及可行性；是否需要做某些专项评价等。

4.5.3　房地产项目环境影响评价的作用

通过对房地产项目进行环境影响评价，可识别制约规划实施的环境因素和主要资源，为项目的规划决策提供了全面的环境与资源信息；明晰环境目标，构建环境影响评价指标体系，分析、预测拟建项目可能对周围生态环境产生的综合效应、对居民健康产生的长远影响，论证拟建项目的环境合理性及项目建成后环境目标的可达性。在此基础上，提出相应的优化调整方案与环保措施等，协调拟建项目经济效益、社会效益及环境效益间的统筹发展，实现当前利益和长远利益的双赢。

环境影响评价制度是保证我国稳步推进两型社会建设的制度。领域内凡是影响环境的房地产项目都必须进行环境影响评价，建设开发者必须预先调查、分析、评价房地产项目对环境产生的影响，提交环境影响报告书，经主管部门审批通过后项目才能建设的房地产项目。环境影响评价制度详细规定了投资开发者的环境责任及应采取的措施，为房地产项目的环保工作提出科学的要求及建议，为房地产项目相关管理工作者如何进行环境管理提供了可靠的参照。环境影响评价制度是决定房地产项目能否顺利进行的强制性法律，为环境保护提供了强有力的法律保障。

4.5.4　房地产项目环境影响评价的原则和依据

1. 评价原则

（1）全程互动。项目的环境影响评价工作应当在项目的规划阶段启动，且和规划方案的研究、制定、修订等全过程互动。

（2）一致性。房地产项目环境影响评价的重点及专项评价内容应当和拟建项目对环境影响的性质、程度及范围保持一致，和拟建项目涉及的领域以及所在区域的环境管理要求相匹配。

（3）系统性。由于房地产项目涉及主体较多，开发周期长，开发流程复杂，因此需要基于系统理论对房地产项目环境影响进行全面的评价，综合考虑各种资源和环境要素间的相互关系，着重分析项目建造运营对生态系统造成的整体影响。

（4）真实性。对房地产项目进行环境影响评价时，公司提供项目资料时应实事求是，不隐瞒，这对指导企业进行正确的投资决策有重要作用。

（5）科学性。评价的基础理论必须真实可信；评价内容合理、准确、全面；评价过程科学、规范；评价结论客观、合理、有效。

（6）动态性。建设项目的环境管理评价定然会随着国家法律法规、经济、技术水平等方面的进步而不断发生变化。建立房地产项目环境管理指标体系时，必须全面考虑动态特征，能贴切地描述、度量行业及相关政策今后的发展动向，坚持评价指标体系的补充、修改与完善工作。

2. 评价依据

环境影响评价依据包括《中华人民共和国环境保护法》《中华人民共和国水污染防治法》《中华人民共和国大气污染防治法》《中华人民共和国固体废物污染环境防治法》《中

华人民共和国噪声污染防治法》《中华人民共和国环境影响评价法》《建设项目环境保护管理条例》。

4.5.5 房地产项目环境影响评价的步骤

环境影响评价工作，一般分为以下四步进行：

1. 现状调查

为了掌握现状，要对拟建工程项目的位置、规模、原料、能源、工艺及可能产生的污染物进行全面调查，同时要收集自然环境和社会环境的现有资料，掌握评价范围内的大气、水系、土壤、生物的背景值。

2. 影响预测

在完成各项现状调查的基础上，选择污染物扩散模式进行模拟实验。污染物扩散模式实际上是污染源排放量与污染物浓度分布互相关系的表达式，它可以反映污染物在环境中迁移转化的客观规律。在建立模式的同时要进行模拟、试验，如环境风洞试验、示踪扩散试验、烟雾试验等，以研究污染物在环境中的变化规律，验证它是否与计算结果一致。

3. 进行评价

在评价时首先要选择环境标准，我国公布的许多环境保护法规和卫生标准都可供选择。要评价原有计划是否妥当，计划实施会给环境造成什么样的影响，减轻或消除这些影响的措施、办法以及实施计划应注意的事项。

4. 编写环境影响报告书

报告书是整个评价工作的总结，是拟建工程项目从环境角度是否可行的依据。如果可行，经环境部门和其他有关部门批准后，即可进行设计、施工、生产。因此，报告书务必内容充实、数据可靠、条理清楚、观点明确。

关键术语 ///

可行性研究；财务评价；国民经济评价；风险分析；环境影响评价

复习思考题 ///

1. 可行性研究的概念和内容是什么？
2. 财务评价的指标有哪些？分别是如何计算的？
3. 什么是国民经济评价？
4. 国民经济评价的指标有哪些？
5. 财务评价和国民经济评价的区别是什么？
6. 风险分析的方法有哪些？
7. 什么是房地产项目环境影响评价？

第 5 章

房地产市场调查及项目定位

本章主要对房地产市场调查及项目定位相关概念进行介绍，并就房地产市场调查的程序和内容进行分析。

某地产公司通过拍卖获得一块土地，项目位置如图 5-1 所示。该地块位于重庆市江北区北滨路，毗邻江北城 CBD 中央商务区，距离江北区观音桥商圈、解放碑 CBD 不足 2 km，与渝中区隔江相望，城市风景线尽收眼底。地块面向重庆市的母亲河——嘉陵江，景观资源丰富。该地块周边沿北滨路有正在开发的高端住宅小区——龙湖·春森彼岸、招商·江湾城等项目，见图 5-2。

该地块为商住用地（住宅约 90%、商业约 10%），建设用地面积约为 284 700 m²，规划总建筑面积约为 134.8 万 m²，容积率≤4.75。

本地块容积率很高，如果做足容积率，将规划大量的普通高层产品，项目溢价能力不强，项目定位中低端，与本地块得天独厚的城市稀缺资源不相符合；如果损失容积率，把项目做高端，项目经济价值可能达不到最大化。问题：本项目该如何定位？本项目适合的客户群体应该是哪一类？

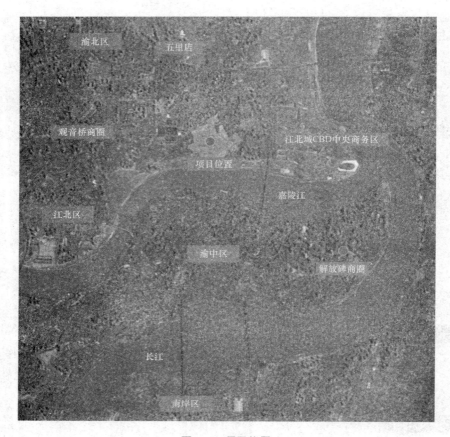

图 5-1　项目位置

北滨路沿线居住总用地5 800亩，居住总建筑量1 122万平方米。

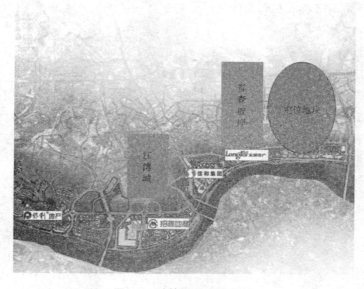

图 5-2　地块周边竞品项目

5.1　房地产的市场调查

市场调查是系统的设计、收集、分析并报告与公司面临的特定市场营销状况有关的数据和调查结果的过程。其目的在于为企业的决策者进行预测和决策、制订计划提供重要依据。市场调查是市场营销活动的出发点，是了解市场、认识市场的一种有效方法和手段。

5.1.1　市场调查的意义和内容

1. 市场调查的意义

要管理好一个企业，就要安排好未来；要安排好企业的未来，必须充分掌握信息。企业的经营决策者只有收集并掌握全面和可靠的信息，准确地估计市场目前和未来发展变化的方向趋势和程度，才能发现合适的市场机会和预见营销中可能产生的问题，从而调整企业的市场营销决策，以适应市场的变化，使企业能更好地生存和发展。市场调查是企业进行市场分析与预测、正确制定市场营销战略和计划的前提。

由于科学技术的飞速发展，技术革新的速度大大加快，产品日新月异，国内外市场竞争激烈。各企业为了增强产品在市场上的竞争能力，都希望能随着变化万千的市场动态，及时做出相应的正确决策，或在采取行动之前，能获得有关的市场信息和情报资料，以避免做出错误的决策，减少决策的风险。市场情况是千变万化的，消费者需求越来越多样化，他们的爱好、动机及欲望，对房地产市场营销的影响很大。因此，房地产开发企业要了解哪种产品是顾客所需要的，并制定出适宜的价格，选择适当促进销售的方式，适时满足顾客需求，了解潜在市场情况的，都需要做好市场调查工作，从多方面获取市场情报资料，敏感地捕捉这些信息，分析企业的产品与市场需求之间的内在联系，周密分析和研究市场需求变化的规律，用以指导企业的经营决策，有预见地安排市场营销活动。

企业通过对市场环境和消费者行为的调查，取得市场营销方面的情报资料。企业领导者可根据这些调查资料和来自本企业其他职能部门的情报资料做下述工作：

（1）分析研究产品的生命周期，确定研制设计新产品、整顿或淘汰老产品。制定产品生命周期各阶段的市场营销策略，确定产品生产销售计划。

（2）根据消费者对产品价格变动的反应，在不违反国家政策的前提下，研究产品适宜的售价，制定企业产品的定价策略，确定新产品定价，老产品价格如何调整，确定产品的批发价和零售价。

（3）设计销售促进方案，加强推销活动、广告宣传和销售服务，开展公关活动，搞好公共关系，树立企业和产品形象，组织营销推广活动，扩大销售量。

（4）企业综合运用各种营销手段，制定正确的市场营销综合策略，力求在市场竞争中获取更多的利润，取得良好的经营效果；同时在市场营销策略实施过程中，继续对市场环境和消费者行为进行调查，掌握市场动向、发展趋势、竞争对手情况等，及时反馈信息、储存信息，为开发新产品、保持现有市场、开拓未来市场而服务。

2. 市场调查的内容

由于影响市场的因素很多，所以进行市场调查的内容很多，调查的范围也很广泛。凡是直接或间接影响市场营销的情报资料，都要广泛收集和研究，以便采取相应的策略。市场调查的内容包括国内和区域市场环境调查、技术发展调查、市场需求容量调查、消费者调查、竞争情况调查、市场营销因素调查等。

（1）国内外市场环境调查。

①政治法律环境。包括有关方针政策，如政府关于发展住宅产业、原材料工业、能源、交通、运输业的政策，关于价格、关税、外汇、税收、财政、金融政策和对外贸易政策等；政府的有关法律法规，如环境保护法、建筑法、城市房地产管理法、破产法、反对不正当竞争法、保险法与城市拆迁条例等；政局的变化，如政府人事变动以及战争、罢工、暴乱等情况。

②经济环境。包括国内生产总值，国民收入总值以及其发展速度；物价水平、通货膨胀率、进出口税率及股票市值情况；城乡居民家庭收入、个人收入水平、城乡居民存款额；通信、交通运输、能源与资源供应及技术协作条件等。另外，一个国家或地区的基础设施完善，投资环境良好，便有利于吸引投资，发展经济。

③人口环境。包括人口规模、人口增长率、人口结构；地理分布、民族分布、人口密度、人口迁徙流动情况；出生率、结婚率、家庭规模等。

④社会文化环境。包括教育程度、职业构成、文化水平，价值观、审美观、风俗习惯；宗教信仰、社会阶层分布等。

（2）技术发展调查。包括新技术、新工艺、新材料、新能源的发展趋势和速度，新产品的技术现状和发展趋势，使用新技术、新工艺、新材料的情况，新产品的国内外先进水平、节能及环保技术应用等。

（3）市场需求容量调查。包括国内市场和区域市场的需求动向；现有的和潜在的市场需求量；同类产品在市场上的供应量或销售量、供求平衡状况；本企业和竞争企业的同类产品市场份额；本行业或有关的其他行业的投资动向；企业市场营销策略的变化，对本企业和竞争者销售量的影响等。

（4）消费者和消费者行为调查。包括消费者类别（个人或企业、社会团体、民族、性别、年龄、职业、爱好、所在地区等）、购买能力（如收入水平、消费水平、消费结构、资金来源、用户的财务状况等）、消费者的购买欲望和购买动机（影响消费者的购买决策的因素，消费者不愿购买本企业产品的原因及其对其他企业生产的同类产品的态度）、主要购买者、最忠实的购买者、使用者、购买的决策者、消费者的购买习惯（如购买地点、时间、数量、品牌、挑选方式、支付方式等）。

（5）竞争情况调查。主要包括从区域内竞争者的调查分析（如竞争者数量和名称、生产能力、技术管理水平、产品的市场份额、销售量，竞争者的价格政策、销售渠道、促销策略以及其他竞争策略和手段，竞争者所处地理位置和交通运输条件、新产品开发和企业的特长等）、竞争产品的调查分析（如竞争产品的品质、性能、用途、套型及配比、景观与户型设计、小区配套状况、价格、交房时间等）。

（6）市场营销因素调查。包括产品调查、价格调查、分销渠道调查和促销策略调查四种类型。

前述（1）～（5）项调查内容均属于不可控制因素的调查，其目的不仅为了分析市场环境，适应市场环境变化，提高企业的应变能力，还在于寻找和发掘市场机会，开拓新市场。而通过第（6）项调查，企业可针对不同的市场环境，结合顾客需求，综合运用企业可以控制的营销手段，制定有效的市场营销组合策略，促进消费者购买和新市场开发，以达到企业预期的营销目标。

5.1.2　市场调查的步骤

市场调查的内容十分繁多，范围极其广泛。但一般都需要包括如图 5-3 所示的几个步骤：

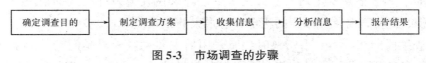

图 5-3　市场调查的步骤

1. 确定调查目的

调查项目可以分成三类：一类是试探性调查，即通过收集初步的数据揭示问题的真正性质，从而提出一些推测和新想法，如在我国实行福利性分房的政策下，愿意自己购买商品房的家庭有多少；另一类是描述性调查，即明确一些特定的量值，如有多少人愿意花费 50 万元在郊区买一套三居室的住房；第三类是因果性调查及检验因果关系，如假设上述的三居室每套价格下降 10 万元，能够增加多少购买者。

2. 制定调查方案

市场调查的第二个阶段，是制定出最为有效的收集所需信息的方案。制定的调查方案一般要包括资料来源、调查方法、调查手段、抽样方案和联系方法几个方面，如表 5-1 所示。

表 5-1　市场调查方案的构成

资料来源	二手资料、一手资料
调查方法	观察法、专题讨论法、问卷调查法、实验法
调查手段	问卷、座谈
抽样方案	抽样单位、样本规模、抽样程序
联系方法	邮寄、电话、面访

（1）资料来源。确定调查方案中资料的来源是收集二手资料、一手资料，或是两者都收集。二手资料就是已经收集到的现有现成资料，而一手资料则指为了当前特定目的而收集的原始信息。市场调查人员开始时总是先收集二手资料，以判断问题是否部分或全部解决了，再决定是否需要去收集成本很高的一手资料。二手资料是调查的起点，其优点是成本低且可以立即使用。然而，市场调查人员所需要的资料可能不存在，或者由于种种原因，资料不准确、不可靠、不完整或者已经过时，这时，市场调查人员就需要人力、物力及财力去收

集更切题和准确的一手资料。

（2）调查方法。收集一手资料的方法有观察法、专题讨论法、问卷调查法和实验法四种方法。①观察法，是通过对被调查的对象与背景的观察，从而收集到最新资料；②专题讨论法，通常邀请6～10个人，在一个有经验的主持人的引导下，花几小时讨论一种产品、一项服务、一个组织或其他市场营销话题，该方法是设计大规模问卷调查前的一个试探性步骤；③问卷调查法，是介于观察法、专题讨论法和实验法之间的一种方法，适用于描述性调查，目的是为了了解人们的认识、看法、喜好和满意度等，以便在总体上衡量这些量值；④实验法，是最科学的调查方法，要求选择多个可比的主题组，分别赋予不同的实验方案，控制外部变量，并检查所观察的差异是否具有统计上的显著性。例如，某写字楼的业主对于同类型的租客，首先确定月租金为 50 元/m²，租客愿意租用多大的面积，如果月租金升为 80 元/m²，租客愿意租用的面积又是多少。如果在其他条件相同的情况下，那么租客愿意租用面积的变化就与单位面积的租金具有很大的相关性。

（3）调查手段。在收集一手资料时，所采用的主要调查手段是问卷。由于问卷对于问题的设计灵活多变，因此问卷是收集一手资料时普遍采用的手段。由于问题的形式会影响到问卷的调查效果，因此答卷一般包括闭合式和开放式两种。闭合式问题是先确定所有可能的答案，答卷人可以从中选择一个答案。开放式问题允许答卷人用自己的语言无任何限制地回答问题，因此一般情况下，开放式问题需要了解人们是如何想的，而不是衡量持某种想法的人有多少。该类问题在试探性调查阶段特别有用；而闭合式问题事先规定所有答案，很容易进行解释和列表工作。

（4）抽样方案。在设计抽样方案时，必须确定的问题如下：

①抽样单位。这是解决向什么人调查的问题，调查者必须定义抽样的总体目标，一旦确定了抽样单位，必须确定出抽样范围，以便目标总体中所有样本被抽中的机会是均等的。

②样本规模。不要确定调查多少人的问题。大规模样本比小规模样本的结果更可靠，但是没有必要为了得到完全可靠的结果而调查整个目标总体，如果抽样程序正确，不到1%的样本就能提供比较准确的结果。

③抽样程序。解决如何选择答卷人的问题。为了得到有代表性的样本，应该采用概率抽样的方法。概率抽样可以计算抽样误差的置信度。由于概率抽样的成本高、时间长，调查者也可以采用非概率抽样。表5-2 是概率抽样与非概率抽样的类型。

表 5-2　概率抽样与非概率抽样的类型

	简单随机抽样	总体的每个成员都有已知的或均等的被抽中的机会
概率抽样	分层随机抽样	将总体分成不重叠的组（如年龄组），在每组内随机抽样
	整群抽样	将总体分成不重叠的组（如街区组），随机抽取若干组进行普查
	随意抽样	调查者选择总体中最易接触的成员来获取消息
非概率抽样	估计抽样	调查者按自己的估计选择总体中可能提供准确信息的成员
	定额抽样	调查者按若干分类标准确定每类规模，然后按比例在每类中选择特定数量的成员进行调查

（5）联系方法。一般有邮寄、电话和面访三种联系方法。

①邮寄是在被访者不愿面访或担心调查者会曲解其回答时采用的最好方法，但邮寄方式回收率比较低，回收速度也较慢。

②电话是快速收集信息的最好方法，其优点是被访者不理解问题时能得到解释，而且回收率通常比邮寄问卷要高，主要缺点是时间不能太长，也不能过多涉及隐私问题。

③面访是三种方法中最常用的方法，调查者能够提出较多的问题，并能了解被访者的情况，但面访的成本最高，而且需要更多的管理计划和监督工作，也容易受到被访问者偏见或曲解的影响。

3．收集信息

收集信息是市场调查中成本最高，也最容易出错的阶段。在采用问卷调查时，可能会出现某些被调查者不能如期赴约必须重访或更换，某些被调查者拒绝合作，某些人的回答或在有些问题上有偏见或不诚实等情况。在采用实验法进行调查时，调查人员必须注意要使实验组与控制组匹配，并尽可能消除参与者的参与误差，实验方案要统一形式，并且要能够控制外部因素的影响等。现代计算机和通信技术，使得资料收集的方法迅速发展，且减少了人员和时间的投入。

4．分析信息

分析信息阶段的主要任务是从收集的信息和数据中提炼出与调查目标相关的信息，对主要变量可以分析其离散性并计算平均值，同时还可以采用统计技术和决策模型来进行分析。

5．报告结果

市场调查人员不能把大量的调查资料和分析方法直接提供给有关决策者，必须对经过分析的信息进行提炼，总结归纳出主要的调查结果并报告给决策人员，减少决策者在决策时的不确定因素，只有这样的调查报告才是有价值的。

5.1.3　对市场调查的分析与评估

对市场调查的分析与评估，主要是考察市场调查的有效性。一般来讲，有效的市场调查必须具备以下特点：

（1）方法科学。在进行市场调查时，第一个原则是要采用科学的方法，首先要仔细观察、形成假设、预测并进行检验。

（2）调查具有创造性。市场调查最好能提供解决问题的建设性方法。

（3）调查方法多样性。一般来讲，市场调查时不能过分依赖一种方法，强调方法要适应问题，而不是问题适应方法，只有通过多种来源收集信息并进行分析才能具有较大的可信度。

（4）模型和数据相互依赖。对于市场调查，拟采用的模型要仔细考虑，并在选定的模型下，确定要收集的信息类型。

（5）合理的信息价值和成本比率。市场调查时对于收集信息的价值与成本之比要进行分析。价值－成本分析能够帮助市场调查部门确定应该调查哪些项目、应该采用怎样的调查设计以及初步结果出来之后是否还需要收集更多的信息。调查的成本很容易计算，而价值则依赖调查结果的可靠性和有效性，以及管理者是否愿意承认该调查结果并加以使用。

（6）正常的怀疑态度。调查人员对管理者做出的关于市场运转方式的假设应该持正常的怀疑态度。

（7）市场调查过程中的职业道德。由于市场调查能使企业更加了解消费者的需要，为消费者提供更为满意的产品和服务，因此通常大多数的市场调查都会给企业和消费者带来好处，但滥用市场调查也可能会引起消费者的不满甚至危害消费者。

5.2　房地产的 STP 营销

STP 营销是现代市场营销观念的核心，代表的是市场细分、目标市场选择和项目定位三项内容，本节和下节结合房地产市场的具体情况介绍这三项内容。

5.2.1　房地产市场细分

通过对房地产市场营销环境的分析，营销管理者不难发现房地产市场的特殊性和复杂性，且富于变化，消费者的消费习惯、消费偏好、文化素质及价值取向等千差万别，无论企业有怎样的开发经营能力和适应能力，都不可能满足所有消费者的需求。企业只能将房地产市场按照某种明显特征进行细分，根据自身的优势和能力，选择其中的一个或多个细分后的子市场，努力做到比其他企业更好地满足这一市场的消费者的需求。

1. 市场细分的概念

市场细分就是从消费者的需求差异性出发，并从差异性中找出具有共同消费需求的消费群，划分为若干个子市场的行为。市场细分的概念不是立足于市场的分类，而是以消费者的需求差异为立足点，根据消费者购买行为的差异性，把消费者整体市场划分为若干个具有类似性的不同的购买群体。根据一定的划分标准，就可以将某些方面具有同类偏好的消费者划分出来，形成若干个细分市场。由此可见，市场细分实质上是辨别和区分具有不同欲望和偏好的消费者群并加以分类的过程。一个市场被分为若干个子市场之后，不难发现不同的子市场之间消费者存在着显著的差异。当然，在同一个子市场内，消费者仍然会存在着个性的差异，但比较而言是不显著的，这就需要一定的分类标准，"求大同，存小异"，将不同的细分市场划分出来。

2. 房地产市场细分的依据、标准和原则

（1）房地产市场细分的依据。市场细分是从消费者需求的差异性出发，并从差异性中寻找具有共同消费需求的消费者组成的一个细分市场。换言之，市场细分是以消费者需求的差异性为前提的，所以对消费者需求的特点进行研究调查是必不可少的。由于房地产产品具有不同于其他一般消费品的独特特点，因此在深入研究消费者需求的差异性的过程中，应注重结合房地产商品的独特特点，而不能简单地生搬硬套一般消费品的细分标准和方法。

市场细分的标准必须与各不相同的产品特点相适应，只有将产品特点与消费者特点有机结合起来，才能进行有效的市场细分，才能对目标市场的选择和产品定位起到正确的指导作用。否则，忽视产品特性而妄谈细分标准，则有可能产生误导，导致错误的决策以致影响今后一系列政策的制定。

（2）房地产市场细分的标准。房地产商品的使用价值和价值具有如下几个与市场细分有关的主要特点：①空间上的固定性；②使用上的长期性；③效用上的多层次性；④价格上的高昂性；⑤对配套设施、环境的要求呈现出复杂多样性。

由于这些特点，房地产市场细分的标准理应具有其自身的特殊性。对房地产市场进行细分，其实就是在某一城市的某一区位、某一地段，设计建造某种类型、某种用途的建筑，用来满足具有某种购房动机，代表某个购房群体，具有某种购买行为的消费者群。由此看来，考察房地产市场细分的标准，最基本的因素应该包括地理因素、产品用途、购房动机、购房群体等。这些基本因素还可以进一步细分，如表5-3所示。

表5-3 房地产市场细分标准

细分标准			细分市场
地理因素	城市规模		特大城市、大城市、中等城市、小城镇
	区位地段		市中心、次中心、城市郊区、卫星城市
产品用途	居住	档次	高、中、低端
		房型	房、厅、卫、厨
		层数	高、小高、多层
	商用		集中式购物广场、社区型商业、酒店等
	写字楼		5A、甲级、乙级、丙级
	厂房		标准厂房、非标准厂房
购房动机			求名、求新、求美、求廉、求实、求便等
购房群体	经济地位		中低、中等、中高、高收入
	社会地位		公务员、企业老板、个体户、企业高管、工薪人士、外籍人士等
	年龄周期		老、中、青年
	家庭类型		单身、丁克、三口之家、三代同堂、空巢
	置业类型		首次、二次、多次置业；自住、改善、投资型

（3）房地产市场细分的原则。市场细分的方法很多，往往要综合考虑多种因素。使用的细分变量越多，分出的子市场也就越精确，所包含的消费者也就越少；当然，开发商也要付出更多的代价。究竟多大的细分市场最为有效，要看划分出的目标市场是否符合以下原则：

①可衡量性。细分后形成的市场，其规模及购买力必须能够衡量，即企业必须能获得消

费者对房地产商品某种偏好的确切情报，否则，某些特征就不能成为细分市场的依据。事实上，有许多消费特性是不容易衡量的，如在购买住宅中，有多少人主要考虑地段，又有多少人主要关心房型，这是很难衡量的。

②足量性。细分后形成的市场规模必须足以使企业有利可图，并有一定的发展潜力。只有足够大的市场与发展潜力，才值得开发商去推行一套独立的营销组合方案，尽心尽力地去开发。反之，市场会比较狭窄，或潜在消费者很少或市场已经饱和，就不值得去占领。

③可达到性。企业的人力、物力、财力及营销组合因素必须足以达到和占领所选择的细分市场。对于不能进入或难以进入的市场进行细分是没有意义的。长期以综合商业为目标市场的开发企业可能对普通住宅的消费者并不了解，很可能比较难占领住宅市场。

④易反应性。细分的市场必须在市场营销组合变动的反应方面呈现出差异。对细分的顾客群，应统筹考虑它们对所有市场营销组合的各种反应，而不能以单一的变数为基础加以考虑，只有这样才能为目标市场制定出有效的市场营销组合方案。反之，难以提出可行的营销组合方案，则不能算作一个细分市场。

市场细分的方法为开发商提供了一个思路，一个研究项目市场的方法和程序。它的一大优点在于操作不复杂，适合于各种城市的房地产营销人员。运用市场细分方法，开发商可得到对目标市场和自身经营的明确认识，这是经营决策所不可缺少的起步工作。在市场被过分细分时，实施反细分化策略往往能独辟蹊径，达到真正有效的市场细分。

3. 房地产市场细分的程序

房地产市场细分作为一个过程，一般要经过以下几个程序来完成：

第一步，选择一种产品或市场范围加以研究。房地产商品包括各种不同类别的产品，如住宅、办公楼、商业营业类用房等。实际上，细分化常常是在已经从一个整体市场划分出来的局部市场上进行的，应与企业任务、企业目标、经营范围相联系。如果企业有了某种重大的技术突破，也可能会重新细分市场。

第二步，调查设计并组织调查。市场细分的根本还在于对消费者的研究，所以离不开对消费者的调查分析。这一步工作要弄清楚的问题是：①主要的购房者属于哪一个社会群体？②这一群体的基本特征有哪些？③购房者的购房动机是什么？④购房者购房动机的产生是自发的，还是受外界因素的影响？如果是外界因素的影响，那么哪些因素是关键和主要的，这些因素是否也构成一个社会群体？其特征是什么？如果购房者的购房动机是自发产生的，那么购房过程中是否还会出现其他影响因素？⑤哪些因素促使购房者最终做出购房决定？⑥购房者从动机的产生到做出决定，需要多长时间？影响时间长短的因素是什么？⑦购房者购房决策过程中都做了哪些相关工作？

通过对若干购房群体的上述分析，开发商可以获得购房群体的清晰形象，再通过对购房群体的深入研究，开发商就可为下一步的细分工作打下坚实的基础。

第三步，分析、评估。通过调查分析而确定的各个细分市场的规模和性质。通过调查研究，各个细分市场的轮廓已经清楚，并已编排完成。此时就要仔细审查、估量各细分市场的大小、竞争状况和变化趋势等。

第四步，对开发商自身的分析。开发商自身的情况对开发经营工作有着重大的影响，是市场细分过程中不可忽略的重要因素之一。任何项目的市场都是相对的，是相对于开发商的经营活动而存在的，开发商在对自身经营活动的分析、对自身各相关条件的分析当中，主要考虑的问题有：①开发商通过哪些渠道来拓展细分市场的市场影响？如地点的天然优势、接待技巧、公共关系、广告宣传、价格、企业品牌等。②开发商对拓展细分市场影响的各渠道利用措施是否得力？是否有的放矢？③开发商在经营活动的各个环节是否有动作灵活的市场信息反馈？是否有系统的分析、监督和调节机制？④开发商的经营活动是否建立在对潜在市场科学分析的基础上？⑤开发商的资金、技术、人才、管理等各种条件是否适合所确定的细分市场？上述对开发商自身经营活动的分析可以使开发商明确所细分的市场有哪些是自身的优势，这些优势对抓住所分析的购房群体是否足够？哪些优势有待加强？哪些劣势需要弥补？

第五步，选择细分市场，设计市场营销策略。通过调查分析，开发商可以发现有利可图的细分市场往往不是一个，但企业的资源和短期生产能力又是有限的，因此企业应将若干个有利可图的细分市场按盈利程度的大小排列，从盈利程度最高的细分市场顺序选择目标市场，直至企业的能力不能满足为止。还应当有针对性地分别制定市场营销策略，包括产品开发、价格策略、分销策略、促销策略等，以便有效地进入每个选作目标市场的细分市场。

以上步骤并非绝对，房地产营销人员可以根据自己的学识、经验及企业的实力灵活运用。

4. 房地产市场细分的方法

房地产市场细分相关的因素很多，并且各种因素相互影响，共同作用。因此，细分市场要讲究一定的方法。市场细分的方法很多，列举以下几种：

（1）二因素列表法。开发商可选择两个重要因素列表，对市场进行细分。如选择房屋档次和消费者的购买能力，如表5-4所示。

表5-4　二因素列表法

档次＼收入	高收入	中等收入	低收入
别墅			
洋房			
小高层			
高层			

从表5-4中可以清晰地将市场有效细分，每个方框即代表一个细分市场。

（2）主导因素排列法。当一个子市场的选择存在多种因素时，可以从购房者的特征中确定占主导地位的因素，然后综合考虑其他因素，有机结合起来形成一个细分市场。当所选的主导因素不同时，细分市场也就产生差异。以住宅市场为例，如表5-5所示。

表5-5　主导因素排列法

收入	身份	户型	档次	心理
低	工薪阶层	一室一厅	低	实惠
中、低	个体户	二室二厅	中、低	交通便利
中	公务员	三室二厅	中	气派
中、高	企业高管	四室三厅	中、高	炫富
高	外商	公寓式酒店	高	隐富

（3）多因素矩阵法。当细分市场受到两个以上因素的影响时，可以选择几项因素排列成矩阵，综合评价选定细分市场。如将住宅档次、购房者收入水平和购房者偏好划分为矩阵式细分市场。

为了有效地满足消费者的需求，房地产开发商细分市场的方法应该是多种多样且不断变动发展的，应随着消费者的变化而变化。

最后还应指出，市场细分的确是寻找和选择目标市场的有效手段，但市场细分并非万能钥匙，并非有百利而无一弊，也不是对所有的开发商都有效，而且当开发商对此应用不当时，反而会产生误导，造成错误决策，导致不应有的开发失误。

市场细分时应注意的问题和弊端是有可能增加开发成本和营销费用。这是因为市场细分使市场需求更具多样性，从而也增加了房地产商品的复杂性，而具有差异的产品越多，生产规模将受到限制，小批量生产又不可能降低相应的营销成本，意味着失去规模效益。市场细分应当把握一个度，适可而止，不可过度细分，以确保细分市场能带来的利益超过因细分化而增加的成本。

另外，有些市场是不必要细分或难以细分的。一个市场可能由于过小而不能进行有效的细分，或者没有足以辨别的特征加以细分。例如，针对大学毕业生而开发的用于过渡性质的公寓式住宅，其市场已经够小，很难且完全没有必要根据收入水平、租售动机、消费者偏好等变量再进行细分。当发现由于市场细分过细而给开发商带来不利影响时，就应该适当实施"反细分化"策略，即减少或略去某些细分市场，把多个细分市场合并成一个市场，集中进行营销，这样很可能会因为降低过高的开发成本和营销成本而增加利润。

5.2.2　房地产目标市场选择

目标市场与细分市场是两个不同的概念，它们既有区别又有联系。细分市场是按消费需求划分不同消费者群的过程，而目标市场是指企业选择作为经营目标的细分市场；市场细分是目标市场选择的前提和基础，目标市场是在市场细分的基础上，挑选一个或几个细分的市场，作为企业经营活动的目标。选择和确定目标市场，明确企业的具体服务对象，关系到企业任务、企业目标的落实，是企业制定营销战略的首要内容和基本出发点。

1. 目标市场的选择

（1）评估细分市场。在开发商对房地产市场细分的基础上，为了选择目标市场，开发商需留意以下三种评估细分市场的因素：细分市场的规模及增长率、细分市场的结构吸引力、开发商的目标及实力。

①房地产细分市场的规模及增长率。首先，开发商应收集、调查并分析目前各细分市场的销售情况，从中找出销售增长率及预期的边际利润，再甄选出具备适当规模和增长特性的细分市场。有些开发商选择销售额大、增长率高和边际利润较大的细分市场为目标，这本是无可厚非的，然而，规模大、增长快的细分市场并不一定适合每一个开发商。小公司会发现它们缺乏实力去服务较大且竞争较激烈的细分市场，因此规模小的开发商应该选择较小、竞争较不激烈的有可能获得最大利润的市场，从而显现出自身的优势。对市场进行利润和销售的预测时，不能忘记因房地产开发周期较长而造成的时滞，当现实的销售形式非常吸引人而盲目进入一段时间后，可能发现市场在缩小，因此，对细分市场的规模及成长性的衡量要谨慎对待。

②房地产细分市场的结构吸引力。有些房地产细分市场虽具备理想规模及较高的成长性，但当从利润的立场来考察时却难以形成吸引力。开发商需先观察几个长期影响细分市场吸引力的因素，如开发商应当评估同一供需圈内的现有及潜在竞争所带来的利润冲突及竞争力。当某房地产细分市场已有几个实力强大的竞争者，则必然会降低其吸引力，特别是针对具体的一个房地产项目时，当附近的同类项目几乎可以产生替代，那么这种替代也同样是开发商应该考虑的一种威胁。有时尽管这种替代产品不是实力强大的竞争对手所开发的，也会降低这一细分市场的吸引力，因为替代品对价格或可赚取的利润有所限制。其他如购房者的力量也是影响细分市场的因素之一，假如购房者的谈判力量或购房者所委托的中介商的谈判力量与日俱增，便可迫使房地产价格下降或要求更高的品质和服务，这会削弱开发商的利润。最后一个结构因素是建筑商的力量，如果建筑市场上建筑商的实力大得可对价格、品质起到举足轻重的作用，那么房地产市场的吸引力也会深受影响。

③开发商的目标及实力。即使某房地产细分市场规模及结构吸引力都令人满意，开发商仍需优先考虑其自身的目标及实力与细分市场的关系。有些细分市场虽具有强大的吸引力，但因无法与开发商的长期目标相配合而应该放弃，不能把开发商的注意力及精力引离主要目标。例如，有的开发商目标是在住宅市场争取龙头地位，即使发现再好的办公楼项目也不会插手。这种"有所为，有所不为"的原则是开发商长期目标的实现保证。

如果细分市场正符合开发商的目标，开发商就会评价其是否拥有在此细分市场成功所需要的实力。每一个细分市场都需要一些成功的要素，当缺乏或无法立即获得竞争优势，则不宜介入这一市场。要占领这一细分市场，仅具备力量是不够的，还须具备优于竞争的其他实力。总之，要在开发商提供的房地产价值及拥有的优势等优于竞争者的前提下，才适宜在此细分市场上一试高低。

（2）确定目标市场的选择范围。开发商在评估细分市场后，对目标市场范围的选择，可以采用以下几种策略：

①产品—市场集中化。指开发商的目标市场无论是从购房者或是从产品角度出发，都只集中于一个细分市场，较小的开发商通常采用这种策略。

②产品专业化。指开发商向各类购房者同时供应某种房地产产品，由于面对不同的购房

者，需要房地产商品在档次、品质或区位等方面有所不同。

③市场专业化。指开发商面向同一市场类型，如高收入阶层，开发出面向他们需要的系列产品，如别墅、高档公寓、中档住宅等。

④选择性专业化。指开发商根据市场需求，选择某几个细分市场，为不同需求的顾客提供不同类型的产品。

⑤全面进入。指开发商全方位进入各个细分市场，为所有的顾客群提供他们所需要的不同的系列产品。较大的开发商通常采用这种策略。

2. 目标市场的占有

开发商在评估不同的细分市场，并选定目标市场之后，应尽可能地占有这一目标市场，以实现其营销的目的。确定目标市场的方式不同，选择目标市场的范围不同，营销策略也不一样。一般来说，开发商可以采取"市场覆盖策略"，即以下三种市场占有方式：

（1）无差异营销。采用这种策略的开发商不重视各细分市场的异质性，以单一的房地产商品提供给整个市场，把营销重点放在购房者需求的共同处，而非差异处。这种观点认为即使购房者是有差别的，它们也有足够的相似之处，可以作为一个同质的目标市场加以看待，从而开发商所设计的产品和营销策略都是以吸引广大消费者为目的，设法使人们对其产品有良好的印象。

无差异营销的最大优点是成本的经济性。营销与制造一样都有"标准化"和"规模生产"的原则。无差异的广告与传播等推销活动可以不搞市场细分，也相应减少了市场调研、指定多种营销组合策略方案等所要消耗的人力、物力与财力，因此，不仅在同质市场上运用这种策略是可行的，而且即使是异质市场，只要有足够的市场需求，运用这种策略多半也行得通。

然而，现在越来越多的开发商对此策略的有效性感到怀疑，这是因为消费需求客观上是千差万别，不断变化的，当众多企业都采用无差异营销策略时，就会导致市场竞争异常激烈，而且易受到其他开发商发动的各种竞争的伤害，所以，一些开发商开始更加注重较小细分市场的潜在机会。

（2）差异营销。采用这一策略的开发商，把整个房地产市场划分为若干细分市场，从中选择若干或全部细分市场作为自己的目标市场，并为每个选定的目标市场制定不同的市场营销组合，同时有针对性地开展营销活动。目前，这种策略被房地产开发商广泛采用，他们为不同收入水平、不同购房动机、不同偏好、不同社会阶层的购房者设计建造不同层高、不同房型、不同档次、不同地段的商品房，并制定不同的价格、不同的广告宣传等市场营销策略，这实际上就是差异性营销策略。

采用这种营销策略，具有很大的优越性，往往能比无差异营销策略创造出更高的销售业绩。一方面，针对性的营销活动可以分别满足不同购房者的要求，提高开发商的竞争能力，有利于扩大销售；另一方面，如果一个开发商在细分市场上能取得较好的销售业绩，就能树立起良好的市场形象，大大提高开发商在房地产产业中的地位和知名度，取得购房者的信赖，从而产生品牌效应。

获得更大的市场份额，往往需要增加运营成本，开发商必须针对不同的细分市场发展有针对性的营销组织，因此必须进行额外的市场调查、分析预测、促销计划、广告宣传等活动，并且试图采用不同的广告媒体以触及不同的购房群体。所以，开发商在决定采取差异营销策略后，必须权衡营销额提高与费用支出增加的利弊得失。

（3）集中营销。当开发商实力较弱时，它们常常采用集中营销策略，全力争取一个或几个次级市场的高占有率，而不去争取一个大市场中的低占有率。小的开发商采用这种策略的原因在于开发商无力在整体市场或多个细分市场上与大开发商抗衡，而在大的开发商未予注意或不愿意进入的某个细分市场上全力以赴，则易于取得经营成功。采用这一策略的优点是购房群体相对集中；有利于深入了解目标市场的需求和偏好；有针对性地创造出产品特色；较易获得有利地位；获得较高的投资收益率。当然，这一处理也有其不足之处，主要是风险较大，因为目标市场比较狭小，一旦市场情况有变，开发商就有可能陷入困境。采用这一策略的开发商应密切注意目标市场的动向，并制定相应的应急措施，以求进退自如。

5.3 房地产项目定位

房地产项目定位是指在房地产相关法律法规和城市规划的指导下，根据宏观发展背景、项目地段价值以及市场空间判断，结合项目自身特有的其他制约因素，找到适合于项目的客户群体，并在客户群体消费特征的基础上，进一步进行产品市场定位的过程。房地产项目定位是为寻找房地产项目的核心控制力和稳定利润点，使项目具有独特的市场定位，而进行分析和科学决策的过程。

5.3.1 房地产开发项目定位的基本程序和内容

1. 项目定位的基本程序

房地产开发项目定位包含项目区位的分析与选择、开发内容规模的分析与选择、开发项目租售价格的分析与选择等。具体来说，主要按以下流程进行：市场调查→土地条件分析→潜在客户群的分析和确定→产品定位（户型、面积、档次等）→租售价格定位→意见征询→方案调整→成本与费用测算→租售收入和租售进度预测→经济评价→最后方案确定。

2. 项目定位的内容

房地产开发项目定位的内容主要包括以下几个方面：①确立开发理念。基于企业的价值观及企业文化，发挥企业的竞争优势，确定开发的指导思想和经营模式，使得项目定位有利于企业的长远发展，有利于品牌建设。②明确用途功能。在定位时应根据城市规划限制条件，按照最佳、最有利的原则确定开发类型，对土地资源进行综合利用，充分挖掘土地潜能。③筛选目标客户。在市场调查的基础上，以有效需求为导向，初步确定项目的目标客户，分析其消费能力，为产品定位和价格定位做好基础工作。④进行项目初步设计。在市场资料的基础上，根据土地和目标客户的具体情况，编制初步设计任务书，委托规划设计部门进行初步设计，进一步确定建筑风格、结构形式、房型、面积和建筑标准等内容。⑤测算租售价格。参照类似房地产的市场价格，运用适当的方法，综合考虑房地产价格的影响因素，确定本项目的租售价格。⑥根据企业经济实力和项目投资流量，分析和选择适当的入市时机，充分考虑风险和利益的辩证关系，提出可行的营销策划方案，保证项目的顺利进行。

5.3.2 房地产开发项目定位的基本原则

（1）与企业发展战略相一致的原则。这里的企业发展战略包括品牌战略、经营战略和管理战略等。在企业发展战略的框架下进行项目定位，发挥企业的核心竞争力，构建企业品牌和产品品牌，使得企业的产品具有延续性和创造性，实现企业的发展目标。

（2）经济性原则。项目定位的经济性原则，首先，产品定位应具有较高的性价比，在满足必要建筑功能的前提下，租售价格合理；其次，从企业角度出发，在成本控制的基础上，做到效益最大化；最后，在成本和费用测算、效益测算的基础上计算的各项经济评价指标达到社会平均水平，确定项目盈利预期的可能性和风险性，明确项目经济利益实施的可行性。

（3）适应性原则。项目定位的适应性原则包含以下几层含义：①与当地或区域的经济发展水平和消费者收入水平相适应；②与所在区域房地产市场的物业档次、标准、品质相适应；③与市场调查分析所确定的目标客户群的消费特点和消费能力相匹配；④与企业的技术和管理水平相适应。

（4）可行性原则。项目定位的可行性原则包括项目实施的可行性和经济评价的可行性两方面。由于房地产市场的不断变化和发展，市场定位必须考虑项目实施的可行性，避免出现"无个性、难租售"的现象，要根据项目规模、地块特性和本项目的优势来分析入市的时机，准确设计项目的实施进度。同时，要运用微观效益分析与宏观效益分析相结合、定量分析与定性分析相结合、动态分析与静态分析相结合的方法，对项目进行经济评价，分析各项目是否可行。

5.3.3 房地产项目定位的方法

1. 市场调研法

市场调研的基础是调查，调查是针对客观环境的数据收集和情报汇总。而调研是在调查的基础上对客观环境的收集和汇总情报的分析、判断。调研为目标服务，市场调研就是为了实现目标而进行的信息收集和数据分析，房地产项目定位市场调研，就是要通过房地产市场的信息收集和分析来确定项目的定位。

2. 头脑风暴法

在群体决策中，由于群体成员心理相互作用影响，易屈服于权威或大多数人的意见，形成所谓的"群体思维"。群体思维削弱了群体的批判精神和创造力，损害了决策的质量。为了保证群体决策的创造性，提高决策质量，管理上发展了一系列改善群体决策的方法，头脑风暴法是较为典型的一个。头脑风暴法又可分为直接头脑风暴法（通常简称为头脑风暴法）和质疑头脑风暴法（也称反头脑风暴法）。前者是指专家群体决策尽可能激发创造性，产生尽可能多设想的方法，后者则是对前者提出的设想、方案逐一质疑，分析其现实可行性的方法。房地产项目定位使用头脑风暴法，就是针对项目定位这一主题，发动集体集中注意力与思想进行创造性沟通，从而确定项目的定位。

头脑风暴法力图通过一定的讨论程序与规则来保证创造性讨论的有效性，由此，讨论程序构成了头脑风暴法能否有效实施的关键因素。从程序来说，组织头脑风暴法关键在于以下几个环节：

（1）确定议题。一个好的头脑风暴法从对问题的准确阐明开始。在会前要确定房地产项目定位这一目标，使与会者明确通过这次会议需要解决什么问题，同时不要限制可能解决方案的范围。

（2）会前准备。为了使头脑风暴畅谈会的效率较高，效果较好，可在会前做一点准备工作。如收集一些资料预先给大家参考，以便让与会者了解与议题有关的背景材料和外界动态。就参与者而言，在开会之前，对于要解决的问题一定要有所了解。

（3）确定人选。一般以 8～12 人为宜，也可略有增减（5～15 人）。与会者人数太少不利于交流信息，激发思维；而人数太多则不容易掌握，并且每个人发言的机会相对减少，也会影响会场气氛。只有在特殊情况下，与会者的人数可不受上述限制。

（4）明确分工。要推定 1 名主持人，1～2 名记录员（秘书）。主持人的作用是在头脑风暴畅谈会开始时重申讨论的议题和纪律，在会议进程中启发引导，掌握进程。记录员应将与会者的所有设想都及时编号，简要记录。

（5）规定纪律。根据头脑风暴法的原则，可规定几条纪律，要求与会者遵守。如要集中注意力积极投入，不消极旁观；不要私下议论，以免影响他人的思考；发言要针对目标，开门见山；与会者之间相互尊重，平等相待，切记相互褒贬等。

（6）掌握时间。会议时间由主持人掌握，不宜在会前定时。一般来说，以几十分钟为宜。时间太短，与会者难以畅所欲言，时间太长，则容易产生疲劳，影响会议效果。经验表明，创造性较强的设想一般在会议开始 10 分钟后逐渐产生。

3. 经验分析法

经验分析法，又称为因素分析法。这种方法是组织有经验的人员对已经收集和掌握的信息资料做详细而充分的分析和讨论，在此基础上选择分析对象，因此，它是一种定性分析方法。其优点是简便易行，节省时间；缺点是缺乏定量的数据，不够精确，但是，用于初选阶段是可行的。

运用这种方法选择对象时，可以从多方面进行综合分析。任何产品的定位都是由多方面因素构成的，关键是要找出主要因素，抓住重点。这种方法要求抓住主要矛盾，选择项目定位的重点分析对象。

4. 其他方法

对房地产项目定位分析还可使用的方法有很多，如 SWOT 分析法、层次分析法等。

SWOT 分析法又称为态势分析法，SWOT 四个英文字母分别代表：优势、劣势、机会、威胁。从整体上看，SWOT 可分为两个部分：第一部分为 SW，主要用来分析内部条件；第二部分为 OT，主要用来分析外部条件。利用这种方法可以从中找出对自己有利的、值得发扬的因素，以及对自己不利的、要避开的因素。发现存在的问题，找出解决办法，并明确以后的发展方向。

层次分析法是将定位决策中有关的元素分解成目标、准则、方案等层次。在此基础上进行定性和定量分析的决策方法。这种方法的特点是在对复杂的决策问题的本质、影响因素及其内在关系等进行深入分析的基础上，利用较少的定量信息使决策的思维过程数学化，从而为多目标、多准则或无结构特性的复杂决策问题提供简便的决策方法，尤其适合于对决策结果难以直接准确计量的场合。

5.3.4 房地产项目定位的修正

1. 房地产项目定位修正的必要性

通过项目定位方法得到的房地产项目类型，代表的是该区域市场中存在需求量的房地产，主要是从宏观和微观环境角度分析得到的，但这是一种动态变化的复杂环境，因此，必须及时准确地把握发展变化的目标、信息，预测事物可能发展变化的方向、轨迹，并以此为依据来调整项目定位的目标和执行方案。这就需要结合对房地产项目定位具有重要影响或发生变化的个别因素进行修正。

房地产定位始终以产品为中心，以市场为导向。没有一成不变的定位，只有一成不变的项目发展目标。

2. 房地产项目定位修正的方法

（1）随时监测房地产项目定位各因素发生的变化及定位方案执行产生的偏差情况。这就要求增强动态意识和随机应变观念，时刻掌握定位各因素的变化信息。各因素信息是定位的基础材料和客观依据，基础依据变化，定位也随之变化，否则，项目定位就缺乏准确性、科学性和有效性。必须不停地广泛了解、全面收集和及时分析并加工处理这些信息，为定位及其修正提供具有真实性、时效性、系统性和可靠性的信息资料。

（2）正确预测各影响因素的变化趋势，以掌握定位修正的主动性。要根据各因素变化的动态，采用适当的方法进行分析，以掌握变化的趋势。

（3）根据各影响因素的变化情况及发展趋势，及时调整定位目标，修正定位方案，对各修正因素（如对主体建筑类型、建筑外观、产品细节设置、配套设施、景观及绿化、管理服务等）提出建议，并将新方案及时付诸实施，指导和调整下一步将要进行的工作。

循环往复以上三个步骤，直至项目实施结束。在此基础上，对整个项目定位实现的目标与原定目标进行对比，分析产生偏差的原因，为其他项目的发展和定位总结经验。

5.3.5 房地产开发项目定位中存在的主要问题及原因

（1）项目定位工作的主体发生偏差。项目定位的工作主体应该是房地产企业，而不是中介咨询企业、高校和研究机构及个体业主等，它们更多的是为决策者的结论提供依据。

（2）避免模仿有余而创新不足。项目定位实际上寻求的就是差异化，而这种差异化包括产品差异化、形象差异化和市场差异化等。在项目定位时，常常会出现两种情况：一种是过分强调"差异化"，脱离地块条件和区域环境，片面强调"个性化"，忽视区域房地产市场的物业特点、生活习惯，这样往往会导致滞销；另一种是"简单复制，适当修改"，从建筑立面、平面布置，到室外绿化、景观布置；从营销广告、营销策略，到开发理念、企业文化，都是房地产市场上以往一些热销楼盘的翻版，缺少创新，随大流。不同的仅仅是项目名称、建筑色彩、地段等，这样的项目定位形成了房地产市场的"一般化"局面。

（3）偏离项目定位理论和原则，片面强调"概念式定位"。部分房地产企业在进行项目定位时，不是根据项目定位的理论和原则进行工作，而是热衷于做概念，甚至出现了"软住宅"的定位概念，如把一条臭河沟说成"水景"。在某种程度上，这种不务实的概念定位方式已影响到房地产市场的健康、规范发展，尤其是随着市场竞争的加剧，这种虚浮的定位方式可能会颠覆一个企业。

（4）目标客户群不明确或目标市场需求判断错误。由于市场调查方法、调查范围和掌握资料不全面，对地块条件和区域环境分析不透，对房地产市场细分化认识不够，对开发能力和市场影响力估计过高，对房地产市场的"同质化"产品可能带来的影响度估计不足，对目标客户群动态变化的程度无法把握，同时对在一定经济条件下社会的消费趋势和消费能力的分析预测发生偏差，从而导致在项目定位时对目标客户群的筛选发生错位，不能形成有效客户群和有效供给。

5.3.6　开发商可采用的定位策略

（1）"第一"的定位。营销人员可根据产品的特性，当房地产商品在某一特定市场具有"第一"时，可依此定位，如"亚洲第一高楼"的定位，就是较为成功的定位策略，当出现超过此楼的高楼之前，它完全可以在购房者心中占据很好的位置。

（2）"比附第一"的定位。相对于"第一"的定位策略而言，这种地位策略尽管略有逊色，但仍不失为成功的定位策略，如"亚洲第二高楼"，就是比附第一来定位，同样会在购房者心中留下应有的位置。

（3）"直接冲着竞争者"的定位。当竞争者确实具备许多优势，已经在购房者心中形成良好的印象时，不妨大胆将自己的产品与竞争者摆放在一起，让购房者从比较中加深对本公司产品的印象，从而突出自身的优势。

（4）"避开竞争者"的定位。这种定位策略往往是重新进行市场细分，力图避免在同一市场与强大的竞争者形成短兵相接的局面。这种定位方式市场风险较小，成功率较高，常常为多数企业采用。

（5）质量、价格定位。消费者都喜欢物美价廉、性价比较高的产品。开发商在质量方面不仅应该重视工程质量，更应该重视项目的设计质量、环境质量等。

定位策略多种多样，其关键在于对消费者心理的深入把握。

5.3.7　房地产项目定位策略的选择和执行

房地产项目定位策略的选择并不难，成功的定位可分为三个步骤：

第一步，寻找可行的竞争优势。购房者通常选择能提供最大价值的、最具升值潜力的房地产商品，因此赢得并维持消费者的关键即在于了解他们的需求和购买过程，而且要比其他竞争者了解得更加透彻和提供更大的附加价值。其方法有两种：一种是提供较低的价格；一种是提供较多的利益，使购房者认为较高的价格是合理的，这就是竞争优势的来源。开发商越来越重视物业服务的质量，借此吸引消费者。稳固的地位不能建立在空头承诺上，如果开发商将其开发的住宅定位于高品质，就一定要实现其对品质服务的承诺，甚至物业服务的收费标准一经确定，就不能轻易提高一分一厘，当然，开发商还可以根据产品、服务、形象和区位等来构筑竞争优势。

第二步，选择正确的竞争优势。当某开发商发掘出许多潜在的竞争优势时，要选出一两个优势用以建立定位策略。某些竞争优势由于微不足道、推广费用过高与公司情况无法配合而只能淘汰，值得开发商依此定位的优势应该具有如下特性：

重要性：购房者最关心的特点，如价格、房型、地段等。

独特性：其他竞争者没有该项优势，如大开发商的良好企业信誉。

优越性：能以更优势的方式提供给购房者类似的利益，如高品质的物业服务。

可传达性：该优点应该易于传达给消费者，消费者易于接受或乐于接受，如房型的设计，一看便知。

独占性：竞争者无法轻易模仿该优点，如开发商与紧邻的知名中学联合办学等。

可负担性：购房者买得起具备该优点的房地产，如闹中取静的花园洋房。

盈利性：以此优点定位必须有利可图。

第三步，沟通及传播选好的定位。一旦选好定位，就必须采取强有力的营销组合将理想的定位传播给潜在的购房者，并且开发商营销组合的努力应紧紧围绕定位策略来进行。定位要的是具体行动力，而不是纸上谈兵。高品质的定位要有一流的代理商、最好的传媒广告，另外，还要雇用形象及服务上佳的售楼人员，这些是维持高品质定位的重要方法。

应该注意，项目定位要避免定位不准或混乱不清的局面，而且在经常变化的营销环境中，定位应当逐渐加以演化修正。

5.4 房地产定价方法与策略

5.4.1 房地产定价方法

在房地产营销过程中，最敏感也最为买家感兴趣的是房地产开发商对其产品的定价。定价不仅为买家所关注，同时也关系到房地产开发商能否获得其预期的利润。因此，买卖双方达成协议的最基本的问题就是价格问题。

房地产的价格早已成为房地产营销过程的核心和关键性问题，一切操作均以此为中心。对房地产营销计划而言，高价位的房地产有高价位的营销方法，低价位的房地产有低价位的营销方法。房地产开发经营过程中常用的定价的方法有三类：成本导向定价法、需求导向定价法和竞争导向定价法。

1. 成本导向定价法

成本导向定价法是以产品的成本为中心来制定价格，是按卖方意图定价的方法。其主要理论依据是在定价时，要考虑收回企业在开发与经营中投入的全部成本，再考虑获得一定的利润。产品的成本包括企业生产经营过程中所发生的一切实际耗费，客观上要求通过产品的销售得到补偿，并且要获得大于企业支出的收入，超出部分表现为企业利润。常用的成本导向定价法包括以下几种：

（1）成本加成定价法。成本加成定价法，是在单位产品成本的基础上，加上一定比例的预期利润作为产品的销售价格。销售价格与成本之间的差额即为利润，由于利润的多少是按一定比例确定的，习惯上称为"几成"，因此，这种定价方法被称为成本加成定价法。其计算公式为

$$单位产品价格 = 单位产品成本 \times （1 + 加成率）$$

式中　加成率为预期利润占产品成本的百分比。

采用成本加成定价法，确定合理的加成率是关键问题。不同的产品应根据其不同的性质、特点、市场环境、行业情况等制定不同的加成比例。

这种定价方法的优点首先在于简单易行，因为确定成本比确定需求容易，将价格盯住成本，可极大地简化企业的定价程序，也不必经常根据需要调整价格；其次是缓解价格竞争。这种定价方法的不足之处在于：它是以卖家的利益为出发点，不利于企业降低成本。其定价的基本原则是"将本求利"和"水涨船高"，没有考虑市场需求及竞争因素。加成率是个估算值，缺乏科学性。

（2）盈亏平衡定价法。在销量既定的条件下，企业产品的定价必须达成一定的水平才能做到盈亏平衡、收支相抵。既定的销量就成为盈亏平衡点，这种制定价格的方法就称为盈亏平衡定价法。科学地预测销量和已知固定成本、变动成本是盈亏平衡定价的前提。企业产品的销售量达到既定销售量，可实现收支平衡，超过既定销售量获得盈利，不足既定销售量出现亏损。其计算式为

$$单位产品价格 = 单位固定成本 + 单位变动成本$$

以盈亏平衡点确定的价格只能使企业的生产耗费得以补偿，而不能得到收益。因而这种定价方法，在企业的产品销售遇到困难或市场竞争激烈，为避免更大的损失，将保本经营作为定价的目标时，才使用的方法。

（3）目标收益定价法。目标收益定价法或称为投资收益率定价法。它是在企业投资总额的基础上，按照目标收益率的高低计算价格的方法。其基本步骤如下：

①确定目标收益率。

$$目标收益率 = （1/投资回收期）\times 100\%$$

②确定单位产品的目标利润额。

$$单位产品目标利润额 = （投资总额 \times 目标收益率）/预期售量$$

③计算单位产品的价格。

$$单位产品的价格 = 单位产品成本 + 单位产品目标利润$$

目标收益定价法有一个较大的缺点，即以估计的销售量来计算应制定的价格，颠倒了价格与销售量的因果关系，把销售量看成价格的决定因素，忽略了市场需求及市场竞争。如果无法保证销售量的实现，那么投资回收期、目标收益都会落空。对于需求比较稳定的产品、供不应求的产品、需求价格弹性较小的产品，以及一些公用事业、劳务工程项目等，在科学预测的基础上，目标收益定价法是一种有效的定价方法。

（4）边际成本定价法。边际成本定价是指根据每增加或减少单位产品所引起成本变化量的定价。因为边际成本与变动成本比较接近，而变动成本的计算更为容易，在定价实务中多用变动成本代替边际成本定价法，也称变动成本定价法。

边际成本定价法，是以单位产品变动成本作为定价依据和可接受价格的最低界限，结合考虑边际贡献来制定价格的方法。即企业定价时，只计算变动成本，不计算固定成本，只要价格高于单位产品的变动成本，企业就可以进行生产与销售。也就是以预期的边际贡献补偿固定成本，并获得收益。边际贡献是指企业增加一个产品的销售，所获得的收入减去边际成本的数值。如果边际贡献不足以补偿固定成本，则出现亏损，反之获得收益。其计算式为

单位产品的价格 = 单位产品变动成本 + 单位产品边际贡献

边际成本定价法的基本点是不求盈利，只求少亏。它改变了售价低于总成本便拒绝交易的传统做法，通常适用于市场竞争激烈、产品供过于求的情况。过低的成本也有可能被指控为从事不正当竞争，并招致竞争对手的报复。这种定价方法在目前的房地产市场中较少应用。

2. 需求导向定价法

需求导向定价法是以需求为中心的定价方法。它依据顾客对产品价格的理解和需求强度来制定价格。而不是依据产品的成本来定价，其特点是灵活有效地运用价格差异，对平均成本相同的同一产品，价格随市场需求的变化而变化，不与成本因素发生直接关系。其基本原则是市场需求强度大时，制定高价；市场需求强度小时，适度调低价格。这种导向定价法主要包括理解价值定价法、需求差异定价法和逆向定价法。

（1）理解价值定价法。理解价值定价法是根据顾客对产品价值的理解度，即产品在顾客心中的价值观念为定价依据，运用各种定价策略和手段，影响顾客对产品价值认知的定价方法。

理解价值定价法的关键和难点是获得顾客对有关产品价格的准确资料。企业如果过高估计顾客的理解价值，其价格就可能过高，影响销售量；若企业低估了顾客的理解价值，其定价就有可能低于应有水平，使企业收入减少。因此，企业必须通过广泛的市场调研，了解顾客的需求偏好，根据产品的性能、用途、质量、品牌、服务等要素，判定顾客对产品的理解价值，制定产品的初始价格。然后在初始价格条件下，预测可能的销售量，分析目标成本和销售收入。在比较成本与收入、销量与价格的基础上，确定该定价方案的可行性，并制定最终价格。

（2）需求差异定价法。所谓需求差异定价法，是指产品价格的确定以需求为依据，可根据不同的需求强度、不同购买力、不同的购买地点和不同的购买时间等因素，制定不同的价格。这种定价方法首先强调适应顾客需求的不同特性，而将成本补偿放在次要的地位。其好处是可使企业定价最大限度地符合市场需求，促进产品销售，有利于企业获得最佳的经济效益。

根据需求特性的不同，需求差异定价法通常有以下几种方法：

①以顾客为基础的差异定价，即对同一产品，针对不同的顾客，制定不同的价格。

②以不同的楼层和朝向为基础的差异定价，随着地点的不同而收取不同的价格。

③以时间为基础的差异定价。在销售旺季，人们愿意以高的价格购买，而一到淡季，则购买意愿明显减弱，所以在定价之初考虑到淡、旺季的价格差别。

④以产品为基础的差异定价。同种产品的外观不同、花色不同、型号不同、规格不同、用途不同，其成本也有所不同，但它们在价格上的差异并不完全反映成本之间的差异，主要区别在于需求的不同，可根据顾客对产品的喜爱程度制定价格。例如，同等质量的商品房，畅销的套型可制定相对较高的价格。

由于需求差异定价法针对不同需求采用不同的价格，可实现顾客的不同满足感，能够为企业获取更多的利润，因此，在实践中得到广泛的运用。也应该看到，实行需求差异定价必须具备一定的条件，即必须充分了解消费者的需求特征，如有些消费者偏好装饰房，而有些消费者偏好毛坯房，显然两者的定价不同。如果不了解这种需求的差异，不仅达不到差异定价的目的，甚至会产生负面作用。

（3）逆向定价法。这种定价法主要不是单纯考虑产品成本，而是首先考虑需求状况。依据市场调研资料及顾客能接受的最终销售价格，确定销售产品的零售价，逆向推算出中间商的批发价和生产企业的出厂价。

逆向定价法的特点是价格能反映市场需求状况，有利于加强中间商的友好关系，保证中间商的正常利润，使产品迅速向市场渗透，并根据市场供求情况及时调整，灵活定价。

3. 竞争导向定价法

在竞争激烈的市场上，企业通过研究竞争对手的生产条件、服务状况、价格水平等因素，依据自身的竞争实力、参考成本和供求状况来制定有利于在市场竞争中获胜的产品价格。这种定价方法就是通常所说的竞争导向定价法。其特点是产品的价格不与产品成本或需求发生直接关系。产品成本或市场需求变化了，但竞争对手的价格未变，就应维持原价；反之，则相应地调整产品价格。当然，为实现企业的定价目标和总体经营战略目标，谋求企业的生产和发展，企业可以在其他营销手段的配合下，将价格定得高于或低于竞争对手的价格，并不一定要求和竞争对手的产品价格完全保持一致。竞争导向性定价法主要包括如下方法：

（1）随行就市定价法。随行就市定价法，是指企业按照行业的平均现行价格水平来定价。在完全竞争市场上，销售同类产品的各个行业，在定价时无论有多少选择的余地，都只能按照行业的现行价格来定价。若某个企业把价格定得高于时价，产品就会卖不出去，就会失去部分顾客；若把价格定得低于时价，也会遭到其他企业的削价竞争。

在垄断性较强的市场上，企业间也倾向于制定相近的价格，因为市场上只有为数不多的几家大企业，彼此比较了解，购买者对市场行情也十分熟悉。若各企业制定的价格出现较大差异，顾客就会涌向价格较低的企业。若各企业竞相降价，则任何企业都难以确立绝对优势地位，得利者只能是购买者。

在差异产品市场上，企业有较大的自由度决定其价格。产品差异化使购买者对价格差异的存在不甚敏感，企业相对于竞争者总要确定自己的适当位置，高于、等同于或低于竞争对手的价格。总之，企业在制定价格时，要有别于竞争对手，企业的市场营销策略也要与之相协调，以应对竞争对手的价格竞争。

（2）密封投标定价法。在国外，许多大宗商品、成套设备和建筑工程项目的买卖和承包以及出租小型企业等，往往采用发包人招标、承包人投标的方式来选择承包者，确定最终承包价格。一般来说，招标方只有一个，处于相对垄断地位，而投标方有多个，处于相互竞争地位。标的物的价格由参与投标的各个企业在相互独立的条件下来确定，在买方招标的所有投标者中，报价最低的投标者通常中标，其报价就是承包价格。这样一种竞争性的定价方法被称为密封投标定价法。

招标价格是企业能否中标的关键性因素。从理论上讲，报价最低的企业最易中标，但是，报价的企业不会将价格水平定得低于边际成本，虽然这样的报价最低，中标率最高，但会导致企业亏损；而报价高，企业的利润虽然高，但中标的可能性小。

5.4.2 房地产定价策略

在激烈的市场竞争中，企业为了实现自己的经营战略和目标，经常根据不同的产品、市场需求和竞争情况，采取各种灵活多变的定价策略，使价格与市场营销组合中的其他因素更好地结合，促进和扩大销售，提高企业的整体效益。正确选择价格策略是企业取得市场竞争优势地位的重要手段。

1. 新产品定价策略

新产品定价得当，就可能使其顺利进入市场，打开销路，给企业带来利润；新产品定价不当，就可能导致产品销售失败，影响企业效益。新产品定价基本策略有以下三种：

（1）撇油定价策略。这是一种高价策略，是指在产品生命周期的最初阶段，将新产品价格定得较高，在短期内获得丰厚利润，尽快回收投资。这种定价策略犹如从鲜奶中撇取奶油，取其精华，所以称为撇油定价策略。

此种定价策略具有以下几个优点：在新产品上市之初，竞争对手尚未进入，顾客对新产品尚未有理性的认识，利用顾客求新求异心理，以较高的价格刺激消费，以提高产品身价，创造高价、优质、名牌的印象，开拓市场；由于价格较高，可在短时间内获得较多的利润，回收资金也较快，使企业有充足的资金开拓市场；当竞争对手大量进入市场时主动降价，增强竞争力。此举符合顾客对价格由高到低的心理。

撇油定价策略也存在着某些缺点：高价不利于市场开拓、增加销量，不利于占领和稳定市场，容易导致新产品开发失败；高价高利容易引来竞争对手的涌入，加速行业竞争，仿制品、代替品迅速出现，迫使价格下跌；此时若无其他有效策略相配合，企业苦心经营的高价优质形象就会受到损害，失去部分顾客；价格远远高于价值，在某种程度上也损害了顾客利益；容易招致公众的反对和顾客抵制，甚至被政府当作暴利加以惩罚，诱发公共关系问题。

（2）渗透定价策略。这是与撇油定价策略相反的一种定价策略，为低价策略，即在新产品上市之初，企业将新产品价格定得相对较低，吸引大量的购买者，利于产品为市场所接受，迅速打开销路，提高市场占有率。

此种定价策略有两点好处：第一，低价可以使新产品尽快为市场所接受，并借助大批量销售来降低成本，获得长期稳定的市场地位；第二，微利可以阻止竞争对手的进入，有利于企业控制市场。

值得注意的是，采用此种定价策略，企业的投资回收较长，见效慢，风险大，一旦渗透失败，企业将一败涂地。

采用此种定价策略，应具备如下条件：产品的市场估计规模较大，存在强大的潜在竞争对手；产品的需求价格弹性大，顾客对此类产品的价格较为敏感；大批量生产能显著降低成本，薄利多销可获得长期稳定的利润。

（3）满意定价策略。这是一种介于撇油定价策略和渗透定价策略之间的定价策略，以获得社会平均利润为目标。锁定的价格比撇油价格低，比渗透价格高，是一种中间价格。制定不高不低的价格，既保证企业有稳定的收入，又对顾客有一定的吸引力，使企业和顾客双方对价格都满意。

此种定价策略优点如下：产品能较快为市场所接受，且不会引起竞争对手的对抗；可以适当延长产品的生命周期；有利于企业树立信誉，稳步调价，并使顾客满意。

对于企业来说，撇油定价策略、渗透定价策略及满意定价策略分别适应不同的市场条件，何者为优，不能一概而论，需要综合市场需求、竞争、供给、市场潜力、价格弹性、产品特性、企业发展战略等因素才能确定。

2. 折扣和折让定价策略

产品价格有目录价格与成交价格之分。目录价格是产品价格簿或标价签标明的价格；成交价格是指企业为了鼓励顾客及早付款、大量购买、淡季购买等，在目录价格的基础上酌情降低以促使成交的价格。这种价格调整称为价格折扣或折让。

折扣定价策略实质上是一种优惠策略，直接或间接地降低价格，以争取顾客，扩大销量，灵活运用折扣和折让定价策略，是提高企业经济效益的重要途径。

（1）数量折扣。数量折扣是开发企业为鼓励顾客集中购买或大量购买所采取的一种策略。它按照购买数量或金额，分别给予不同的折扣比率。购买数量越多，折扣越大。数量折扣又分为累计数量折扣和非累计数量折扣两种形式。累计数量折扣规定顾客在一定时间内，购买产品若达到一定数量或金额，则按其总量给予一定折扣，其目标在于鼓励顾客经常向本企业购买，与可信赖的老客户建立长期的购销关系。非累计数量折扣规定顾客一次购买某产品达到一定数量或购买多种产品达到一定金额时，则给予折扣优惠，其目的是鼓励顾客大批量购买，促进产品多销、快销，从而降低企业的销售费用。数量折扣的促销作用非常明显，企业因单位产品利润减少而产生的损失完全可以从销量的增加中得到补偿。此外，销售速度的加快，使企业资金周转次数增加，流通费用下降，从而导致企业总盈利水平上升。

运用数量折扣策略的难点在于如何确定合适的折扣标准和折扣比例。如果享受折扣的数量标准定得太高、比例太低，则只有很少的顾客才能获得优惠，绝大多数顾客将感到失望；购买数量标准过低且比例不合适，又起不到鼓励顾客购买和促进企业销售的作用。企业应结合产品特点、销售目标、成本水平、资金利润率、需求规模、购买频率、竞争手段以及传统的商业惯例等因素来制定科学的折扣标准和比例。

（2）功能折扣。功能折扣又称为交易折扣，是指开发企业针对经销其产品的中间商在产品分销过程中所处的环节不同，其所承担的功能、责任和风险也不同，据此给予不同的价格折扣。

功能折扣的比例，主要考虑中间商在销售渠道中的地位、对生产企业产品销售的重要性、购买批量、完成的促销功能、承担的风险、服务水平、履行的商业责任以及产品在分销中所经历的层次和在市场上的最终售价等。

（3）现金折扣。这是开发企业对顾客迅速付清货款的一种优惠。现金折扣是对在规定的时间内提前付款或用现金付款的顾客所给予的一种价格折扣，其目的是鼓励顾客尽早付款，加速资金周转，降低销售费用，减少财务风险。

3. 心理定价策略

心理定价是一种根据顾客心理要求所采用的定价策略。每一件产品都能满足顾客某一方面的需求，其价值与顾客的心理感受有着莫大的关系。这为心理定价策略的运用提供了基础，使得企业在定价时可以利用顾客的心理因素，有意识地将产品价格定得高些或低些，以满足顾客物质和精神的多方面需求，通过顾客对企业产品的偏爱或忠诚，诱导顾客增加购买，扩大市场销售，获得最大效益。具体的心理定价策略如下：

（1）整数定价策略。对于无法明确显示其内在质量的商品，顾客往往通过其价格的高低来判断质量的好坏。在定价时，把产品的价格定成整数，不带尾数，使顾客产生"一分钱一分货"的感觉。但是，整数定价其价格的高并不是绝对的高，而只是凭借整数价格来给顾客造成高价的印象。整数定价常常以偶数，特别是"0"作尾数。例如，某楼盘可以定价为 8 000 元/m²，而不必定为 7 998 元/m²。

（2）尾数定价策略。尾数定价策略是与整数定价策略相反的一种定价策略，是指企业利用消费者求廉的心理，在产品定价时，取尾数而不取整数的定价策略，尽可能在价格上不进位。

（3）声望定价策略。这是根据产品在顾客心目中的声望、信任度和社会地位来确定价格的一种定价策略。声望定价策略可以满足某些顾客的特殊欲望，如地位、身份、财富、名望和自我形象等，还可以用过高价显示名贵优质。

（4）分级定价策略。分级定价策略是指在制定价格后，把同类产品分成几个等级，不同等级的产品，其价格有所不同，从而使顾客感到产品的货真价实、按质论价。此法容易被顾客接受。值得注意的是，采用这种定价策略，等级的划分应得当，级差太大或太小均起不到应有的分级效果。

总之，房地产定价是一门艺术，里面有许多技巧和策略。这些技巧和策略一方面是针对同行的竞争，另一方面是针对消费者，其中最重要的是把握消费者心理，使房地产价格为消费者所接受。如果离开了这一点，任何技巧和策略都是空谈。

关键术语

房地产市场调查；房地产 STP 营销；房地产项目定位；房地产项目定价

复习思考题

1. 简述市场调查的步骤。
2. 简述房地产市场细分的程序。
3. 房地产市场细分的方法有哪些？
4. 房地产目标市场如何选择？
5. 房地产开发项目定位的基本程序和内容是什么？
6. 房地产项目定位的方法是什么？
7. 简述房地产的定价方法及策略。

第 6 章

房地产项目规划设计与招标采购管理

★本章概述

本章主要对城市规划等相关概念进行介绍，并就城市规划与房地产开发的关系进行分析。

6.1 房地产开发项目规划设计管理

6.1.1 城市规划

1. 城市规划的概念

关于城市规划，《辞海》解释为："城镇各项建设发展的综合性规划。"《简明不列颠百科全书》将城市规划解释为："为了实现社会和经济方面的合理目标，对城市的建筑物、街道、公园、公用设施，以及城市物质环境的其他部分所做的安排。"

一般认为，"城市规划"是研究城市的未来发展、城市的合理布局和综合安排城市各项工程建设的综合部署，是一定时期内城市的经济和社会发展目标。城市规划是城市建设和管理的依据，城市规划区中的一切开发建设活动都必须服从城市规划和规划管理的要求。

城市规划管理是指城市人民政府按照法定程序编制和审批城市规划，并依据国家和政府颁布的城市规划管理的有关法律与具体规定，对批准的城市规划采用法律的、行政的、经济的管理办法，对城市规划区内各项建设进行统一安排和控制，使城市中的各项建设用地和建设工程活动有序地发展，保证城市规划顺利实施。

城市规划区，是指城市市区、近郊区以及城市行政区域内因城市建设和发展需要实行规划控制的区域。城市规划区的具体范围，由城市人民政府在编制的城市总体规划中划定。

2. 城市规划体系

城市规划按其规划的深度不同可分为城市总体规划、城市分区规划、城市详细规划三类。

（1）城市总体规划。城市总体规划是综合研究和确定城市性质、规模和空间发展形态，统筹安排城市各项建设用地，合理配置城市各项基础设施，处理好远期发展与近期建设的关系，指导城市合理发展的战略部署和纲领性文件。

城市总体规划的规划年限一般为 20 年，在编制城市总体规划时，应对城市更长远的发展做出预测性安排。

城市总体规划的内容如下：

①调查、收集与分析城市基础资料。

②确定城市性质、发展方向和发展规模，划定城市规划区范围。

③确定城市建设用地布局、功能分区和各项建设的总体部署。

④提出人防建设、抗震防灾规划目标及总体布局。

⑤制定城市道路交通系统规划和河湖绿地规划。

⑥确定文物古迹、风景名胜、历史街区的保护规划及旧城区的改造规划。

⑦制定近期建设规划。

⑧确定有关城市总体规划的各项技术经济指标。

（2）城市分区规划。

①主要任务。城市分区规划是在城市总体规划的基础上，对城市土地利用、人口分布和公共设施、城市基础设施的配置做出进一步的安排，便于与城市详细规划能够有更好的衔接。

②主要内容。城市分区规划的主要内容如下：

a. 原则上规定分区内土地使用性质、居住人口分布、建筑及用地的容量控制指标。

b. 确定市、区、居住区级公共设施的分布及其用地范围。

c. 确定城市主、次干道的红线位置、断面、控制点坐标和标高，确定支路的走向、宽度以及主要交叉口、广场、停车场位置和控制范围。

d. 确定工程干道的位置、走向、服务范围以及主要工程设施的位置和用地范围。

e. 确定绿地系统、河湖水面、供电高压线走廊等。

（3）城市详细规划。城市详细规划是以城市总体规划或城市分区规划为依据，对一定时期内城市局部地区的土地利用、空间环境和各项建设用地所做的具体安排。根据城市建设规划和工作需要，城市详细规划又具体分为控制性详细规划和修建性详细规划。

①控制性详细规划。控制性详细规划是以城市总体规划或者城市分区规划为依据，详细规定建设用地的各项控制指标和其他规划管理要求，控制和引导各项用地的开发与投资建设。

其主要内容包括以下几个方面：

a. 详细规划确定规划范围内不同性质用地的界线，以及各类用地内适建、不适建或者有条件可建的建筑类型。

b. 确定各地块建筑高度、建筑密度、绿地率等控制指标，以及公共设施配套要求、交通出入口方位、停车泊位、建筑后退红线距离等要求。

c. 根据规划建设容量，确定市政工程管线位置、管径和工程设施的用地界线，进行管线综合。

d. 提出各地块的建筑体量、体型、色彩等设计指导原则。

e. 提出城市地下空间开发利用的控制要求。

f. 确定公共服务设施和市政基础设施的位置，并提出重要的配套设施项目和空间环境要求。

g. 制定相应的土地使用与建筑管理规定。

②修建性详细规划。修建性详细规划以城市总体规划或者城市分区规划为依据，直接对建设做出具体的修建安排及规划设计，指导建筑设计和工程施工设计。

其主要内容包括以下几个方面：

a. 建设条件和综合技术经济论证。

b. 建筑和绿地的空间布局、景观规划设计、总平面布置图。

c. 道路系统规划设计。

d. 绿地系统规划设计。

e. 工程管线规划设计。

f. 竖向规划设计。

g. 估算工程量、拆迁量和总造价，分析投资效益。

城市总体规划、城市分区规划、城市详细规划具有从宏观到微观、从概要说明到详细布局、从整体到局部、从远期目标到近期实施等特点，构成了完整的城市规划层次体系，是指导房地产开发的重要依据。

3. 城市规划与房地产开发的关系

从某种程度上说，城市规划和房地产开发是城市建设的不同阶段，两者的共同目的是为城市服务，创造良好的生活和生产环境，以满足人们的需要。城市规划是城市房地产开发的"龙头"，它指导和制约着城市房地产开发，而城市规划所绘制的城市发展蓝图要依靠房地产开发来实现，并对开发过程中出现的新问题做出调整和补充，两者有着密不可分的关系。

（1）城市规划对房地产开发起到管制作用。城市规划区内的各项建设在建设用地的性质、位置、面积、建设工程的外观、高度、建筑密度、容积率等方面都需要接受规划管理。

（2）城市规划指导促进房地产开发。开发企业在地段选择、开发方案选取和价格评估等方面都需要借助城市规划，合理的城市规划能增强投资者的信心，促进房地产开发的发展并形成开发热点。

如政府计划在城市某一地区兴建公园，则该地区周边的地价和房价将受到好消息的刺激而上涨。而高房价将会吸引更多的开发商进行房地产开发活动，开发商会在该地区相继开发房产。

（3）城市规划设计是房地产成片开发的必经阶段和必要手段。房地产成片开发要经过总体规划设计才能进行建设。合理的规划设计能够节省投资、降低成本，在较高层次规划许可范围内，可以获得数量更多、用途更广的物业，从而使开发者获得更高的经济效益，同时也能更好地满足人们生产、生活的需要。

综上所述，房地产开发必须接受城市规划的统一管理，城市规划不仅为房地产开发提供指导，同时规划设计也是房地产开发谋求合理经济效益的必要手段。房地产开发企业应当充分认识到城市规划与房地产开发之间的密切关系，增强城市规划意识，了解所在城市的城市规划情况，更好地在城市规划的指导下从事房地产项目的开发。

6.1.2　居住区规划设计管理

房地产开发项目有居住项目、工业项目、商业项目等，但在实际工作中，开发商以开发居住物业居多，近年来房地产开发中住宅投资占房地产开发投资的 60% 左右。由于居住区包含的因素最多，每个居住区都相当于一个小城市，规划设计最复杂。现着重介绍居住区规划设计的内容。

1. 居住区的组成和用地构成

（1）居住区的组成。城市居住区，一般称为居住区，泛指不同规模居住人口居住而形成的生活聚居地。居住区规模，从广义上讲，有用地规划、建筑规模、居住人口规模，但通常以居住人口规模作为主要标志。居住区按居住户数或人数规模，可分为居住组团、居住小区、居住区三级。

①居住组团。居住组团由若干栋住宅组成，通常是构成居住区的基本单位。居住组团与居住组团之间被小区道路分割，一个居住组团人口规模为 300 ~ 1 000 户、1 000 ~ 3 000 人、占地 2 ~ 3 公顷，还配套建设有居民所需的基础公共服务设施。

②居住小区。若干个居住组团有机结合而成居住小区，它是由城市道路以及自然界线（如河流）划分而成的完整居住地段。一个居住小区人口规模为 3 000 ~ 5 000 户、10 000 ~ 15 000 人，占地 12 ~ 35 公顷，配套建设有一套能满足该区居民基本的物质与文化生活所需的公共服务设施。

③居住区。居住小区再次组合成居住区，居住区由城市干道或自然分界线所围合。人口规模 10 000 ~ 16 000 户，30 000 ~ 50 000 人，用地规模应在 50 ~ 100 公顷，配套建设有一整套较完整，能满足该区居民物质与文化生活所需的公共服务设施。

（2）居住区的用地构成。居住区的用地根据不同功能要求，可分为以下四类：

①住宅用地。住宅建筑基底占地及其四周合理间距内的用地（住宅旁绿地和宅间小路等）的总称。

②公共服务设施用地。一般称公共用地，是与居住人口规模相对应配建的、为居民服务和使用的各类设施的用地，包括建筑基底占地及其所属场院、绿地和配建停车场等。

③道路用地。居住区道路、小区路及非公建配建的居民小汽车、单位通勤车等停放场地。

④公共绿地。满足规定的日照要求、适合于安排游憩活动设施的、供居民共享的集中绿地，包括居住区公园、小游园和组团绿地及其他块状带状绿地等。

2. 居住建筑规划

房地产项目规划设计在居住建筑群体的布置方面应遵循以下原则：

（1）要有适当的人口规模。多层住宅组团以 500 户左右为宜，高层住宅的组团户数可多一些。住宅组团的公共服务设施的服务半径以 100 m 左右为宜。

（2）日照充分。大部分住宅应南北向布置，小部分东西排列，使每套住宅都有一二间房能满足日照要求。保证住宅之间的日照间距，尽量减少遮挡。

（3）通风良好。住宅布置应保证夏季有良好的通风，防止冬季冷风直接灌入，并有利于组团内部的小气候条件的改善。

（4）安静整洁。排放污染物的建筑（如饭店、锅炉房等）不应紧靠住宅群。住宅区道路只为住宅区内部服务，不能作为过境交通线。垃圾站与住宅楼要保持一定距离。

（5）美观舒适。要有一定的绿化面积，布置建筑小品，开辟儿童及老人的休息场所，创造优美的居住外环境。

居住建筑设计要执行国家规定的设计标准，要考虑目前国家的经济水平，也要考虑今后城市发展、住宅商品化和人民生活水平提高的前景。根据城市的性质、特点、规模和发展前景来决定。在居住建筑造型中应合理地确定户型、户室比、住宅层数、住宅进深和开间、住宅长度的体型、住宅层高等基本因素。

3. 公共建筑规划

公共建筑分为居住区级和居住小区级两类。居住区级公共建筑有八大类，包括教育、医疗卫生、金融邮电、文化体育、商业饮食服务、行政经济管理（如派出所）、市政公用等。居住小区级公共建筑有商业服务业设施和儿童教育设施两类，包括教育、经济、文体、商业饮食服务、行政管理等。

公共建筑的规划布置应按照使用的频繁程度分等级，与人口规模相适应成套配置和集中与分散相结合的原则进行，布置的基本要求如下：

（1）适当集中，使居民一次行动能达到多种目的。

（2）缩短服务半径，使居民花费尽可能少的时间就可以享受服务。

（3）符合人流走向。

（4）发挥服务潜力，力争兼顾区内外服务。

（5）不干扰住户。

4. 道路规划

（1）房地产项目道路功能。房地产项目道路是城市道路系统的组成部分，不仅要满足房地产项目内部的功能要求，而且要与城市总体取得有机的联系。房地产项目道路内部功能要求包括以下几方面：

①满足居民日常生活方面的交通活动需要。

②方便市政公用车辆的通行。

③满足货运需要。

（2）道路规划原则。

①房地产项目道路主要为区内服务，不应有过境交通穿越，以保证房地产项目内居民的

安全和安宁。内部不应有过多的车道出口通向城市干道，出口间距不小于 150 m。

②道路走向应符合人流方向，方便居民出入。住宅与车站的距离不宜大于 500 m。

③尽端式道路长度不宜超过 200 m，在尽端处应留有回车空间。

④住宅单元入口至最近车行道之间的距离一般不宜超过 60 m，如超出时，宅前小路应放宽到 2.6 m 以上，以便必须入内的车辆通行。建筑物外墙与行人道边缘距离应不小于 1.5 m，与车行道边缘不小于 3 m。

⑤道路应结合地形布置，尽可能结合自然分水线和汇水线设计，以减少土石方工程量。

⑥在旧住宅区改造时，应充分利用原有道路系统及其他设施。

5. 绿地规划

（1）房地产项目绿化系统分类。

①公共绿地。公共绿地包括房地产项目公园、居住小区公园、住宅组群的小块绿地。

②公共建筑和公共设施绿地。如医院、影剧院周围的绿地。

③宅旁和庭院绿地。

④道路绿化。房地产项目内干道、小路两旁种植乔木或灌木丛，起遮阳、通风、防尘、隔噪声等作用。

（2）居住区绿化规划布置的基本要求。

①要形成绿化系统，采取集中与分散，重点与一般，点、线、面相结合，地面与地上相结合的原则布置。

②节约用地，尽可能利用一些劣地、坡地和洼地，充分利用建设用地中原有的绿化，注意与开发区外的绿化形成开放式空间，加强内外绿化的联系。

③与经营结合起来，发挥绿化的经济效益，如在集中绿化地段设置苗圃、花房、儿童游戏场等，既美化环境、丰富居民的娱乐生活，又会取得一定的经济效益。

④注意景观要求，合理选种、配置，花草结合，常绿与落叶树结合，乔木灌木相间，使居住环境四季常青。

6. 房地产开发项目设计指标

为了评价规划设计方案的经济性和合理性，常利用下列技术经济指标值来衡量规划设计方案。

（1）居住项目设计指标。

①住宅平均层数。指住宅总建筑面积与住宅基底总面积的比值。

②中层住宅比例。指中层住宅总建筑面积与住宅总建筑面积的比例。

③高层住宅比例。指高层住宅总建筑面积与住宅总建筑面积的比例。

④人口净密度。指每公顷住宅用地上容纳的规划人口数量。

⑤人口毛密度。指每公顷居住区用地上容纳的规划人口数量。

⑥住宅容积率。指每公顷住宅用地上拥有的住宅建筑面积或以住宅建筑总面积与住宅用地的比值。

⑦住宅面积毛密度。指每公顷居住区用地上拥有的住宅建筑面积。

⑧建筑密度。指居住区用地内，各类建筑的基底总面积与居住区用地的比率。

⑨住宅建筑净密度。指住宅建筑基底总面积与住宅用地的比例。

⑩绿地率。指居住区用地范围内各类绿地的总和占居住区用地的比率。

（2）非居住区项目设计指标。

①总建筑面积。指开发项目各建筑物的建筑面积之和。

②建筑容积率。指规划建设用地范围内全部建筑面积与规划建设用地面积之比。

③建筑密度。指项目用地范围内所有建筑物的基底面积之和与规划建设用地面积之比。

④规划建设用地面积。指项目用地规划红线范围内的土地面积。

⑤建筑高度。指城市规划建设管理部门规定的建筑物檐口高度上限。

⑥绿化比率。指规划建设用地范围内的绿地面积与规划建设用地面积之比。

⑦停车位。指在规划用地范围内的所有停车车位数，包括地面停车位数与地下停车位数。

⑧有效面积系数。指建筑物内可出租或使用的建筑面积与总建筑面积之比。

6.1.3　房地产开发项目规划管理

城市规划是从城市整体和长远利益出发，对城市空间资源的合理利用与有序的配置，是在一定时期内对城市建设的综合部署。它决定了未来城市各区位房地产开发价值和有效利用程度。经过审批后的城市规划是具有法律效力和行政权力的文件，是建设城市和管理城市的基本依据，由于房地产开发过程实质上是城市规划的实施过程，因此房地产开发必须服从城市规划的管理。

房地产开发项目规划管理主要有以下几个阶段：

1. 项目选址、定点审批阶段

房地产开发企业必须持发改委批准的立项文件、申请用地函件、选址要求、拟建方案、开发项目意向位置的1/2 000或1/500地形图及其他相关材料向城市规划管理部门提出开发项目选址、定点申请。城市规划管理部门审核后向城市土地管理部门发征询意见表，房地产开发企业请相关部门填好征询意见表后，持征询意见表、征地和安置补偿方案、征地协议、项目初步设计方案、批准的总平面布置图或建设用地图，报城市规划管理部门审核后，由城市规划管理部门下发《选址规划意见书》。

2. 申请《建设用地规划许可证》阶段

房地产开发企业持项目书面申请文件、立项文件、《选址规划意见书》、核定用地的出让合同或转让合同、1/2 000或1/500地形图、有关协议或其他相关材料，向城市规划管理部门提出申请，经城市规划管理部门审核后颁发《建设用地规划许可证》。

《建设用地规划许可证》主要规定了用地性质、位置和界限。土地管理部门在办理征用、划拨建设用地的过程中，如果需要改变建设用地规划许可证核定的位置和界限，必须与城市规划行政主管部门商议并取得一致意见，保证修改后的用地位置和范围符合城市规划要求。

3. 申请领取《规划设计条件通知书》

房地产开发企业持规划条件申请表、拟建项目的说明、拟建项目方案示意图、地形图、规划设计单位提出的控制性规划方案及其他材料，向城市规划管理部门提出申请，经城市规划管理部门审核后，下达《规划设计条件通知书》及用地红线图。

4. 规划设计方案审批

房地产开发企业委托有规划设计资格的设计机构完成不少于两个方案设计，然后持设计方案报审表、各设计方案的总平面图、效果图、方案说明书及其他相关资料，向城市规划管理部门提出方案审批申请。城市规划管理部门接到申请后，协同其他有关单位对方案提出调整修改意见，修改后再报城市规划管理部门审批。审批通过后由城市规划管理部门签发《规划设计方案审批通知书》。

5. 申请《建设工程规划许可证》阶段

房地产开发企业持建设工程规划许可证申请表、施工图设计文件、年度施工任务批准文件、其他行政主管部门审查意见、土地使用权证书、规划放线测量报告等相关资料，向城市规划管理部门提出申请，城市规划管理部门受此申请后，负责主持召开市政配合会，最后签发《建设工程规划许可证》。

6. 竣工验收阶段

开发项目竣工后，城市规划主管部门参与项目的竣工验收工作，主要检查该项目开发建设过程中有关城市规划设计要求的落实情况、配套建设的基础设施和公共服务设施是否已同期完成等。

6.2 房地产项目招标采购管理

房地产项目招标采购管理包括对材料设备以及设计、施工、监理、咨询、营销等服务的招标管理工作。根据招标采购内容的重要性和金额不同可分为直接采购、竞争性谈判、招标和集中采购。对于一些集团公司，大宗材料、设备和供应商会由集团集中进行采购确定相关单位，以规模优势达到降低成本、提高效率的目的。

6.2.1 招标采购方式的分类

根据招标的具体内容，房地产开发公司可以将招标的类型划分为工程承包类、材料设备类、营销类、勘察设计类和咨询服务等，具体如表 6-1 所示。根据招标采购内容的金额大小和公司相关采购成果，主要有直接采购、竞争性谈判、招标和集中采购的方式。

表 6-1 房地产项目采购方式和分类

类别	金额	采购方式	备注
工程承包类	10 万元以下	直接采购	土石方、基坑支护、拆除、园林绿化、人防、金属栏杆、幕墙、精装修、空调、可视对讲、路面、围挡、门牌标识、体育设施等 其中，总承包、桩基工程、铝合金门窗、保温涂料等根据集团集中采购结果使用；燃气、自来水等项目金额虽较大，仍采用竞争性谈判方式采购
	10 万元至 50 万元	竞争性谈判	
	50 万元以上	招标	
	—	集中采购	

续表

类别	金额	采购方式	备注
材料、设备类	10 万元以下	直接采购	石材、配电箱、信报箱、防水材料、防腐木、灯具、井盖、电缆、排污泵、喷淋泵、人防设备、风机盘管、墙地砖等
	10 万元至 50 万元	竞争性谈判	其中，电梯采购安装、钢材、防水材料、入户门、单元门等根据集团集中采购结果使用，行政后勤类的物资如车辆、办公家具、办公用品、计算机及耗材、软件、印刷用品等用直接采购或竞争性谈判的方式采购
	50 万元以上	招标	
	—	集中采购	
营销类	软性供应商及 30 万元以上硬性供应商	招标	软性供应商：以策划或设计方案等非物质成果为合同主体的营销承包商，如销售代理公司、广告公司等
	30 万元以下硬性供应商	直接采购	硬性供应商：以制作、印制、装饰、广告发布等物质成果为合同主体的营销承包商，如制作、印刷、装饰等公司
勘察设计类	30 万元以上	招标	勘察、规划设计、施工图设计、园林设计、市政设计、装饰设计、样板房饰品等
	30 万元以下	直接采购	
咨询服务类	30 万元以上	招标	造价咨询、监理、桩基检测、沉降观测、物业公司、阳光检测（含环境、节能、主体和材料检测）、开荒等
	30 万元以下	直接采购	

除了表中列出的内容，还有几点需要特别说明：

（1）由于各房地产企业业务分布范围和我国地域原因，在该表中未列明北方供暖招标的内容。

（2）某一个房地产开发项目中集中采购方式适用于哪些具体的招标项目是动态变化，主要根据是集团集中采购的成果，该成果也是通过招标方式确定。

（3）在具体项目所在地，某些招标内容所适用的单位过少无法招标，可以选用竞争性谈判的方式确定。

6.2.2　相关部门职责与管理权限

房地产项目的招标管理工作一般由招标采购中心组织实施，成本管理部、工程管理部、设计管理部、营销策划部等相关部门给予配合。招标采购中心可以是成本管理部或工程管理部的子部门。

1. 招标采购管理的相关部门职责

（1）成本管理部。

①组织编制合约规划。

②负责编制工程量清单。

③负责编制招标文件中有关计量标准、付款方式、结算方式等经济条款。

④负责编制招标控制价。

⑤负责评审经济标。

（2）工程管理部。

①负责收集供应商信息，建立供应商库。

②负责供应商资质的审查，以及供应商的履约后评估。

③负责组织编制招标文件，招标操作，组织评标。

④负责工程合同的签署，参与对项目部的合同交底。

⑤负责签订集中采购中项目部的合同。

⑥组织招投标采购。

⑦负责办理中标通知书。

⑧负责在满足公司规章制度的前提下属于工程管理部办理的竞争性谈判的采购。

（3）设计管理部。

①负责提供招标所需的图纸。

②负责明确招标工程中的工程技术标准。

③负责确定设备材料样板的建筑性能、效果。

（4）项目部。

①负责提供项目工程材料的地场时间。

②负责签署工程管理部授权的采购合同。

③履行工程采购合同。

④办理《建筑工程施工许可证》。

（5）分管副总/总经理。

①工程招标决策。

②工程招标方式变更审核。

③中标单位审批。

④合同审批。

2. 采购管理的审批权限

房地产公司各职能部门负责人及总经理在项目招标采购过程的审批如表6-2所示。

表 6-2　招标采购过程审批表

招标过程		审批人员					
		工程管理部负责人	成本管理部负责人	设计管理部负责人	财务部负责人	分管工程副总经理	总经理
招标入围单位审批		√	√	√	——	√	——
招标文件审批		√	√	√	——	√	——
定标审批	直接采购	√	√	√	——	√	√
	竞争性谈判	√	√	√	——	√	√
	招标	√	√	√	——	√	√
	集中采购	√	√	√	——	√	√
合同审批		√	√	√	√	√	√

注：在定标审批中总经理授权分管工程副总经理负责金额≤500万元的定标最终审批，总经理负责金额＞500万元的定标最终审批。与营销相关的招标增加营销部门负责人的审批。

6.2.3 采购管理的工作流程

1. 招标策划阶段

在一个项目启动之初，由工程管理部门组织各职能部门共同完成整个项目的招标策划，作为招标项目执行的纲领性文件。

（1）成本管理部根据合约规划编制招标项目表。

（2）项目部根据设计管理部提供的图纸和项目进度计划，制订甲供材料、设备的进场时间计划。

（3）成本管理部制定各招标项目的目标成本。

（4）工程管理部制订招标工作计划。

（5）工程管理部汇总项目部、设计管理部、成本管理部的工作成果，编制招标采购策划，各部门会签后由分管工程副总经理签发定稿。

2. 项目招标采购实施阶段

在招标策划的指引下，对于具体项目的招标过程，主要有以下几个阶段：发布招标公告、供应商入围审批、招标文件审批、发放招标文件、回标、开标、评标、定标和签订合同。采用招标方式的招标项目流程详见图6-1，直接采购、竞争性谈判和集中采购的流程未详细列出。直接采购需要将采购过程详细记录，外加合同审批。竞争性谈判需要有谈判过程记录，在谈判供应商中择优选择，外加定标审批和合同审批。集中采购分为工程承包类集中采购和材料、设备类集中采购。若为工程承包类，其流程与项目招标流程一致，只是参与投标的供应商必须在集中采购成果目录中；若是材料、设备类集中采购，直接根据集中采购成果与供应商签订供货合同。

招标过程中需要注意的事项：

（1）工程管理部根据招标策划方案中确定招标方式启动相应招标项目，按相应的流程组织招标。

（2）设计管理部提供工程采购用图纸并确定设备材料样板，材料设备样板优先由工程合格供应商及工程试用供应商提供。

（3）供应商在书面合同上签字盖章，但公司内部尚未签署完成之前，需要工程供应商以实质行为履行合同的，需得到工程分管副总经理的同意。

（4）属于施工总承包、工程监理、勘察设计的工程招标项目，应及时向政府主管或授权部门办理报建，施工报建及监理报建具体按照政府主管或授权部门规定程序执行。

（5）营销部门的招标项目在获得授权的情况下，可以由营销管理部组织，也可以在常用流程中加入营销管理部门的职能，其职能与项目部类似。

3. 合同履行阶段

（1）从书面合同签署完成之后至竣工移交公司之前，由项目部或相应职能部门履行合同内约定本公司的职责。

（2）竣工移交公司之后，如项目部继续存在，由项目部与物业公司对接履行合同内容约定本公司应承担的工作和权利；如项目部撤销，则由工程管理部向公司内分管副总经理请

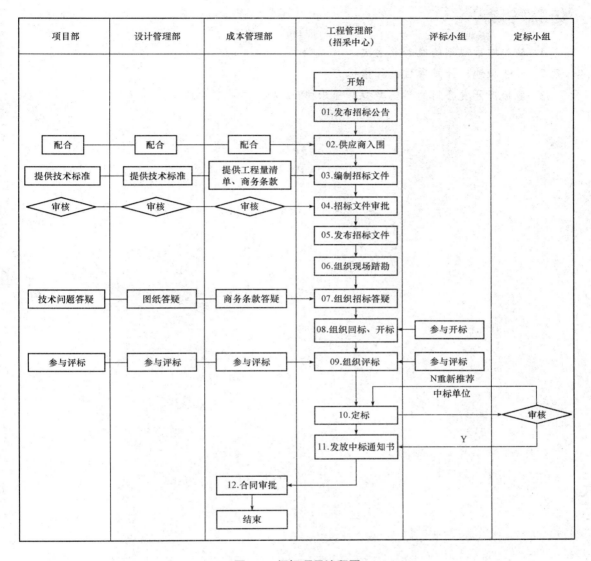

图 6-1　招标项目流程图

示合同保修范围与物业公司对接处理事宜。

（3）供应商管理及评价由工程管理部具体按照工程供应商管理程序执行。

（4）履行合同过程的工作，验收、移交工作由项目部按照公司相关制度执行。

不同房地产开发企业在招标采购管理中存在着差异，但基本原则是按公司招标采购制度执行，不同公司招标采购制度中关于各部门和人员审批权限有着明显差别。

关键术语

城市规划；设计指标；规划设计管理；招标采购；招标方式分类；招标流程

复习思考题 \\\\

1. 简述城市规划的概念及层次。
2. 简述房地产开发项目设计指标。
3. 房地产开发公司的招标类型有哪几种？

第 7 章

房地产项目施工管理

★ 本章概述

本章是房地产开发与经营的核心章节，房地产项目的施工是实现房地产产品主要阶段，在房地产开发周期中占的时间最长，是决定房地产项目成败的关键。做好施工管理的基础是项目的范围管理，即通过 WBS 方法明确项目的范围，科学合理地安排施工进度计划，然后根据施工进度计划明确项目的成本计划、劳动力及资源计划；根据项目的特点，做好专项施工方案。

★ 任务发布

某栋高层房地产项目相关资料见附件，做出该栋高层的施工组织设计，即完成该栋高层的施工总平面布置图、WBS、施工进度安排、成本计划及质量计划等。

附件：

一、工程概况

某栋 31 层高层，其图纸见任务发布答案中的图纸文件夹，建筑面积 28 307.8 m²，层高 2.9 m，人工挖孔桩基础，剪力墙结构。2012 年 4 月 8 日进场，5 月 1 日开工，计划于 2013 年 12 月 3 日交付。

该房按毛坯房标准交付，具体标准如下：

1. 结构：剪力墙结构。

2. 外墙面：建筑外墙面为外墙涂料饰面。

3. 内墙面：

（1）户内：采用腻子饰面。

（2）电梯前室及入户通道：采用墙砖。

4. 天棚面：

（1）户内：天棚为腻子刮白。

（2）电梯前室及入户通道：采用装饰吊顶。

5. 楼地面：

（1）电梯前室及入户通道：采用地面砖。

（2）户内楼地面：厨房、卫生间地面为防水面层，其余为细石混凝土面层。

6. 屋面：屋面瓦。

7. 阳台、院馆围护：采用玻璃栏杆或砌体栏板。

8. 门、窗：

（1）进户门：进户门为品牌防盗门，户内只留门洞。

（2）外墙门、窗：采用塑料型材，双层中空玻璃。

9. 空调位：每户均设置空调室外机位，空调冷凝水采用有组织排水。

10. 电梯：选用品牌电梯。

11. 给排水：水表按一户一表设置，给水接至厨房并预留接口；厨房、卫生间留设排水接口。

12. 电：电表按一户一表设置，进户线接至户内配电箱，户内预留照明、开关、插座回路。

13. 通信：电话、网络、有线电视线缆进户内综合信息箱，户内预留电话接口、网络接口和有线电视接口回路（由业主自行申请开通）。

二、主要分部工程构造做法

1. 保温坡屋面。

（1）彩色瓦屋面。（8号铜丝挂瓦，1:2.5防水砂浆粘结）。

（2）30 mm厚C20细石混凝土找平层。

（3）挤塑聚苯板保温层，厚度60 mm。

（4）1.5 mm厚高弹防水灰浆。

（5）20 mm厚水泥砂浆找平层。

（6）钢筋混凝土屋面结构板。

2. 外墙保温砂浆涂料饰面。

（1）高弹抗裂防水饰面涂料两遍。

（2）柔性耐水腻子两遍。

（3）30 mm厚保温砂浆。

（4）基层墙体清理。

3. 住宅户内及消防楼梯间墙面。

（1）两道内墙腻子找平，打磨。

（2）20 mm厚水泥砂浆。

（3）基层墙体。

4. 厨房、卫生间墙面。

（1）20 mm厚水泥砂浆。

（2）墙体。

5. 电梯前室、入户处走廊及单元入户大厅墙面。

（1）面层作法由专业装饰公司施工。

（2）12 mm 厚 1:3 水泥砂浆打底。

6. 住宅户内及消防楼梯间天棚（不含厨、卫）。

（1）两遍内墙腻子找平、打磨。

（2）清水钢筋混凝土板底清理干净；弹线检测清水钢筋混凝土板底平整，砂轮打磨模板缝，凿打超厚部分；对天棚找平厚度超过 10 mm 以上的要求采取外墙腻子找平。

7. 厨、卫天棚。

（1）局部打点、找补。

（2）清水钢筋混凝土楼板底清理干净。

8. 电梯前室、入户处走廊及单元入户大厅天棚。

（1）天棚吊顶由专业装饰公司施工。

（2）钢筋混凝土楼板底及吊顶能隐蔽的梁不抹灰。

9. 住宅户内楼地面（不含厨、卫）。

（1）20 mm 厚细石混凝土找平。

（2）涂刷素水泥浆一遍。

（3）钢筋混凝土楼板清理干净。

10. 厨、卫楼地面。

（1）回填及面层部分由业主二次装修。

（2）1.2 mm 厚度"通用型柔性防水灰浆"。

（3）钢筋混凝土楼板清理干净。

11. 消防楼梯间楼地面。

（1）20 mm 厚细石混凝土找平。

（2）素水泥浆一道。

（3）钢筋混凝土楼板清理干净。

12. 电梯前室、走道楼地面。

（1）面层作法由专业装饰公司施工。

（2）钢筋混凝土楼板清理干净。

三、分部分项工程工期要求

各分部分项工程最低工期要求如下：塔吊安装及场地硬化 5 天；基础工程 55 天；主体结构 7 天/层；施工垂直电梯安装 5 天；砌体工程至少在主体结构完成一半后才能插入，4 天/层，从下至上逐层进行；烟道安装 2 天/层，从下至上逐层进行；室内抹灰工程在砌体工程（某层的砌体工程，而不是指整栋楼的砌体工程）完至少 15 天后才能进行，3 天/层，从下至上逐层进行；窗框 1.5 天/层，从下至上逐层进行；腻子工程在抹灰工程（某层的抹灰工程，而不是指整栋楼的抹灰工程）完后 15 天才能进行，室内腻子工程为 2 天/层，从下至上逐层进行；消防立管安装 1 天/层，从下至上逐层进行；消防箱、风口百叶及风机安装

0.5 天/层，从下至上逐层进行；桥架安装、强弱放线及接线 15 天；公共区域地面砖 1 天/层，从下至上逐层进行；公共区域的墙砖在地砖铺贴完后 7 天才能开始施工，1 天/层，从下至上逐层进行；自来水管安装 10 天；装饰封板（包括安装应急照明灯、消防广播、报警及安全指示灯）0.5 天/层；防火、防盗门在墙砖粘贴完后 7 天才能开始安装，1 天/层，从下至上逐层进行；吊篮安装 5 天；外墙保温抹灰在砌体工程（某层的砌体工程，而不是指整栋楼的砌体工程）完至少 15 天后才能进行，30 天/面墙，从上至下逐层进行；雨水、冷凝水立管安装及吊补 15 天/面墙；室内污水立管安装 15 天；室内污水立管吊补及防水工程为 2 天/层，从下至上逐层进行；栏杆工程 15 天/面墙；室外腻子工程 20 天/面墙，从下至上逐层进行；室外涂料工程 15 天/面墙，从下至上逐层进行；吊篮拆除 5 天；天然气立管安装 20 天；地坪 1 天/层，从上至下逐层进行；屋面工程 150 天；施工电梯、搅拌机拆除 5 天；塔吊拆除 15 天；电梯安装 30 天；种植土回填、电缆沟、室外雨污水管道、自来水管道开挖及安装 15 天；绿化、硬质铺装及消防扑救面 20 天；消防验收 30 天；竣工验收 15 天。

由于场地、材料及管理因素，在主体结构施工时插入砌体工程，其工期至少 13 天/层而且不允许插入抹灰工程；由于施工垂直电梯因素，在砌体工程 4 天/层施工时室内插入抹灰工程，抹灰工程工期至少 8 天/层。

2013.2.7～2013.2.24、2014.1.27～2014.2.14 为春节，工地放假，其他时间正常施工；1 个月按 30 天计算。

7.1 项目范围管理

正确的范围界定是项目成功的关键，是进度、成本及质量管理的基础，如图 7-1 所示，范围变化了，项目的进度、成本及质量也就发生变化。例如，2016 年巴西里约奥运会场馆瘦身，范围减小，相应的该项目的成本、进度及质量都将调整。

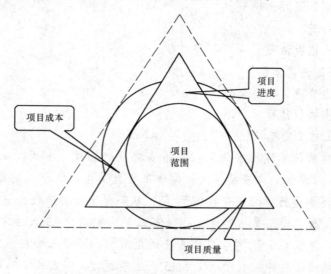

图 7-1　项目范围、进度、成本及质量关系

7.1.1　项目范围及项目范围管理的概念

项目范围是指为了达到项目的目标，完成项目可交付成果，而必须完成的工作。

工程项目范围确定的依据如下：

（1）项目目标的定义和批准的文件（项目建议书、可研报告）；

（2）项目产品描述文件（规划文件、设计文件、相关规范、可交付成果清单）；

（3）环境调查资料（法律法规、政府政策要求）；

（4）项目的其他限制条件和制约因素（预算、资源、时间的限制）。

项目范围管理是指定义项目包括哪些活动（工作），并通过控制与协调来确保成功地完成项目，项目要包括并且仅包括所要求完成工作的过程。工程项目结构分解是项目范围管理的方法，是指将项目范围所规定的全部工作分解为便于管理的独立活动的工作过程。分解所得结果被称为工作分解结构，即 WBS（Work Breakdown Structure）。工程项目结构分解的目的是防止遗忘或疏忽必需的工作、项目功能不全和质量缺陷及实施过程中频繁的变更。这些问题都有可能导致项目失败，因此工程项目的结构分解至关重要。

7.1.2　工程项目结构分解的方法

工程项目结构分解是项目计划前的一项十分困难、十分重要的工作，目前尚没有统一认可的通用的分解方法。常见的工程项目的结构分解是按产出物分解技术的结构分解和按实施过程分解。

1. 项目产出物分解技术

项目产出物分解技术是按项目产出物和项目阶段可交付物逐层向下分解的方法，主要是将项目产出物（或者说是项目目标）逐层细分为更小、更易管理的子项目或项目要素，直到将项目产出物分解至非常详尽，并能够支持下一步的项目活动分析和定义工作为止，如图 7-2 所示。

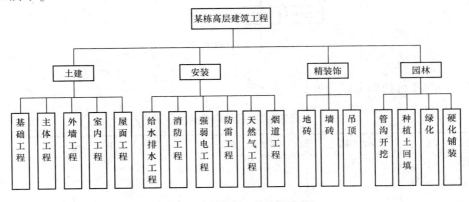

图 7-2　某栋高层的结构分解

2. 实施过程分解技术

实施过程分解技术是按照项目的实施过程进行分解，如图 7-3 所示。

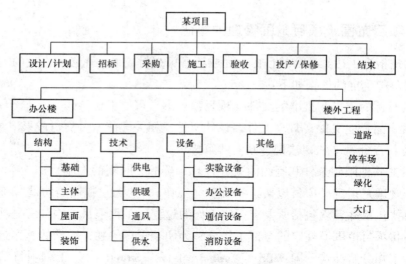

图7-3 某项目实施过程分解结构

工程项目结构分解结果的表现形式有树形结构图（图7-4）和项目结构分解表（表7-1）。

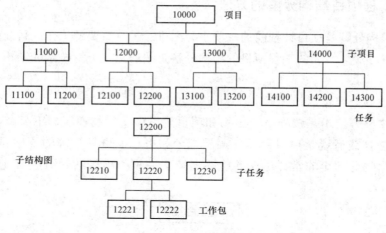

图7-4 树形结构图

图7-4中的项目结构可以用表7-1表示。

表7-1 项目结构分解表

编码	活动名称	负责人（单位）	计划工期	……
10000				
11000				
11100				
11200				
12000				
12100				

续表

编码	活动名称	负责人（单位）	计划工期	……
12200				
12210				
12220				
12221				
12222				
12230				

7.2　项目进度管理

工程项目进度管理的基本原理可以概括为三大系统的相互作用，即进度计划系统、进度监测系统、进度调整系统。进度管理的程序如图7-5所示。

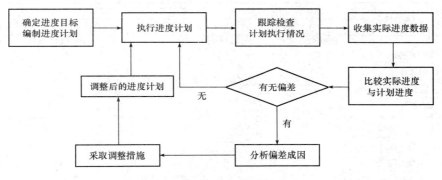

图7-5　进度管理的程序

进度管理人员必须事先对影响工程项目进度的各种因素进行调查分析，预测它们对工程项目进度的影响程度，确定合理的进度控制目标，编制可行的进度计划，使工程建设工作始终按计划进行。在计划执行过程中不断检查工程项目实际进展情况，并将实际状况与计划安排进行对比，从中得出偏离计划的信息。在分析进度偏差及其产生原因的基础上，通过采取组织、技术、合同和经济等措施对原进度计划进行调整或修正，再按新的进度计划实施。在进度计划的执行过程中不断地检查和调整，以保证工程项目进度得到有效管理。

7.2.1　工程项目进度计划

在长期的工程实践中，人们总结发明了多种表示工程进展状况的方法，其中横道图和网络图是最常用和最有效的两种方法。

1. 横道图计划

横道图是用水平线条表示工作流程的一种图表，它是由美国管理学家甘特（Gantt）提出的，故也称甘特图，如图7-6所示。图中横向表示时间进度，纵向表示作业过程，水平线条的长度表示作业持续时间。

里程碑事件计划是横道图的一种。在工期计划中，事件表示状态，没有持续时间，一般为一个工程活动或阶段的开始或结束。项目的里程碑事件通常是指项目的重要事件，是重要阶段或重要工程活动的开始或结束，是项目生命周期中关键的事件。工程项目常见的里程碑事件有批准立项、初步设计完成、总承包合同签订、现场开工、基础完成、主体结构封顶、工程竣工、交付使用等，如图7-7所示。

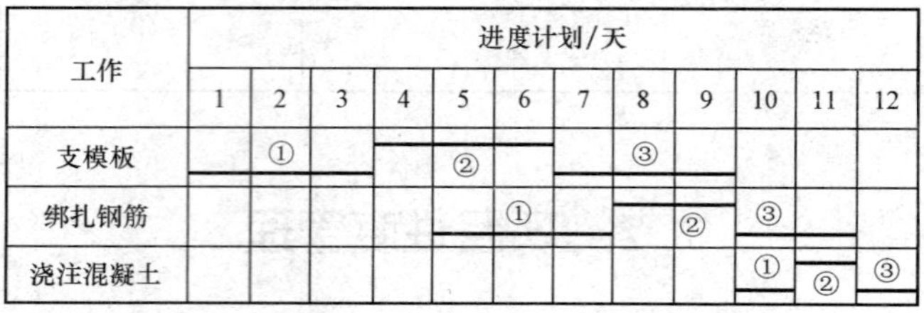

工作	进度计划/天											
	1	2	3	4	5	6	7	8	9	10	11	12
支模板	①				②			③				
绑扎钢筋					①			②	③			
浇注混凝土									①	②	③	

图7-6 用横道图表示的进度计划

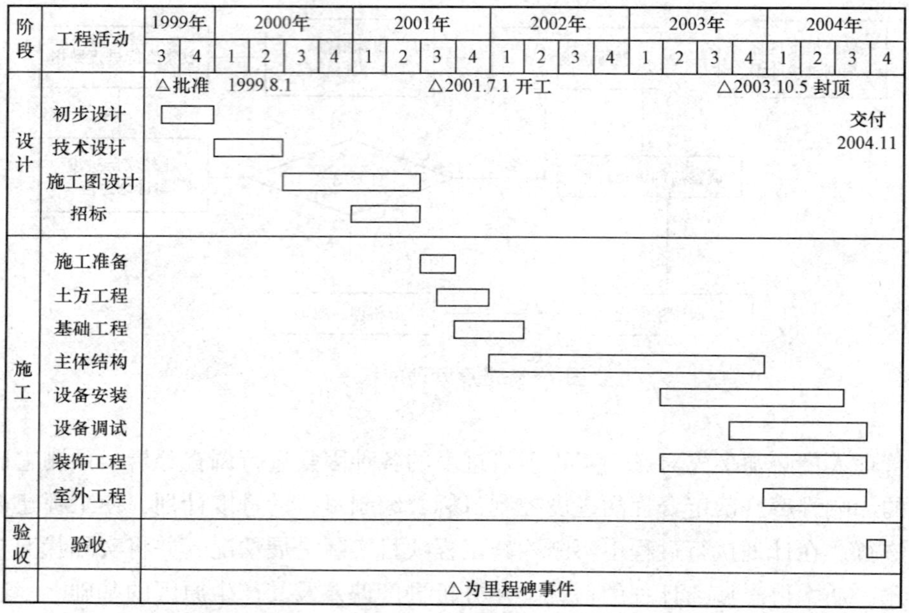

图7-7 某工程项目里程碑计划

里程碑事件与项目的阶段结果相联系，作为项目的控制点、检查点和决策点。通常它确定的依据是项目主要阶段的划分、项目阶段结果的重要性，以及过去类似工程的经验。对于上层管理者，掌握项目里程碑事件的安排对进度管理十分重要。他们确定进度目标、审查进度计划、控制进度计划就是以项目的里程碑事件为对象。此外，各层次的承包商都有自己的里程碑计划。

（1）横道图的优点。

①能够清楚地表达各项工作的起止时间，内容排列整齐有序，形象直观；

②可直接根据横道图计算各时段的资源需要量，并绘制资源需要量计划；

③使用方便，易于掌握。

横道图这些非常明显的优点，使横道图自发明以来被广泛应用于各行各业的生产管理活动中，直到现在仍被普遍使用。

（2）横道图的局限性。

①不能清楚地表达工作间的逻辑关系，因此，当某项工作出现进度偏差时，不便于分析进度偏差对后续工作及总工期的影响，难以调整进度计划；

②不能反映各项工作的相对重要性，不便于掌握影响工期的主要矛盾；

③对于大型复杂项目，由于计划内容多，逻辑关系不明，难以用计算机技术对项目计划进行处理和优化，其局限性更为明显。

2. 网络图计划

为了克服横道图的局限性，1956 年，美国杜邦公司的沃克和赖明顿兰德公司的凯利合作开发了一种面向计算机安排进度计划的方法，即关键线路法（CPM）。之后在此方法的基础上陆续开发了一些新的其他计划方法，如 1958 年的计划评审技术（PERT）、1966 年的图示评审技术（GERT）和 1981 年的风险评审技术（VERT）等，统称为网络图计划。

网络图是由箭线和节点组成的，用来表示工作流程的、有向和有序的网状图形，如图 7-8 所示。

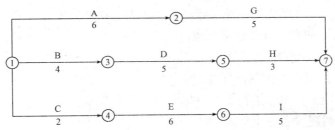

图 7-8　用网络图表示的进度计划

网络图与横道图相比具有以下特点：

（1）网络图的优点。

①能全面明确地反映工作之间的逻辑关系，便于分析进度偏差和调整进度计划；

②能进行工作时间参数计算，确定关键工作和关键线路；

③能应用计算机对计划进行优化、调整和管理。

（2）网络图的局限性。

①除双代号时标网络计划以外，其他网络计划技术没有横道图简单、直观；

②不能直接根据网络图计算资源需要量。

7.2.2　工程项目进度控制

1. 进度控制的概念

工程项目进度控制是指项目管理者围绕目标工期的要求编制计划、付诸实施，并在实施过程中不断检查计划的实际执行情况，分析产生进度偏差的原因，进行相应调整和修改。通过对影响进度的因素实施控制及各种关系协调，综合运用各种可行方法、措施，将项目的计划工期控制在事先确定的目标工期范围之内。在兼顾费用、质量控制目标的同时，努力缩短建设工期。参与工程项目建设活动的建设单位、设计单位、施工单位、工程监理单位均可构成工程项目进度控制的主体。

2. 影响进度的因素

影响工程项目进度的不利因素有很多，常见的影响因素可归纳为如下几个方面：

（1）业主因素。如业主使用要求改变而进行设计变更，不能及时提供施工场地或所提供的场地不能满足工程正常需要，不能及时向施工承包单位或材料供应商付款等。

（2）勘察设计因素。如勘察资料不准确，设计内容不完善，设计对施工的可能性考虑不周，施工图纸供应不及时、不配套，或出现重大差错等。

（3）施工技术因素。如施工工艺错误，不合理的施工方案，施工安全措施不当等。

（4）自然环境因素。如复杂的工程地质条件，洪水、地震、台风等不可抗力因素。

（5）社会环境因素。如外单位干扰，市容整顿的限制，临时停水、停电等。

（6）组织管理因素。如向有关部门提出有关申请审批手续的延误，合同签订时遗漏条款，计划安排不周密，组织协调不力，指挥失当，各个单位配合上发生矛盾等。

（7）材料、设备因素。如材料、构配件、设备供应环节的差错，品种、规格、质量、数量、时间不能满足工程的需要，施工设备安装失误，设备故障等。

（8）资金因素。如有关方资金不到位，资金短缺，汇率浮动和通货膨胀等。

3. 进度控制的主要任务

（1）设计准备阶段进度控制的任务。

①收集有关工期的信息，进行工期目标和进度控制决策；

②编制工程项目建设总进度计划；

③编制设计准备阶段详细工作计划，并控制其执行；

④进行环境和施工现场条件的调查和分析。

（2）设计阶段进度控制的任务。

①编制设计阶段工作计划，并控制其执行；

②编制详细的出图计划，并控制其执行。

（3）施工阶段进度控制的任务。

①编制施工总进度计划，并控制其执行；

②编制单位工程施工进度计划，并控制其执行；

③编制工程年、季、月实施计划，并控制其执行。

4. 进度控制的目的与措施

进度控制的目的是通过控制以实现项目的进度目标，即项目实际实施周期不超过计划周期。在项目实施过程中经常出现进度偏差，即实际进度偏离计划进度，需要采取相关措施进行控制。进度控制措施主要包括组织措施、技术措施、经济措施和其他配套措施等。

（1）组织措施。明确进度控制人员及其岗位职责；建立进度报告制度；增加工作面，增加劳动力或机械数量，增加工作时间或班次，组织流水作业等。

（2）技术措施。改变施工工艺，采用更先进的施工方法或机械设备，缩短技术间歇时间等。

（3）经济措施。实行经济及包干奖励，对所采用的技术措施进行经济补偿，提高奖金数额等。

（4）其他配套措施。改善劳动条件，改善外部配套条件，加强协调，加强合同管理和信息管理等。

如果这些方法均不能奏效，则应改变要求工期或改变施工方案。

7.3　项目成本管理

项目成本是指在项目上发生的全部费用总和，它包括直接成本和间接成本。其中直接成本包括人工费、材料费、机械费和措施费；间接成本指项目经理部发生的现场管理费。

项目成本管理包括成本预测和决策、成本计划编制、成本计划实施、成本核算、成本检查、成本分析和考核等环节。其中成本计划编制与成本计划实施是关键环节。因此，进行项目成本管理，必须具体研究每个环节的有效工作方式和关键管理措施，从而取得项目整体的成本控制效果。项目成本管理的主要内容如下：

（1）项目成本预测。项目成本预测是其成本管理的首要环节，是事前控制的环节之一。成本预测的目的是预测成本的发展趋势，为成本管理决策和编制成本计划提供依据。

（2）项目成本决策。项目成本决策是根据成本预测情况，经过认真分析做出决定，确定成本管理目标。成本决策是先提出几个成本方案，然后从中选择理想的成本目标做出决定。

（3）成本计划的编制。项目成本计划是实现成本目标的具体安排，是成本管理工作的行动纲领，是根据成本预测、决策结果，并考虑企业经营需要和经营水平编制的，也是事前成本控制的环节之一。成本控制必须以成本计划为依据。

（4）成本计划实施。项目计划实施是根据成本计划所做的具体安排，对项目的各项费用实施有效控制，不断检查，收集实施信息，并与计划比较，发现偏差，分析原因，采取措施纠正偏差，从而实现成本目标。

（5）成本核算。项目成本核算是对施工中各种费用支出和成本的形成进行核算。项目经理部应作为企业的成本中心，加强项目成本核算，为成本控制各环节提供必要的资料。成本核算应贯穿成本管理的全过程。

（6）成本检查。项目成本检查是根据核算资料及成本计划实施情况，检查成本计划完成的情况，以评价成本控制水平，并为企业调整与修正成本计划提供依据。

（7）成本分析与考核。项目成本分析分为中间成本分析和竣工成本分析，是对成本计划的执行情况和成本状况进行的分析，也是总结经验教训的重要方法和信息积累的关键步骤。成本考核的目的在于通过考察责任成本的完成情况，调动责任者成本管理的积极性。

以上各个环节构成成本管理的 PDCA 循环，每个项目在施工成本管理中，不断地进行着大大小小（工程组成部分）的成本管理循环，促使成本管理水平不断提高。

7.3.1 项目成本预测与计划

项目的成本预测与计划是项目成本的事前控制，它的任务是通过成本预测估计出项目的成本目标，并通过成本计划的编制做出成本控制的安排。项目成本的预测与计划的目的是提出一个可行的成本管理实施纲领和作业设计。

1. 项目成本预测

（1）项目成本预测的依据。

①项目成本目标预测。施工企业的利润目标对企业降低工程成本有一定的要求。企业根据经营决策提出经营利润目标后，便对企业降低成本提出了总目标。每个项目的降低成本率水平应等于或高于企业的总降低成本率水平，以保证降低成本总目标的实现。在此基础上才能确定项目的降低成本目标。

②项目的合同价格。项目的合同价格是其销售价格，是所能取得的收入总额。项目的成本目标是合同价格与利润目标之差。这个利润目标是企业分配到该项目的降低成本要求。根据目标成本降低额，求出目标成本降低率，再与企业的目标成本降低率进行比较，如果前者等于或大于后者，则目标成本降低额可行，否则，应予以调整。

③项目成本估算（概算或预算）。成本估算（概算或预算）是根据市场价格或定额价格（计划价格）对成本发生的社会水平做出估计，它既是合同价格的基础，又是成本决策的依据，是量入为出的标准。这是最主要的依据。

④企业同类项目的降低成本水平。这个水平，代表了企业的成本管理水平，是该项目可能达到的成本水平，可用于与成本管理目标进行比较，从而做出成本目标决策。

（2）项目成本预测的程序。

第一步，进行项目成本估算，确定可以得到补偿的社会平均水平的成本。目前，成本主要根据概算定额或工程量清单进行计算。

第二步，根据合同承包价格计算项目的承包成本，并与估算成本进行比较。一般承包成本应低于估算成本。如高于估算成本，应对工程索赔和降低成本做出可行性分析。

第三步，根据企业利润目标提出的项目降低成本要求，并根据企业同类工程的降低成本水平以及合同承包成本，做出降低成本决策；计算出降低成本率，对降低成本率水平进行评估，在评估的基础上做出决策。

第四步，根据降低成本率决策计算出决策降低成本额和决策项目成本额，在此基础上定出项目经理部责任成本额。

2. 项目成本计划

（1）成本计划的概念和目的。工程项目成本计划是指在对工程项目所需成本总额做出合理估计的前提下，为了确定项目实际执行情况的基准，保证项目投资目标的实现，而把整个项目成本分配到各个任务单元上的工作。其目的是在成本计划的基础上进行成本控制工作，保证在批准的或者可承受的成本范围内实现项目。

（2）工程项目成本分解的角度。为了便于从各个方面和各个角度对项目成本进行精确地、全面地计划和有效地控制，必须多方位、多角度地划分成本项目，形成一个多维严密的体系。

项目的成本（或投资）可以进行多角度的结构分解。作为项目系统分解方法之一，每一种成本结构分解，都可以用树形结构的形式表达，都应保证完备性和适用性。

①项目工作分解结构（WBS）图中各层次的项目单元。它们首先必须作为成本的估算对象，这对项目成本模型的建立、成本责任的落实和成本控制有至关重要的作用。项目结构分解是成本计划不可缺少的前提条件。

②项目投资分解结构。将项目总投资进行分解，能得到项目的投资分解结构。项目总投资可以分为固定资产投资（工程造价）和流动资产投资（流动资金）。

③按工程量清单分解结构。通常是将工程按工艺特点、工作内容、工程所处位置细分成分部分项工程。在招标文件的工程量目录中列出，承包商按此报价，作为业主和承包商之间实际工程价款结算的对象。

3. 成本模型

（1）成本模型的概念。在网络分析的基础上将工程项目的计划成本分解落实到各个项目单元上，将计划成本在相应的工程活动的持续时间上平均分配，可以获得"工期-计划成本累计"曲线（又称为 S 曲线），如图 7-9 所示，该曲线被称为项目的成本模型。

（2）成本模型的绘制方法。

①在经过网络分析后，按各个活动的最早（晚）时间输出横道图，并确定相应项目单元的工程成本。

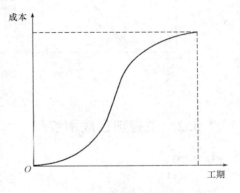

图 7-9 项目成本模型

②假设工程成本在相应工程活动的持续时间内平均分配，得出各活动的计划成本强度。

③按项目总工期将各期的各项活动的计划成本进行汇集，得出项目在各时间段的成本强度。

④制作计划成本—工期图（直方图）。

⑤计算各期期末的计划成本累计值，绘制累计曲线。

（3）工程实例。根据表 7-2 某项目中各工程活动计划成本，求其成本模型，结果如图 7-10 所示。

表 7-2　某项目中各工程活动的计划成本

工程经济	A	B	C	D	E	F	G	H	I	J	K	合计
持续时间/周	2	12	6	10	4	4	6	4	6	4	2	28
计划成本/万元	4	48	60	60	24	32	30	20	48	16	6	348
单位时间 计划成本/（万元·周$^{-1}$）	2	4	10	6	6	8	5	5	8	4	3	12.4

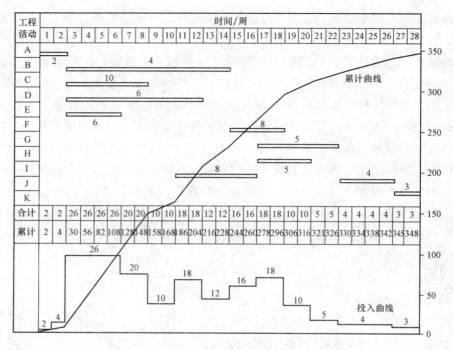

图 7-10　成本模型

7.3.2　工程项目成本控制

1. 控制要求

（1）坚持增收节支、全面控制、责权利相结合的原则，用目标管理方法进行有效控制。

（2）做好采购策划、优化配置、合理使用、动态管理生产要素，特别要控制好材料成本。

（3）加强施工定额管理和施工任务单管理，控制活劳动和物化劳动的消耗。

（4）加强调度工作，克服可能导致成本增加的各种干扰。

（5）及时进行索赔，使实际成本支出真实。

（6）做好月度成本原始资料的收集和整理，正确计算月度成本，分析月度计划成本和实际成本的差异，充分注意不利差异，认真分析不利差异的原因，特别重视盈亏比例异常现象的原因分析，并采取措施尽快消除异常现象。

（7）在月度成本核算的基础上实行责任成本核算，即利用原有会计核算的资料，重新按责任部门或责任者归集成本费用，每月结算一次，并与责任成本进行对比，由责任者自己采取措施，纠正实际成本与责任成本之间的偏差。

（8）必须强调对分包工程成本的控制。分包工程成本管理由分包单位自己负责，分包工程成本也应当编制成本计划并按计划实施。但是分包工程成本影响项目经理部的工程成本，故项目经理部应当协助分包单位进行成本控制，做好服务、监督和考核工作。

2. 质量成本管理

质量成本是指为达到和保证规定的质量水平所耗费的费用，其中包括预防成本、鉴定成本、内部损失成本和外部损失成本。

预防成本是致力于预防故障的费用；鉴定成本是为了确定保持规定质量所进行的实验、检验和验证所支出的费用；内部损失成本是交货前因产品或服务没有满足质量要求而造成的费用；外部损失成本是交货后因产品或服务没有满足质量要求而造成的费用。

质量成本控制应抓成本核算，计算各科的实际发生额，然后进行分析（表 7-3），根据分析找出的关键因素，采取有效措施加以控制。

表 7-3　质量成本分析表

质量成本项目		金额/元	质量成本率/%		对比分析/%
			占本项	占总额	
预防成本	质量管理工作费	13 800	10.37	0.94	预算成本 44 175 000 元
	质量情报费	8 540	6.42	0.58	实际成本 38 967 650 元
	质量培训费	18 750	14.09	1.28	降低成本 5 207 350 元
	质量技术宣传费	—	—	—	成本降低率 11.79%
	质量管理活动费	91 980	69.12	6.28	① $\dfrac{质量成本}{实际成本} = \dfrac{1\ 464\ 700}{38\ 967\ 650} \times 100\% = 3.76\%$
	小计	133 070	100.00	9.08	
鉴定成本	材料检验费	11 540	12.82	0.79	② $\dfrac{质量成本}{预算成本} = \dfrac{1\ 464\ 700}{44\ 175\ 000} \times 100\% = 3.32\%$
	工序质量检查费	78 510	87.18	5.36	
	小计	90 050	100.00	6.15	③ $\dfrac{预防成本}{预算成本} = \dfrac{133\ 070}{44\ 175\ 000} \times 100\% = 0.30\%$
内部损失成本	返工损失	538 230	49.80	36.74	
	返修损失	279 990	25.91	19.11	④ $\dfrac{鉴别成本}{预算成本} = \dfrac{90\ 050}{44\ 175\ 000} \times 100\% = 0.20\%$
	事故分析处理费	19 560	1.81	1.34	
	停工损失	24 880	2.30	1.70	⑤ $\dfrac{内部损失成本}{预算成本} = \dfrac{1\ 080\ 790}{44\ 175\ 000} \times 100\% = 2.45\%$
	质量过剩支出	218 130	20.18	14.90	
	技术超前支出费	—	—	—	⑥ $\dfrac{外部损失成本}{预算成本} = \dfrac{160\ 790}{44\ 175\ 000} \times 100\% = 0.36\%$
	小计	1 080 790	100.00	73.79	
外部损失成本	回访修理费	44 310	27.56	3.03	
	劣质材料额外支出	116 480	72.44	7.95	
	小计	160 790	100.00	10.98	
质量成本支出额		1 464 700	100.00	100.00	

3. 项目成本计划执行

项目经理部应定期检查成本计划的执行情况，并在检查后分析，采取措施控制成本支出，保证成本计划的实现。

（1）项目经理部应根据承包成本和计划成本，绘制月度成本折线图。在成本计划实施过程中，按月在同一图上打点，形成实际成本折线，如图 7-11 所示。该图不但可以看出成本发展动态，还可用以分析成本偏差。成本偏差有以下三种：

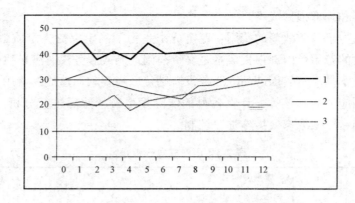

图 7-11　成本控制折线图

1—承包成本；2—计划成本；3—实际成本

①实际偏差 = 实际成本 - 承包成本；

②计划偏差 = 承包成本 - 计划成本；

③目标偏差 = 实际成本 - 计划成本。

应尽量减少目标偏差，目标偏差越小，说明控制成本效果越好。目标偏差为计划偏差与实际偏差之和。

（2）根据成本偏差，用因果分析图分析产生的原因，然后设计纠偏措施，制定对策，根据成本计划，落实执行责任；最后，应对责任的执行情况进行考核。

7.3.3　项目成本核算、分析与考核

1. 项目成本核算

（1）项目成本核算制。项目成本核算制是项目管理的基本制度之一。成本核算是实施成本核算制的关键环节，是做好成本控制的首要条件。项目经理部应建立成本核算制，明确成本核算的原则、范围、程序、方法、内容、责任及要求。

（2）成本核算的基础工作。由于成本核算是一项很复杂的工作，故应当具备一定的基础，除了建立成本核算制以外，主要有以下几项：

①建立健全原始纪律制度。

②制定先进合理的企业成本核算标准（定额）。

③建立企业内部结算体制。

④对成本核算人员进行培训，使其具备熟练的必要核算技能。

（3）对项目成本核算的要求。

①每一月为一个核算期，在月末进行。

②核算对象按单位工程划分，并与责任目标成本的界定范围相一致。

③坚持形象进度、施工产值统计、实际成本归集"三同步"。

④采取会计核算，统计核算和业务核算"三算结合"的方法。

⑤在核算中做好实际成本和责任目标成本的对比分析，实际成本与计划目标成本的对比分析。

⑥编制月度项目成本报告上报企业，以接受指导、检查和考核。

⑦每月月末预测后期成本的发展趋势和状况，制定改善管理成本的措施。

⑧搞好施工产值和实际成本的归集。

（4）项目成本核算信息关系。项目成本核算信息关系见图7-12。

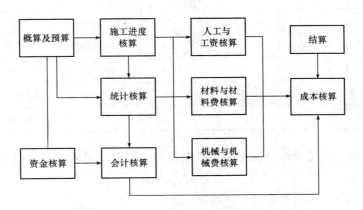

图7-12　工程项目成本核算信息关系图

2. 工程项目成本分析与考核

（1）项目成本分析。项目成本分析是根据会计核算，统计核算和业务核算资料，对项目成本的形成过程和影响成本升降的因素进行分析，寻求进一步降低成本的途径，增强项目成本的透明度可控性，为实现成本目标创造条件。成本分析的方法有许多种，主要有对比分析法、连环替代法、差额计算法、比率法和挣值法。

①对比法。对比法是通过实际完成成本与计划成本或承包成本进行对比，找出差异，分析其原因，以便改进。这种方法简便易行，应注意使比较的指标所含的内容一致。

②因素分析法。因素分析法也称为连环替代法，可用来分析各种因素对成本形成的影响。

【例7-1】某工程的材料成本如表7-4所示，使用因素分析法分析各因素的影响。

表7-4　材料成本情况表

项目	单位	计划	实际	差异	差异率/%
工程量	m³	100	110	+10	+10.0
单位材料耗量	kg	320	310	−10	−3.1
材料单价	元/kg	400	420	+20	+5.0
材料成本	元	12 800 000	14 322 000	+1 522 000	+12.0

解：经计算分析，结果见表7-5，分析的顺序是：先实物量指标，后货币量指标；先绝对量指标，后相对量指标。

表7-5　材料成本影响因素分析法表

计算顺序	替换因素	影响成本的变动因素			成本/元	与前一次的差异/元	差异原因
		工程量/m³	单位材料耗量/kg	单价/元			
①替换基数	100	100	320	400	12 800 000		
②一次替换	工程量	110	320	400	14 080 000	1 280 000	工程量增加
③二次替换	单耗量	110	310	400	13 640 000	−440 000	单位耗量节约
④三次替换	单价	110	310	420	14 322 000	682 000	单价提高
合计						1 522 000	

③差额计算法。这是因素分析法的一种简化形式，它利用各因素计划与实际的差额计算对成本的影响程度。

【例7-2】 按表7-4采用差额计算法进行成本分析。

解：

（1）由于工程量增加使成本增加：（110 − 100）×320×400 = 1 280 000（元）

（2）由于单位耗料量节约使成本降低：（310 − 320）×110×400 = −440 000（元）

（3）由于单价调高使成本增加：（420 − 400）×110×310 = 682 000（元）

④比率法。比率法指用两个以上指标的比例进行分析的方法，该方法的基本特点是先把对比分析的数值变为相对数，再观察其相互之间的关系，该方法所用的比率有以下三种：

a. 相关比率。该比率用两个性质不同而又相关的指标加以对比，得出比率，用来考查成本的状况，如成本利润率就是相关比率。

b. 构成比率。某项费用占项目总成本的比重就是构成比率，可用来考查成本的构成情况，分析量、本、利的关系，为降低成本指明方向。

c. 动态比率。将同类指标不同时期的成本数值进行对比，就可求得动态比率，包括定基动态比率和环比动态比率两类，可用来分析成本的变化方向和变化速度。

2. 成本考核

（1）项目成本考核的目的是通过衡量成本降低的实际效果，对成本指标完成情况进行总结和评价。

（2）项目成本考核应分层进行：企业对项目经理部进行成本管理考核；项目经理部对项目内部各岗位及各作业队进行成本管理考核。

（3）项目成本考核的内容是既要对计划目标成本的完成情况进行考核，又要对成本管理工作业绩进行考核。

（4）项目成本考核的要求：

①企业对项目经理部进行考核时，以责任目标成本为依据；

②项目经理部以控制过程为考核重点；

③成本考核要与进度、质量、安全指标的完成情况相联系；

④应形成考核文件，为对责任人进行奖励提供依据。

7.4　项目质量管理

质量是建设工程项目管理的主要控制目标之一。建设工程项目的质量控制，需要系统有效地应用质量管理和质量控制的基本原理和方法，建立和运行工程项目质量控制体系，落实项目各参与方的质量责任，通过项目实施过程各个环节质量控制的职能活动，有效预防和正确处理可能发生的工程质量事故，在政府的监督下实现建设工程项目的质量目标。

7.4.1　质量与质量管理的相关概念

1. 质量和建设工程项目质量

《质量管理体系　基础和术语》（GB/T 19000—2016）关于质量的定义是：一组固有特性满足要求的程度。该定义可理解为质量不仅是指产品的质量，也包括产品生产活动或过程的工作质量，还包括质量管理体系运行的质量。质量由一组固有的特性（本来就有的、永久的特性）来表征，这些固有特性是指满足顾客和其他相关方要求的特性，以其满足要求的程度来衡量；而质量要求是指明示的、隐含的或必须履行的需要和期望，这些要求是动态的、发展的和相对的。也就是说，质量"好"或者"差"，是以其固有特性满足质量要求的程度来衡量。

建设工程项目质量是指通过项目实施形成的工程实体的质量，是反映建筑工程满足相关标准规定或合同约定的要求，包括其在安全、使用功能及其耐久性能、环境保护等方面所有明显和隐含能力的特性总和。

2. 质量管理和工程项目质量管理

《质量管理体系　基础和术语》（GB/T 19000—2016）关于质量管理的定义是：在质量方面指挥和控制组织协调的活动。与质量有关的活动，通常包括质量方针和质量目标的建立、质量策划、质量控制、质量保证和质量改进等。质量管理就是建立和确定质量方针、质量目标及职责，并在质量管理体系中通过质量策划、质量控制、质量保证和质量改进等手段来实施和实现全部质量管理职能的所有活动。

工程项目质量管理是指在工程项目实施过程中，指挥和控制项目参与各方关于质量的相互协调的活动，是围绕着使工程项目满足质量要求，而开展的策划、组织、计划、实施、检查、监督和审核等所有管理活动的总和。它是工程项目的建设、勘察、设计、施工、监理等单位的共同职责，项目参与各方的项目经理必须调动与项目质量有关的所有人员的积极性，共同做好本职工作，才能完成项目质量管理的任务。

7.4.2　建设工程项目质量的影响因素

建设工程项目质量的影响因素，主要是指在项目质量目标策划、决策和实现过程中，影响质量形成的各种客观因素和主观因素，包括人的因素、机械的因素、材料的因素、方法的因素和环境的因素。

1. 人的因素

在工程项目质量管理中，人的因素起决定性的作用。项目质量控制应以控制人的因素为基本出发点。影响项目质量的人的因素，包括两个方面：一是指直接履行项目质量职能的决策者、管理者和作业者个人的质量意识和质量活动能力；二是指承担项目策划、决策或实施的建设单位、勘察设计单位、咨询服务机构、工程承包企业等实体组织的质量管理体系和管理能力。前者是个体的人，后者是群体的人。我国实行建筑业企业经营资质管理制度、市场准入制度、执业资格注册制度、作业及管理人员持证上岗制度等，从本质上说，都是对从事建设工程活动的人的素质和能力进行必要的控制。人作为控制对象，人的工作应避免失误；作为控制动力，应充分调动人的积极性，发挥人的主导作用。因此，必须有效控制项目参与各方的人员素质，不断提高人的质量活动能力，才能保证项目质量。

2. 机械的因素

机械包括工程设备、施工机械和各类施工工器具。工程设备是指组成工程实体的工艺设备和各类机具，如各类生产设备、装置和辅助配套的电梯、泵机，以及通风空调、消防、环保设备等，它们是工程项目的重要组成部分，其质量的优劣，直接影响工程使用功能的发挥。施工机械和各类工器具是指施工过程中使用的各类机具设备，包括运输设备、吊装设备、操作工具、测量仪器、计量器具和施工安全设施等。施工机械设备是所有施工方案和工法得以实施的重要物质基础，合理选择和正确使用施工机械设备是保证项目施工质量和安全的重要条件。

3. 材料的因素

材料包括工程材料和施工用料，也包括原材料、半成品、成品、构配件和周转材料等。各类材料是工程施工的基本物质条件，材料质量是工程质量的基础，材料质量不符合要求，工程质量就不可能达到标准。加强对材料的质量控制，是保证工程质量的基础。

4. 方法的因素

方法的因素也可以称为技术因素，包括勘察、设计、施工所采用的技术和方法，以及工程检测、试验的技术和方法等。从某种程度上说，技术方案和工艺水平的高低，决定了项目质量的优劣。依据科学的理论，采用先进合理的技术方案和措施，按照规范进行勘察、设计、施工，必将对保证结构安全和满足使用功能，对组成质量因素的产品精度、强度、平整度、清洁度、耐久性等物理、化学特性等方面起到良好的推进作用。例如，住房和城乡建设部 2012 年重点推广应用 10 项新技术，包括地基基础和地下空间工程技术、混凝土技术、钢筋及预应力技术、模板及脚手架技术、钢结构技术、机电安装工程技术、绿色施工技术、防水技术、抗震加固与检测技术、信息化应用技术等，对消除质量通病，保证建设工程质量起到了积极作用。

5. 环境的因素

影响项目质量的环境因素包括项目的自然环境因素、社会环境因素、管理环境因素和作业环境因素。自然环境因素主要指工程地质、水文、气象条件和地下障碍物以及其他不可抗力等影响项目质量的因素；社会环境因素主要是指会对项目质量造成影响的各种社会环境因素；管理环境因素主要是指项目参建单位的质量管理体系、质量管理制度和各参建单位之间的协调等因素；作业环境因素主要指项目实施现场平面和空间环境条件，各种能源介质供应，施工照明、通风、安全防护设施，施工场地给排水，以及交通运输和道路条件等因素。

上述因素对项目质量的影响，具有复杂多变和不确定性的特点。对这些因素进行控制，是项目质量控制的主要内容。

【例 7-3】 某钻孔灌注桩按要求在施工前进行了两组试桩，试验结果未达到预计效果，经分析发现如下问题：

（1）施工单位不是专业的钻孔灌注桩施工队伍；

（2）混凝土强度未达到设计要求；

（3）焊条的规格未满足要求；

（4）钢筋工没有上岗证书；

（5）施工中采用的钢筋笼主筋型号不符合规格要求；

（6）在暴雨条件下进行钢筋笼的焊接；

（7）钻孔时施工机械经常出现故障造成停钻；

（8）按规范应采用反循环方法施工，而施工单位采用正循环方法施工；

（9）清孔的时间不够；

（10）钢筋笼起吊方法不对，造成钢筋笼弯曲。

问题：试述影响工程质量的因素有哪几类？以上问题各属于哪类影响因素？

解：影响工程质量的因素有人、材料、机械、方法、环境五大类。

影响上述工程质量属于人方面的因素为第（1）、（4）两项；属于材料方面的因素为第（2）、（3）、（5）三项；属于施工工艺方法方面的因素为第（8）、（9）、（10）三项；属于施工机械方面的因素为第（7）项；属于施工环境方面的因素为第（6）项。

7.4.3　工程项目质量计划

工程项目质量计划包括的主要内容有工程项目应达到的质量目标；对该项目采取措施的有关人员职责；所采用特定的质量控制程序；必要的检验和试验；审核文件以及为达到质量目标所采取的其他措施。工程项目质量计划是由项目负责人（一般由项目经理承担）主持，负责质量、设计、工艺和采购等方面的有关人员参与制定的程序，由公司授权的工程技术负责人审核和审批后生效。

工程项目质量计划的编制过程，实际上是各项管理和技术的优化组合和接口的协调过程。工程项目质量计划是按照 ISO 9002 质量保证标准的要求，针对具体的安装项目而规定的专门质量措施、资源和活动顺序的文件，它是工程质量内部审核的依据，是工程项目质量管理的纲领性文件，也是施工单位向建设单位做出的质量承诺。

工程项目质量计划是施工质量管理的前提和基础，是控制施工质量的关键和保证。施工质量控制是对施工过程各环节质量控制，直到对所完成的工程产出品的质量检验与控制合格为止的全过程系统控制。工程项目质量计划确定了整个工程的质量总目标，并进行质量目标分解，确定各分项分部工程的质量分目标以及为达到质量总目标所采用的各种控制措施，工程项目质量计划是通过对影响和决定施工质量的主要因素进行有效的控制，从而达到质量控制的目的。

7.4.4 工程项目质量控制

1. 质量控制与工程项目质量控制

根据国家标准《质量管理体系　基础和术语》（GB/T 19000—2016）的定义，质量控制是质量管理的一部分，是致力于满足质量要求的一系列相关活动。这些活动主要包括如下内容：

（1）设定目标。即设定要求，确定需要控制的标准、区间、范围、区域。

（2）测量结果。测量满足所设定目标的程度。

（3）评价。评价控制的能力和效果。

（4）纠偏。对不满足设定目标的偏差，及时纠偏，保持控制能力的稳定性。

质量控制是在明确的质量目标和具体的条件下，通过行动方案和资源配置的计划、实施、检查和监督，进行质量目标的事前预控、事中控制和事后纠偏控制，实现预期质量目标的系统过程。

工程项目的质量要求是由业主方提出的，即项目的质量目标，是业主的建设意图通过项目策划，包括项目的定义及建设规模、系统构成、使用功能和价值、规格、档次、标准等的定位策划和目标决策来确定的。工程项目质量控制是在项目实施整个过程中，包括项目的勘察设计、招标采购、施工安装、竣工验收等各个阶段，项目参与各方致力于实现业主要求的项目质量总目标的一系列活动。

工程项目质量控制包括项目的建设、勘察、设计、施工、监理各方的质量控制活动。

2. 工程项目质量控制的基本原理

（1）质量管理的 PDCA 循环原理。在长期的生产实践和理论研究中形成的 PDCA 循环，是建立质量管理体系和进行质量管理的基本原理。PDCA 循环如图 7-13 所示。

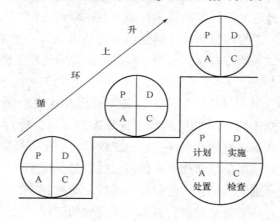

图 7-13　PDCA 循环

从某种意义上说，管理就是确定任务目标，并通过 PDCA 循环来实现预期目标。每一循环都围绕着实现预期的目标，进行计划、实施、检查和处置活动，随着对存在问题的解决和改进，在一次一次的滚动循环中逐步上升，不断增强质量管理能力，不断提高质量水平。每一个循环的四大职能活动相互联系，共同构成了质量管理的系统过程。

（2）三阶段控制原理。施工质量控制应贯彻全面、全员、全过程质量管理的思想，运用动态控制原理，进行质量的事前控制、事中控制和事后控制。

①事前质量控制。在正式施工前进行的事前主动质量控制，通过编制施工质量计划，明确质量目标，制定施工方案，设置质量管理点，落实质量责任，分析可能导致质量目标偏离的各种影响因素，针对这些影响因素制定有效的预防措施，防患于未然。

事前质量控制必须充分发挥组织在技术和管理方面的整体优势，把长期形成的先进技术、管理方法和经验智慧，创造性地应用于工程项目中。

事前质量控制要求针对质量控制对象的控制目标、活动条件、影响因素进行周密分析，找出薄弱环节，制定有效的控制措施和对策。

②事中质量控制。在施工质量形成过程中，对影响施工质量的各种因素进行全面的动态控制。事中质量控制也称作业活动过程质量控制，包括质量活动主体的自我控制和他人监控的控制方式。自我控制是第一位的，即作业者在作业过程对自己质量活动行为的约束和技术能力的发挥，以完成符合预定质量目标的作业任务；他人监控是对作业者的质量活动过程和结果，由来自企业内部或企业外部有关方面的组织或人员进行监督检查，如工程监理机构、政府质量监督部门等的监控。

施工质量的自控和监控是相辅相成的系统过程。自控主体的质量意识和能力是关键，是施工质量的决定因素；各监控主体所进行的施工质量监控是对自控行为的推动和约束。自控主体必须正确处理自控和监控的关系，在致力于施工质量自控的同时，还必须接受来自业主、监理等方面对其质量行为结果所进行的监督管理，包括质量检查、评价和验收。自控主体不能因为监控主体的存在和监控职能的实施而减轻或免除其质量责任。

事中质量控制的目标是确保工序质量合格，杜绝质量事故发生；控制的关键是坚持质量标准；控制的重点是工序质量、工作质量和质量控制点的控制。

③事后质量控制。事后质量控制也称事后质量把关，使不合格的工序或最终产品（包括单位工程或整个工程项目）不流入下道工序、不进入市场。事后质量控制包括对质量活动结果的评价、认定；对工序质量偏差的纠正；对不合格产品进行整改和处理。控制的重点是发现施工质量方面的缺陷，并通过分析提出施工质量改进的措施，保持质量处于受控状态。

以上三大环节不是互相孤立和截然分开的，它们共同构成有机的系统过程，实质上是质量管理 PDCA 循环的具体化，在每一次滚动循环中不断提高，达到质量管理和质量控制的持续改进。

（3）三全控制原理。

①全面质量管理。建设工程项目的全面质量管理，是指项目参与各方所进行的工程项目质量管理的总称，其中包括工程（产品）质量和工作质量的全面管理。工作质量是产品质

量的保证，直接影响产品质量的形成。建设单位、监理单位、勘察单位、设计单位、施工总承包单位、施工分包单位、材料设备供应商等，任何一方、任何环节的怠慢疏忽或质量责任不落实都会对建设工程质量造成不利影响。

②全过程质量管理。全过程质量管理是指根据工程质量的形成规律，从源头抓起，全过程推进。《质量管理体系　基础和术语》（GB/T 19000—2016）强调质量管理的"过程方法"管理原则，要求应用"过程方法"进行全过程质量控制。要控制的主要过程有项目策划与决策过程；勘察设计过程；设备材料采购过程；施工组织与实施过程；检测设施控制与计量过程；施工生产的检验试验过程；工程质量的评定过程；工程竣工验收与交付过程；工程回访维修服务过程等。

③全员参与质量管理。按照全面质量管理的思想，组织内部的每个部门和工作岗位都承担着相应的质量职能，组织的最高管理者确定了质量方针和目标，应组织和动员全体员工参与实施质量方针的系统活动中，发挥自己的角色作用。开展全员参与质量管理的重要手段是运用目标管理方法，将组织的质量总目标逐级进行分解，使之形成自上而下的质量目标分解体系和自下而上的质量目标保证体系，发挥组织系统内部每个工作岗位、部门或团队在实现质量总目标过程中的作用。

关键术语 \\\\

范围管理；WBS；进度管理；成本管理；质量管理

复习思考题 \\\\

1. 工程项目结构分解的方法有哪些？
2. 横道图与网络图在安排进度计划时，各有哪些优点和局限性？
3. 进度控制的措施有哪些？
4. 工程项目成本模型图如何绘制？
5. 建设工程项目质量的影响因素有哪些？
6. 工程项目质量控制的基本原理是什么？

第 8 章

房地产融资

★本章概述

　　本章主要介绍了房地产融资的概念和特点，并对房地产融资进行了分类；从房地产融资的资金来源、融资结构、融资方式、融资成本以及运用融资策略来控制融资风险等角度出发，对房地产融资的一系列相关问题进行较为深入的探讨。

8.1　房地产融资概述

　　房地产业是一个典型的资金密集型产业，每开发一个房地产项目都需要投入大量的资金。由于房地产项目开发周期长、资金周转慢，房地产企业仅仅依靠内源融资是无法满足正常资金需求的，因此必须利用外源融资来获得资金的支持，使企业能够健康的发展。

8.1.1　房地产融资的概念和特点

　　1. 房地产融资的概念

　　广义的房地产融资与房地产金融的概念相同，指的是房地产开发、流通和消费过程中通过货币流通和信用渠道进行的筹集资金、融通资金、结算资金并提供风险担保或保险及相关金融服务的一系列金融活动的总称。狭义的房地产融资指房地产企业及房地产项目直接和间接融资的总和，包括房地产信贷及资本市场融资等。

　　2. 房地产融资的特点

　　（1）开发资金需求量大。房地产业属于资金密集型产业，开发一个房地产项目需要几千万元、几亿元，甚至几十亿元的资金，但房地产企业很难一下拿出这么多资金。另外，近年来土地价格不断上涨，房地产产品的成本不断上升，同时房地产占用资金时间长，资金成本也较高，因此不可能单纯依赖开发商的自有资金，还必须依靠金融工具进行外源融资。

（2）资金回收期长。由于房地产开发受土地投资市场、综合开发市场、建筑施工市场和房地产市场四个相互联系的市场制约，因此房地产开发经营投资的资金占用时间比较长。从开发到交付使用，其生产周期短则一年，长则数年才能进入流通和消费领域，如果进行房地产租赁经营，就会长达几十年，因此资金的回收期较长。

（3）资金缺乏流动性。房地产作为不动产，特点是价值大，但缺乏流动性，不易在短时间内变现。相对于股票、基金、债券等流动性较好的资产，房地产项目很难在短时间内处置。找到投资方继续投资或实施拍卖等过程，均需要较长时间。正是由于房地产投资具有融资规模大、投资回收期长等特点，房地产资金在投入项目建设后，具备了缺乏流动性的特点。

（4）面临多重风险。房地产企业和一般企业一样，在经营中面临着经济风险、经营风险和财务风险。

经济风险是指由于企业所处的经济、政治、社会和竞争环境的不确定而造成销售收入的变动。房地产业与宏观经济周期关联度强，行业波动明显。在我国，政府通过宏观调控对房地产业进行控制，房地产业受国家宏观调控的影响很大，因此房地产企业的经济风险很高。

由于大多数房地产企业只是一个开发投资机构，项目的设计规划、建筑施工、工程监理，甚至销售等业务常常外包给相应的专业公司承担，房地产企业自身的固定成本相对于房地产项目开发的总投资的比例很小，故房地产企业的经营风险相对较低。

由于我国金融体系不发达，金融结构单一，同时房地产项目开发需要巨额资金，所以房地产企业的负债率高，财务风险较大。

8.1.2　房地产融资的资金来源

房地产融资的资金来源主要有内源资金和外源资金。内源资金是企业在创办过程中原始资本积累和运行过程中盈余的资本化，成为自有资本及所有者权益，主要包括企业的自有资金、预收账款等。外源资金是企业通过一定方式向企业之外的其他经济主体筹集的资金，包括政府财政资金和通过银行贷款、发行股票、发行债券、企业上市、合作开发、租赁及商业信誉等方式获得的资金。

8.2　房地产融资渠道

房地产融资资金来源有内源资金和外源资金，与之相对应的融资渠道也就有两种：一种是内源融资；另一种是外源融资。

8.2.1　内源融资渠道

1. 企业自有资金

（1）企业自有资金的概念。企业自有资金是企业依法长期拥有，自主调配使用的资金，包括注册资本金、资本公积、盈余公积和未分配利润四个部分。

（2）企业自有资金的优劣势。企业自有资金的优势在于这些资金由企业自由支配，受外界的制约和影响较小；融资成本较低，不存在融资费用；其劣势在于自有资金受企业自身积累能力限制，融资规模通常较小。

2. 预收账款

（1）预收账款的概念。预收账款是指房地产开发企业按照合同规定预先收取购房者的定金或购房款以及委托开发单位开发建设项目，按双方合同规定预收委托单位的开发建设资金。

（2）预收账款的优劣势。预收账款的优势在于成本低；另外，房地产开发应付账款的多少往往取决于企业自身的谈判能力。例如，企业与供应商、施工单位进行谈判时可以要求工程达到什么阶段按比例支付多少款项，这样房地产企业就可以避免一次性付出全部款项，从而获得了对剩余资金暂时的使用权。其劣势在于受市场影响大，当房地产市场低迷时，预收账款将减少，企业无法保证获得持续稳定的资金。

8.2.2 外源融资渠道

1. 财政拨款

财政拨款是政府无偿拨付给房地产企业的资金，通常在拨款时明确规定了资金用途。其资金来源一般为本级政府财政收入，一般用于公共事业。我国保障性住房的经费主要来自财政拨款。尽管财政拨款在我国房地产融资中所占的比例相当小，但也是房地产企业获得资金的一种渠道。

2. 银行贷款

（1）银行贷款的概念。房地产开发的银行贷款是指银行向借款人发放的用于房地产开发及其配套设施建设的贷款。经过房地产业的不断发展，银行贷款方式已经非常成熟，国内的各家银行都在大力地开展这种业务。

（2）银行贷款的类型。房地产贷款的基本类型有三种：信用贷款、担保贷款、抵押贷款。其中，信用贷款是依赖开发商的业绩、业务以及信用记录获得贷款；担保贷款是银行凭借第三方的担保向借款人发放的贷款；抵押贷款要求开发商以所拥有的房地产做抵押，包括土地开发抵押贷款和房屋开发抵押贷款。由于房地产抵押贷款这种方式大大降低了银行的信贷风险，因此在商业银行的房地产信贷业务中处于主导地位。

（3）银行贷款的优劣势。

①银行贷款的优势：

a. 银行系统具备成熟的开发贷款体系，各种调查和审查手续相对固定，融资程序简单，融资速度较快。

b. 银行贷款的成本主要是利息支出，相对上市融资和债券融资来说，节省了大笔的发行费用，因此通过银行贷款融资是一种成本较低的外源性融资渠道。

c. 银行贷款具有财务杠杆作用，贷款利息在税前支付，因此具有抵税作用。

②银行贷款的劣势：

a. 受国家宏观调控政策影响较大；

b. 对开发商信用和实力有较高要求；

c. 开发贷款的期限较短，多为 1~3 年，而且一般要以不动产作为抵押。

3. 上市融资

（1）上市融资的概念。上市融资也即股票融资，是股份制房地产企业通过股票市场获得资金的一种方式。随着资本市场的日益发达，股份制房地产企业上市发行股票融资成为重要的融资渠道。

（2）上市融资的类型。上市融资包括直接上市融资、上市后再融资和借壳上市融资。直接上市融资是指首次发行上市，即通过 IPO 来直接上市获得资金；上市后再融资是指公司上市以后通过发行可转债、配股、增发新股等方式获得资金；借壳上市融资是指通过购买上市公司的股权成为其大股东，然后注入优良资产和具有良好收益预期的资产，彻底改变上市公司的经营业绩，从而达到证监会规定的增发和配股的要求，完成在证券市场的融资。

（3）上市融资的优劣势。

①上市融资的优势：

a. 形成稳定而长期占用的资本，有利于增强公司的实力，为债务融资提供基础；

b. 资金使用风险较小，股本不存在固定到期日，也不存在固定股利支付义务和支付风险；

c. 通过上市融资所获得的资金数额较大。

②上市融资的劣势：

a. 上市融资对公司财务、法律、未来发展等方面的要求较高，融资的难度较大。

b. 新股发行会稀释原有股权结构，从而直接影响或削弱原有股东对公司的控制权。

c. 上市融资所需成本较高。原因有三：第一，资本使用风险小意味着股东所承担的投资风险大，从而股东期望投资报酬也较高，它直接加大了资本的使用成本；第二，股利税后支付，不存在负债等其他融资渠道下的税收抵免作用；第三，发行成本相对较高，直接加大了融资成本。

d. 股票发行过量会直接导致每股收益下降，从而不利于股价上升。

4. 债券融资

（1）债券融资的概念。债券融资是指房地产企业依照法定程序发行企业债券获得资金的一种融资渠道，在发行债券时约定在一定期限内还本付息。债券的持有人有权在到期日取得本金和利息，但无权参与企业的日常经营和管理。

（2）债券融资的类型。债券按照有无特定的财产担保，可分为抵押债券和信用债券；按照是否记名，可分为记名债券和无记名债券；按照能否转换为公司股票，可分为可转换债券和不可转换债券；按照能否提前赎回，可分为可提前赎回债券和不可提前赎回债券。

（3）债券融资的优劣势。

①债券融资的优势：

a. 债券融资具有财务杠杆作用，只要企业息税前利润高于债券利息率，负债率保持在一定水平，企业就可以通过发行债券获得财务杠杆带来的好处。

b. 债权人无权参与企业日常的经营管理，因此债券融资不会稀释股东的控制权。

c. 企业所需支付的债券利息可以作为费用在税前支付，具有抵税作用。

d. 当企业破产时，债权人具有优先受偿权，因此债权人比股权人所承担的风险小，相应的融资成本也比股票低。

②债券融资的劣势：

a. 我国对发行债券的房地产企业要求较严格，拟发行债券的房地产企业先要向证券主管部门申请，在符合评级标准以后，还要求用其财产作抵押。对于负债过多，无力提供抵押品的公司一般不准许发行债券。

b. 通过债券融资的数量有限，通常公司发行债券不能超过公司总资产的一定比例。

c. 债券到期后，公司必须按照约定还本付息，因此债券到期时对企业的资金流动性要求较高，企业面临的支付风险比较大。

5. 合作开发融资

（1）合作开发的概念。房地产企业的合作开发融资是选择一家或多家投资者合作开发房地产项目，一般是双方先投资成立合资项目公司，然后以项目公司为主体来进行房地产的开发，项目公司的利润由投资双方共同分享。

（2）合作开发的类型。房地产合作开发包括合资、前沿货币合约以及房地产辛迪加。合资开发是指开发商通过转让土地使用权为条件寻找出资人，与他方共同投资，共同分享利润，共担风险，合作开发房地产项目。前沿货币合约是指贷款机构出资、开发商出土地和技术，成立合资公司。与合资开发不同的是，参与合作的资本投入者并不是完全意义上的投资方，他还充当贷款人的角色，要将其投资分期收回，并要求获得利息。由于贷款方本身是合资方，因此贷款利率比较低，但其同时作为合资方，也与开发商共享利益，共担风险。房地产辛迪加是国外房地产开发商广泛采用的一种融资渠道，由经理合伙人和有限合伙人组成。其中经理合伙人负责房地产的经营管理，负无限责任，而有限合伙人享有所有权，不参与经营管理，以其出资额为限承担有限责任。

（3）合作开发的优劣势。合作开发的优势在于房地产开发企业寻找一家或几家有经济实力的企业进行合作开发，是一种分散和转移筹资负担的较好方法，对于缓解开发企业自身资金压力、转嫁风险有好处。其劣势在于合作开发融资渠道中，最为关键的是找到愿意进行合作开发的投资者，而寻找投资者的过程往往要花费较长的时间。另外，如果项目开发后经营业绩很好，则房地产开发企业为合资合作而损失的项目利润将较大。

6. 房地产信托融资

（1）房地产信托的概念。房地产信托是信托业务的一种，各国对房地产信托的定义有所不同。房地产信托一般是指信托投资公司通过信托方式集中两个或两个以上委托人合法拥有的资金，按委托人的意愿以自己的名义，为受益人的利益或者特定目的，以不动产或其经营企业为主要运作目的，对房地产信托资金进行管理、运用和处分的行为。

（2）房地产信托的类型。根据央行发布的《信托投资公司管理办法》中的规定，信托包括资金信托和财产信托两类。房地产资金信托是指受托人（信托投资公司）遵循信托的基本原则，将委托人委托的资金以贷款或入股的方式投向房地产业以获取收益，并将收益支付给受益人的行为。房地产财产信托是指房地产物业的所有人作为委托人将其所有的物业委托给专门的信托机构经营管理，由信托机构将信托收益交付给受益人的行为。

（3）房地产信托的优劣势。

①房地产信托的优势：

a. 其业务种类繁多，样式灵活，专业性强，能够更好地满足房地产经济对金融业提出的特殊要求，以及专业化技术的需求。

b. 房地产信托具有风险隔离的作用。信托的风险隔离功能源于信托财产的独立性特征。这种风险隔离功能表现在两个方面：一是受托人的责任有限度；二是受益人的权益有保障。信托的风险隔离功能对信托产品的风险因素具有非常独特的消减作用。

②房地产信托的劣势：

a. 信托产品的融资成本相对银行贷款利息要高出几个百分点，加上信托费用、担保费用等，会比银行贷款的成本高。

b. 由于信托计划存在发行失败的风险，对信托公司的经营造成不利影响，因此对于信托公司而言，往往会严格审查融资企业的背景、经营状况以及项目情况。

c. 信托融资的成功与否，更多的与发行方的团队、股东背景以及市场反馈信息有关，因此存在一定的不确定性。

7. 外资融资

房地产企业利用外资的方式有两种：外商直接投资和外商间接投资。外商直接投资一般以成立合资或合作公司的方式，在此方式下，外商投入的资金直接构成企业的自有资金；外商间接投资是利用外资贷款，在此方式下，不影响企业的控制权和所有权，但是国际商业贷款的利率比较高，使得企业的财务压力较大。

8. 其他融资渠道

（1）租赁融资。房地产租赁融资是指拥有土地经营权的房地产开发商，将该土地出租给其他的投资者开发建设房地产，以每年获得的租金作为抵押，申请房地产项目开发的长期贷款；或者是开发商通过租赁方式获得土地的使用权以后，以自己开发的房地产作为抵押向银行申请长期抵押贷款。

（2）回租融资。回租融资是开发商先出售自己开发的物业，再将其租回经营。开发商作为物业的所有人，既想保持对该物业的所有权以获得该物业的连续收益，又期望出让该物业获得资金以减少自身资金的占用，而投资者也期望能够获得可观的收益，于是可以采用回租融资的方式。

（3）回购融资。回购融资是指开发商将自己开发的物业卖给贷款机构，然后用贷款机构的贷款买回该项物业。通过回购融资，开发商不仅获得较高比例的融资，同时在还清贷款后，可以获得该项物业的产权。另外，开发商可以对物业提取折旧，从而获得折旧抵税带来的好处。

（4）其他融资机构贷款。其他融资机构包括房地产保险公司、房地产抵押公司、房地产基金管理公司以及房地产财务公司等。

8.2.3　房地产融资渠道选择的原则

1. 成本节约原则

融资成本是选择融资渠道首先应该考虑的一个因素，是公司融资管理中的重要概念。它是指企业为筹集和使用资金而付出的代价，包括资金的筹集成本和资金的使用成本两部分。企业在融资过程中必须认真选择融资来源，根据不同融资渠道的难易程度、资本成本等综合考虑，并使得企业的融资成本降低，直接提高融资效益。融资成本的影响因素如下：

（1）宏观经济状况。宏观经济状况决定了整个社会中资本的总供给和总需求，从而决定了资本的稀缺程度和名义利率的大小。一般来说，宏观经济形势良好，则资本供给比较充足，融资成本相对较低；反之融资成本较高。

（2）资本市场环境。资本市场环境也是影响融资成本的一个非常重要的因素。如果某种金融产品的市场流动性较好，企业融资成本则会比较低；若某种金融产品的市场流动性不好，投资者买进或卖出此种产品相对较困难，那么企业的融资成本将会较高。

（3）企业自身情况。企业融资成本也受企业自身情况的影响。如果企业的经营风险和财务风险较大，则投资者会要求较高的收益率，这将会增加融资的成本。

（4）融资期限。融资期限越长，企业占用资金的时间越多，风险发生的可能性越大，因此投资者会要求较高的投资收益率，企业的融资成本相应较高。

2. 结构合理原则

融资结构是指企业在取得资本来源时通过不同渠道筹措的资本的有机搭配以及各种资本所占的比例。通俗地讲，融资结构就是指企业所有的资本来源项目之间的比例关系，即自有资本及借入资本的构成态势，是资产负债表右方的基本结构，主要包括流动负债、非流动负债和所有者权益等项目之间的比例关系。

企业在融资过程中，必须使企业的股权资本与借入资金保持合理的结构关系，防止负债过多而增加财务风险，或因未能充分地利用负债经营，使股权资本的收益水平降低。

3. 风险可控原则

对于房地产开发企业来说，融资风险主要体现在由于融资安排中的还款期限短而引起的财务风险、对金融机构的信用风险、政府政策改变的风险等。房地产企业必须通过融资合理的配比，长、短期融资的比例，优化股权融资与债权融资的比例，降低财务风险，所以，房地产企业进行融资决策时要科学地分析和评估各种融资渠道的风险，权衡风险和收益的关系。

8.3　房地产融资成本管理

8.3.1　融资成本

融资成本是指筹集资金所付出的代价，一般由资金占用费和资金筹集费组成。

1. 资金占用费

资金占用费指使用资金过程中向资金提供者支付的费用，包括借款利息、债券利息、优先股利息、普通股红利及权益收益。

2. 资金筹集费

资金筹集费指资金筹集过程中发生的各种费用，包括律师费、资信评估费、证券印刷费、发行手续费、担保费、承诺费、银团贷款管理费等。

多元化融资是国家宏观调控背景下房地产业的必然选择，房地产企业应分析和比较各种筹资方式的资金成本的高低，尽量选择资金成本低的融资模式及融资组合。这样可以有效降低融资成本，提高企业经营效率。

8.3.2 房地产融资成本比较

一般来说，房地产企业的融资成本不仅与融资方式有关，也与项目的开发时间密切相关。

融资成本会随开发时间而变化，一开始最高，随着项目的进展，如获得《建设工程施工许可证》后，融资成本会逐渐降低。不同融资方式的融资成本大致情况如下：

（1）自有资金的融资成本较低。

（2）银行贷款融资，只需支付银行贷款利息，成本较低。

（3）信托资金的融资成本较高。由于信托计划的结构较复杂，涉及单一信托及集合信托，因此组建信托的成本较高，以及房地产企业付出的融资费用较高。房地产信托资金更多地体现为"过桥贷款"的性质，偿还周期较短，开发企业资金使用成本较高。

（4）上市融资的成本较多地受到利益分配的影响，房地产企业付出的融资成本可能不是较明显地表示为融资费用，而是在房地产企业的利润中剥离出一部分给予股权融资者，一般来说，股权融资的成本也较高。

8.3.3 房地产融资决策

房地产融资的决策分析，包括融资方案的内容及选择、融资成本的比较、融资风险及收益分析、安全性、经济性、可行性。房地产融资决策涉及房地产项目可行性分析，需要明确融资条件的范围、融资期限、融资金额以及可能采取的融资方式。采用多种融资方式，还要对不同组合的成本进行综合分析。

在做出房地产融资决策前，房地产企业要设计不同的融资方案，运用不确定性分析（包括盈亏平衡分析和敏感性分析）、净现值等经济分析手段，对开发成本、盈利能力、清偿能力、利润分配进行估算，并对资本回报率及风险综合分析。对于复杂的融资模式，还可以利用房地产投资与现代投资组合理论及资产定价模型进行分析。与一般性商业企业融资方案的技术经济评价类似，房地产企业融资也可以参照相关的融资决策加以分析和判断，选择最佳的融资方案，从而降低成本。

8.4 房地产融资风险管理

房地产业受政府政策及经济波动的影响较大，是政府宏观调控的重点行业。房价波动对投资者和债权人都会产生较大影响。如果房价跌幅较大，将导致开发商收益降低或亏损，债权人无法收回资金，因此，房地产融资无论是对投资者还是债权人都存在较大的风险。

8.4.1 我国房地产融资中的主要风险

1. 主要风险类型

房地产开发周期长、风险高，占用资金量大，开发各环节过分地依赖银行贷款，由于受资金的时间价值、流动性和市场自身的调节等因素的影响，房地产市场融资的主要风险分为以下几种：

（1）政策风险。政策风险是指由于项目所在地区的政策条件发生改变而带来的风险。由于房地产业与国家经济形势紧密相关，在很大程度上受到政府控制。如政府对项目的土地使用权实行收回或进行土地使用控制、环境保护的要求等，都可能影响项目预期的现金流量的变化，影响项目贷款的偿还，从而导致商业房地产项目风险。

（2）市场和经营风险。房地产具有高风险、高收益的特征。首先，由于位置的固定性，致使其必须面对并承担因项目所处位置的地理条件改变而带来的项目风险；其次，由于房地产投资额大，开发周期长，销售经营持续的时间也很长，各种社会经济环境条件发生改变都会对收益产生极大的影响；再次，房地产的发展与整个城市经济发展趋势密切相关，房地产的投资和消费依托于城市经济发展的变化和居民消费水平的变化；最后，房地产经营过渡期的存在使开发商在这段时期内随时可能面临亏损。因此，房地产面临的市场和经营风险相当大。

（3）财务风险。房地产开发商以银行借贷融资为主，自有资金很少。据统计显示，我国房地产开发商通过各种渠道获得银行资金占其资产的比率在70%以上。由于房地产开发企业良莠不齐，随着房地产市场竞争日益激烈，监管力度不断加大，开放贷款门槛提高，房地产开发企业资金链条日趋紧张，一旦资金链条断裂，风险就会暴露。

（4）道德和信用风险。虚假按揭已成为个人住房贷款最主要的风险源头。虚假按揭不以真实购买住房为目的，开发商以本单位职工或其他关系人冒充客户和购房人，通过虚假销售（购买）方式，套取银行贷款。银行个人住房贷款中的不良资产，很多是因虚假按揭造成的。开发商把虚假按揭作为一种融资渠道。一般情况下，个人住房按揭贷款利率低于房地产开发贷款利率，且按揭贷款期限较长，审批也相对容易，开发商便将按揭贷款作为另一项融资渠道，这样既可降低财务成本，又可缓解资金周转困难。有的开发商在出售房屋获得资金后偿还银行贷款，也有开发商因无法将房屋全部卖出而携款潜逃。发生虚假按揭的原因有的是不法房地产商利用银行掌握的信息有限来骗贷，也有的是银行工作人员与开发商勾结，共同骗贷。

我国土地储备贷款综合授信额度较大，信用风险也较大。银行土地贷款面临四方面的风险。一是土地储备中心资产负债率较高。虽然各地土地储备机构均由政府全额拨款组建，但目前一部分地区存在政府投入注册资金过少、注册资金不到位等问题，造成其对银行资金过分依赖，抵御风险的能力极低。二是银行难以对土地储备中心进行有效监管。各地土地储备中心大多实行财政收支两条线，土地出让金上缴财政专户，各银行对其资金使用很难监管。在地方政府资金紧张的情况下，土地储备机构极可能成为财政融资渠道，出让土地的收入有可能被挪作他用。三是银行向土地储备中心发放的贷款没有有效的担保措施。当前土地储备机构向商业银行贷款的担保主要采用政府的保证和土地使用权抵押两种方式，这两种方式的合法性尚存在问题。从《中华人民共和国担保法》的规定来看，政府及以公益为目的的事业单位不能作为保证人。土地储备中心只是代行政府部分职权的代理机构，并不是实质意义上的土地使用者，因而对其储备的土地也就谈不上拥有真正意义上的使用权。银行为控制风险，一般要求为有土地证的优质土地抵押，控制抵押率并落实抵押担保，防范土地储备贷款风险。四是土地储备中心的运营风险。土地市场价格有很大的不确定性，如受政策影响土地价格可能大幅下滑，拍卖中土地流拍或中标人违约都会导致土地出让的收入低于土地收购价格，形成银行信贷风险。

2. 产生风险的原因

我国房地产金融风险产生的主要原因包括以下几个方面：一是房地产市场的有效供给和有效需求的对比关系，以及房地产价格波动的风险；二是房地产开发商自有资金比例相对较低，对外依赖的银行贷款、信托融资、股权融资、垫资及预收房款金额较高，使得房地产投资的市场风险和融资风险集中在商业银行；三是土地储备制度有待进一步完善，土地储备贷款存在隐性风险；四是房价下跌过程中，投资性住房贷款、投机性住房贷款存在违约风险；五是商业银行自身在房地产贷款发放中存在不合规、不理性、追求高收益等问题。

房地产行业是典型的资金密集型的行业，与金融行业紧密相连。在宏观调控的背景下，市场、资金、土地这三个要素中，资金自然成为核心的要素。房地产行业对于外部融资的过分依赖是房地产行业风险产生的重要原因，即过分依赖银行贷款的特定融资格局使房地产行业的资金融通受到很大的挑战，同时，金融市场的波动使得房地产融资的敏感性加强。

8.4.2 房地产企业上市融资的风险

房地产企业满足上市融资的条件后，将募集到的资金用于房地产项目开发，可以有效缓解现金流紧张的状况。由于上市对房地产企业的资格审核非常严格，对经营业绩、土地储备、房地产开发项目情况、管理层水平、资产负债等方面的要求非常高，因此大多数中小开发商无法具备上市融资的条件。

上市的房地产企业除了要具备较强的实力、较多的土地储备资源等因素外，对外部投资者的吸引将决定该房地产企业的融资规模及股价情况。

第一是房地产企业对土地的经营模式，土地是房地产企业中最核心的资源，通过土地评估加上房地产企业的利润，可以大致估算房地产企业上市融资的估价及融资规模。第二是房地产上市融资的模式，商业模式、现金流模式、利润模式、收入模式，是决定对房地产企业能不能投资的核心问题，也是房地产企业上市融资成功的关键。投资者对这些方面非常重视。第三是投资者对房地产企业的负债不能过高也不能过低，过低则可能表明房地产企业的融资渠道较窄，在市场上很难融到资金；过高，尤其是刚性负债过高，可能表明房地产企业存在不能持续经营的风险。

8.4.3 房地产信托融资的风险

1. 房地产信托融资的特点

房地产信托融资的特点是高风险追逐高回报，房地产信托在我国出现不过几年时间，但发展速度较快，银行信贷门槛的提高更让房地产企业转向信托融资。但在各级政府不断加大力度调控房地产业的背景下，监管部门对房地产信托计划的审核更加严格，信托公司在项目选择上也格外谨慎，开发商通过信托融资的难度很大。随着风险的加大，信托公司要求的投资回报率也逐步增加。

信托公司作为金融机构，拥有便捷的融资和投资渠道，资金信托计划是其融资的重要手段，而股份投资、贷款、租赁等多种投资方式的运用是其区别于其他金融机构的独特优势。根据不同项目的特点，设计不同的资金信托产品，可以化解政策变化给各方带来的风险。

2. 房地产信托融资的风险类型及控制手段

我国房地产信托融资有很大的发展空间，但信托融资需要改进和创新的地方也比较多，同样存在风险，主要体现在以下几个方面：

（1）房地产行业风险。房地产业是一个资金密集型行业，开发周期较长、资金占用量大、利润回报较高。房产本身既是耐用消费品，又是投资品，在一定的市场环境下，还可以滋生投资风险。如果房产价格上涨幅度超过了居民消费承受能力，就可能产生房地产泡沫，而泡沫达到一定的程度，必然会影响房地产信托。

信托公司在信托资金运用过程中，可以通过投资地域、项目类别、投资金额、投资期限的选择和调整，灵活机动地抵御可能出现的房地产业波动，规避风险，保护投资者利益。

（2）项目自身及市场风险。对项目的选择是房地产信托的首要工作，如果项目本身存在市场销售前景不佳、内部法律纠纷、建设资金短缺等方面的问题，则信托产品无论怎么对设计加以控制，项目本身的先天缺陷都是无法避免的。信托公司在进行项目选择时，可以聘请有市场公信力的房产专业机构对项目进行可行性分析及评估，以便对项目的市场定位及前景有一个独立、真实的认识。通过这一系列的手段，信托公司将项目风险控制在最小范围之内，最大限度地保证信托资金安全，保护委托人的利益。

（3）道德风险。作为专业从事经营性信托业务的非银行金融机构，信托投资公司受到国家金融监管机构——银监会的严格监督和管理，其要严格按照信托业的"一法双规"（《中华人民共和国信托法》《信托投资公司管理办法》《信托投资公司资金信托管理暂行办法》）进行经营活动。

在产品构架设计上，信托公司可邀请商业银行、律师事务所、房地产专业服务机构及会计师事务所等中介机构参与，对信托计划进行资金、法律、收益状况方面的监督。信托公司内部，应建立和完善业务评审及风险控制流程，按照审慎的原则运用信托资金，各部门分工协作、交叉监督，以最大限度地防范风险。

关键术语

融资渠道；融资成本；融资决策；融资风险

复习思考题

1. 什么是房地产融资？房地产融资有哪些特点？
2. 房地产融资资金来源有哪些？
3. 房地产融资渠道有哪些？
4. 房地产融资成本包括哪些？
5. 如何进行房地产融资决策？
6. 我国房地产融资主要存在哪些风险？

第 9 章

房地产营销管理

★ 本章概述

本章主要对房地产销售的含义、性质、特征、房地产销售渠道的内涵、结构和功能进行介绍，并就选择房地产直接销售和间接销售的形式进行分析。

9.1 市场营销与房地产市场营销发展的阶段

9.1.1 市场营销的概念

"市场营销"是从 Marketing 这个英文单词翻译过来的。这个英文单词有两种中文译法：一是把它作为一种经济活动，译为"市场营销"；二是把它作为一种学科名称，译为"市场学"或"市场营销学"。当然，除此以外还有一些其他译名，如译作"市场营运""市场推销""市场作业""行销""销售"等，这些译名的使用者当然都是按照各自的理解，尽量使其译名符合"信、达、雅"的要求，都有一定道理。不过对于将 Marketing 译作"销售""推销"和"销售学"，我国台湾的市场学者早已有过争议，并大多认为这种译法不甚确切。无论中国、美国、日本或其他国家的许多 Marketing 教科书，都曾开宗明义地说明：Marketing 不是推销活动，更不是销售，推销和销售只不过是 Marketing 中的一部分功能而已。至于"市场营销"，按中文的含义则较为完备，因"营"乃计划、组织、协调、控制、决策等活动；"销"乃上市、发售、推广之义。产品或劳务必须经过缜密的研究计划，再经组织、协调，然后开始全面销售——人员及非人员销售、售后服务、再销售等。因此，"市场营销"较完备地包括了 Marketing 一词的主要活动。

那么，什么是市场营销？

市场营销的定义在国外也有许多种，而且早期人们对市场营销这个词有误解。正如美国一位市场学家史丹顿（W. T. Stanton）所指出的："一个推销员或销售经理谈到市场营销，他真正讲到的可能是销售；一个广告客户业务员所说的市场营销可能就是广告活动；百货公司部门经理谈到的可能是零售商品计划。他们都谈到了市场营销，但是都只谈到了整个市场营销活动的一部分。"

不少市场学家曾对"市场营销"一词下过各种不同的定义，并力图使自己的定义能恰如其分地表达出市场营销的实际科学含义。而由于各人的观点和出发点不同，"市场营销"一词出现了各种各样的阐述，大致可区分为两大类：古典的（窄派）定义和现代的（宽派）定义。

古典的（窄派）定义，较具代表性的有如下两则：

（1）市场营销是引导产品及服务由生产者流向消费者或使用者的企业活动（1948年由美国市场学会定义委员会主席拉尔夫·亚历山大提出，1960年该委员将其作为正规定义公布）。

（2）市场营销是消费者群体和供应者群体之间进行的交换（1957年由美国人罗伊·奥尔德森提出）。

现代的（宽派）定义，如下两例较有代表性：

（1）市场营销包括公司创造性地、有效益地使自己适应所处环境的一切活动（雷·科利）。

（2）市场营销是个人和集团通过创造、提供和与他人交换产品和价值满足需要和欲求的社会和管理过程（菲利普·科特勒1997年版《市场营销管理》一书所下定义）。

比较这两类定义，古典的定义存在一些弱点，主要是它们过分看重实体分配和营销渠道的作用，而低估市场营销中的定价、促销和新产品的作用。它们还忽视了政府和非营利机构的活动，实际上这些机构也都参与了市场营销活动。另外，这类定义还会引人误解，以为市场营销仅是将企业生产出来的产品送达消费者手中的活动，使它等同于一般商业工作。

现代的（宽派）定义刚好克服了上述古典的（窄派）定义中的各种弱点。它首先精确地表明市场营销活动的范围并不仅限于将已制成的产品送达最后消费者之间的商业经营过程，而是在准备原材料、制造产品时就已开始。例如，研究考虑某种产品是否应该生产、产品如何设计、用什么厂牌、商标和包装、如何制作价格等，都应在产品制造前或产品制造过程中预先决定。另外，市场营销的终点也并不限于将产品送达消费者或使用者手中，还应了解产品出售后是否使消费者满意，消费者是否会继续购买和使用，消费者是否会向其亲友推荐，因而增加产品的销路或工厂的信誉，以及向消费者进一步提供产品售后服务等。

一个恰当的市场营销定义要精确地界定其较宽阔的活动范围，不仅不能只局限于商品和服务的营销，而且还应包括机构、人物、地点和观念（点子）等。另外，任何一个市场营销定义还必须把顾客导向置于中心地位，公司只有满足顾客才能达到自己的目标。同时，市场营销不仅是关心扩大需求，还要设法使需求与供给相协调。因此，市场营销是企业通过预测、刺激、提供方便，协调生产与消费以满足顾客和社会公众对产品、服务及其他供应的需求的整体经济活动。

9.1.2　市场营销理论及其发展

1. 顾客需要与"4P"营销理论

美国营销学学者麦卡锡教授提出了著名的"4P"营销组合策略。"4P"是市场营销组合中的四大基本要素，即产品（Product）、价格（Price）、渠道（Place）和促销（Promotion）。他认为一次成功和完整的市场营销活动，意味着以适当的产品、适当的价格、适当的渠道和适当的促销手段，将企业的产品和服务投放到特定市场的行为。"4P"理论的提出，对现代市场营销理论与实践产生了深刻的影响。

至今，它仍然是人们思考营销问题的基本模式。后来，菲利普·科特勒在此基础上，围绕如何更好地满足市场需求的核心思想，又补充提出了能使市场营销策略组合中的这四大要素得到更有效实施的战略性"4P"：市场调研（Probe）、市场细分（Partition）、目标市场选择（Priority）和市场定位（Position），从而丰富和完善了市场营销"满足顾客需要"的基本功能。现在不少开发商都在使用市场营销学的"4P"理论进行房地产市场营销组合安排。然而，市场营销组合概念的思想基本上是沿着"企业如何生产和传递市场需要的产品"脉络展开的。面对当今市场中消费者购买动机的复杂性，购买选择的多边形和市场竞争程度的日益激化，以"市场需求"作为出发点和归宿点的"4P"理论正在受到来自追求"顾客满意"和"顾客忠诚"的"4C"和"4R"营销理论的冲击和挑战。

2. 顾客满意与"4C"营销策略

随着市场经济的发展，企业之间的竞争越来越激烈，市场的供求关系发生了变化，营销理论也发生了变化。在供过于求的情况下，企业开始追求"顾客满意"。在这一过程中，美国营销专家劳特朋教授提出了以"顾客"为中心的"4C"营销理论。"4C"理论重新设定了市场营销组合的四个基本要素：即消费者（Consumer）、成本（Cost）、便利（Convenience）和沟通（Communication）。它强调当今的企业首先应该把满足顾客需求、不断追求高度的顾客满意度放在第一位；其次是努力降低顾客的购买成本，包括顾客购买活动中的货币成本和其他成本，再次要充分注意到顾客购买过程中的便利性，而不是从企业的角度来决定销售渠道策略；最后还应以消费者为中心实施有效的营销沟通。目前，很多房地产开发商都在努力追求全面的顾客满意度。

"4C"理论是在"4P"理论的基础上对"4P"理论的进一步发展。"4P"理论虽然也要研究消费者需求，提倡双向沟通、消费者导向，但其思想基础是以企业为中心，适合供不应求或竞争不激烈的市场环境。而"4C"理论则以顾客为中心，重视顾客导向，这实际上是当今消费者在营销中越来越居主动地位和市场竞争空前激烈的营销外在条件下的必然要求。

从企业的营销实践和市场的发展趋势来看，"4C"理论仍然存在着以下缺陷：

（1）"4C"理论是顾客导向，而市场经济要求的是竞争导向。顾客导向与市场竞争导向的本质区别是前者看到的是新的顾客需求，后者不仅看到了需求，还更多地注意到了竞争对手，冷静分析自身在竞争中的优、劣势并采取相应的策略，在竞争中求发展。

（2）随着"4C"理论融入营销策略和行为中，经过一个时期的运作与发展，虽然会推动社会营销的发展和进步，但企业营销又会在新的层次上统一化，不同企业至多只是一个程度上的差距问题，并不能形成营销个性或营销特色，不能形成营销优势，保证企业顾客份额的稳定性、积累性和发展性。

（3）"4C"理论是以顾客需求为导向，但顾客需求有合理性问题，顾客总是希望质量好、价格低，特别是在价格上的要求是无界限的。只看到满足顾客需求的一面，企业必然付出更大的成本，久而久之，会影响企业的发展。所以从长远来看，企业经营要遵循双赢的原则，这是"4C"理论需要进一步解决的问题。

（4）"4C"理论仍然没有体现既赢得客户，又长期拥有客户的关系营销思想，没有解决满足顾客需求的操作性问题，如提供集成解决问题方案、快速反应等。

（5）"4C"理论总体上虽然是"4P"理论的转化和发展，但被动适应顾客需求的色彩较浓。根据市场的发展，需要从更高层次以更有效的方式在企业与顾客之间建立起有别于传统的新型的主动性关系，但"4C"理论在建立企业与顾客之间长期关系方面仍显不足，因此该营销思想还需要更进一步地发展和完善。

3. 建立顾客忠诚与"4R"营销理论

近年来，留住顾客、建立顾客忠诚逐渐演化为企业营销的新理念。留住顾客的关键是建立关系营销。企业对顾客进行关系营销，就是将一个潜在顾客最后演变为一个主动性顾客和合伙人的过程。它可以通过为老主顾提供更大的让渡价值（如折扣、奖励、免费赠送等策略）来建立顾客关系，也可以在了解顾客需求和愿望的基础上通过对顾客实行个性化服务来建立关系，还可以通过向老顾客提供各种附加利益和潜在附加利益建立关系。

"4R"理论基础上以关系营销为核心设立。它阐述了四个全新的营销组合要素：关联（Relevance）、反应（Reaction）、关系（Relationship）和回报（Reward）。"4R"理论强调：首先，企业与顾客在市场变化的动态中应建立长久互动的关系，以防止顾客流失，赢得长期而稳定的市场；其次，面对迅速变化的顾客需求，企业应学会倾听顾客的意见，及时寻找、发现和挖掘顾客的渴望与不满及其可能发生的演变，同时建立快速反应机制以对市场变化快速做出反应；再次，企业与顾客之间应建立长期而稳定的朋友关系，从而实现销售转变为实现对顾客的责任与承诺，以维持顾客再次购买和顾客忠诚；最后，企业应追求市场回报，并将市场回报当作企业进一步发展和保持与市场建立关系的动力与源泉。

"4R"理论在一个全新的层面上描述了市场营销的框架。与"4P"和"4C"理论相比，"4R"理论有四大优势：第一，"4R"理论是21世纪营销理论的创新与发展。"4R"营销理论的最大特点是以竞争为导向，在新的层次上概括了营销的新框架。该理论根据市场不断成熟和竞争日趋激烈的形势，着眼于企业与顾客互动与双赢，不仅积极地适应顾客的需求，而且主动地创造需求，运用优化和系统的思想去整合营销，通过关联、关系、反应等形式与顾客形成独特的关系，把企业与顾客联系在一起，形成竞争优势。第二，"4R"理论落实了关系营销的思想。通过关联、关系和反应，提出了如何建立关系、长期拥有顾客、保证长期利益的具体的操作方式，这是一个很大的进步。第三，"4R"理论的反应机制为互动与双赢、建立关联提供了基础和保证，同时也延伸和升华了便利性。第四，回报兼容了成本和双赢两方面的内容。为了追求回报，企业必然实施低成本战略，充分考虑顾客愿意付出的成本，实现成本的最小化，并在此基础上获得更多的市场份额，形成规模效益。这样，企业为顾客提供价值和追求回报相辅相成，相互促成，客观上达成的是一种双赢的效果。

当然，"4R" 理论同任何理论一样，也有其不足和缺陷。如与顾客建立关联、关系，需要实力基础或某些特殊条件，并不是任何企业都可以轻易做到。但不管怎样，"4R" 提供了很好的思路，经营者和营销人员应该了解和掌握。

综合上述分析，不难得出这样的结论："4P" 理论、"4C" 理论和 "4R" 理论三者不是取代关系而是完善、发展的关系。

虽然 "4P" 理论在国外已经实施了几十年，但对我国的房地产企业而言，仍然是新理论，并且由于它简单、易于操作，因此还是企业营销活动的基本框架。根据 "4P" 理论，房地产企业应把产品和顾客的需求对应起来，提供符合顾客特点和个性的具有特色或独特性的优质楼盘，并重视品牌策略的应用，注重企业品牌的塑造和提升。而 "4C" 理论强调企业与消费者要开展互动、进行有效的沟通，才能满足消费者需要的价值取向。在激烈的市场竞争中，要把它贯彻到定价策略、营销渠道选择等各个环节。因此，"4C" 理论也是很有价值的。"4R" 理论则把开发商与业主的双赢概念引入房地产业，通过关系营销提高顾客的忠诚度，赢得长期而稳定的市场。因而 "4R" 理论不是取代 "4P" 理论和 "4C" 理论，而是在 "4P" 理论和 "4C" 理论基础上的创新与发展。作为一个开发商，要想在市场上获胜，必须以 "4R" 理论为主导，以 "4P" — "4C" — "4R" 为操作主线，开展有效的市场营销。

9.1.3　房地产营销的阶段划分

根据现今的与房地产相关的营销理论，可以把房地产营销过程划分为五个阶段。

1. 地段阶段

地段阶段没有涉及购房者是否需要、是否喜爱，只要是好地段就能卖得快、卖得好，所以只看地段，尤其城市中心的位置更为开发商所看重。因为地理位置好的房屋，一般周边环境及配套设施已完善，甚至包括便利的交通条件，生活设施也较完备，故该阶段的营销体现的是项目本身所具有的优势地段论。这充分体现了该阶段房地产开发中 "地段、地段还是地段" 的三段论。

2. 概念包装阶段

随着城市中心位置的土地越来越少，相对差的或者郊区的土地开始热起来，"概念地产""包装地产" 应运而生，这是推销手段的一种变化。概念房地产可概括为 "跳出房地产圈子搞房地产"，也就是除了房子本身外，再赋予房地产一个附加的东西，形成了概念。

在 20 世纪 90 年代中后期，"概念" 在房地产营销中起到了巨大作用，但随着房地产市场的发展，其问题也越来越多。许多业内人士认为，"概念" 是华而不实的东西，这种泡沫性的行为是注定要破灭的。随着购房者理性程度的增加以及购房重点的转移，概念营销不是应仅限于媒体宣传上所提出的一些新的概念，而是应从系统的角度全方位地将项目进行规划，完善配套设施，做好楼盘本身的开发，才更具吸引力。

3. 产品素质阶段

楼盘是一种特殊的产品，按照一些业内人士的观点，楼盘是否畅销，不是包装、广告或是概念的问题，关键是楼盘产品自身的问题。

一个好楼盘的标准要达到"五好"原则，即位置好，户型、外立面、布局好，环境好，配套设施好，物业服务好。开发的楼盘原则上是缺什么就应该补什么，不可以一点代替全部。然而，将楼盘的完美性提高，找出精品，也并不是一定就能畅销，因为精品的结果就是增加成本。一个成熟的开发商，不应只按照自己的想法研究楼盘，而要依照客户的喜爱和需求。是否根据客户的需求进行针对性、满足性开发，这是一个根本性的问题。

此外，开发楼盘还需要适时创新、不断引导消费。实践发现，一部分购房者是盲目的，其需求是模糊的，这就需要通过引导去发掘、创造需求价值。随着房地产业的发展与竞争，规模化越来越重要，出现了一批千亩以上的巨型楼盘，针对这种楼盘，营销观念又面临着挑战。

4. 泛地产复合阶段

概念地产的片面性不可能使一个社区有较强的竞争力与生命力，因此就出现了一个新名词——泛地产营销。所谓泛地产，也有人称为"复合地产"或"集成性地产"。它是指通过两元或多元复合形成多种新型楼盘，包括与住宅配套的娱乐、游乐小景观、健康设施、文化设施、超市等。如住宅与写字楼复合形成 SOHO，住宅、写字楼、酒店复合形成商务型社区，住宅与体育复合形成运动型社区，住宅与学校复合形成学习型社区，住宅与文化艺术复合形成文化艺术社区等。复合地产的关键是结合部位有多大的市场吸引力与潜力，其目标客户群的规模与开发楼盘的规模是否处于同等范围。复合地产并不是适合所有地段的楼盘。需要研究地段的关联性，并挖掘出其最大的开发价值。

5. 立体营销

房地产营销不是向单一化的方向发展，而是多元的、立体式的营销，这是房地产营销的又一个阶段——立体营销阶段。

所谓立体营销，就是必须做到"五位一体"，即要有一个好的楼盘产品、一支好的销售队伍、一个好的市场环境，一个好的推广策略和一个好的物业服务。

五位一体的"立体营销"才是求胜的根本，这五个环节都十分重要，能否做到是竞争胜负的关键。同时，每一个环节中又包含许多子系统。许多开发商只擅长其中的一项或几项，也就无法实施立体营销。在这个阶段提出了房地产开发全程策划的概念。房地产全程营销策划是运用整合营销概念，对开发商的建设项目，从观念、设计、区位、环境、房型、价格、品牌、包装、推广上进行整合，合理确定房地产目标市场的实际需求，以开发商、消费者、社会三方共同利益为中心，通过市场调查、项目定位、推广策划、销售执行等营销过程的分析、计划、组织和控制，在深刻了解潜在消费者深层次及未来需求的基础上，为开发商规划出合理的建设取向，从而使产品及服务完全符合消费者的需要而形成产品的自我销售，并通过消费者的满意使开发商获得利益的过程。

全程策划的内涵是"等值策划"，即努力寻找土地的最大潜值，其主要包括：

（1）发掘土地的环境价值（自然环境、人文环境、商业环境、交通环境、城市区位环境等）。

（2）研究项目的开发价值（功能定位、容积率、规划方法、建筑风格、室内空间布局、景观设计、设备材料挑选)。

(3) 注重延伸价值 (售后服务、品牌塑造、品质保障、文化艺术含量)。

(4) 分析机会价值 (入市时机、客户定位、适时价格性能比、政策背景利用)。

随着房地产市场的发展,房地产营销必然随之发展,也必然和市场营销的理论相结合起来一起发展。

9.2 房地产销售管理

9.2.1 房地产销售管理的内涵

1. 房地产销售管理的概念

对销售管理的理解,有狭义和广义两种,狭义的销售管理是指以销售人员为中心的管理,是企业营销组合中促销策略的一部分;广义的销售管理是指对所有销售活动的综合管理,其内容涉及价格制定、人员销售、营业推广、分销渠道等活动,几乎与营销组合同义(图 9-1)。

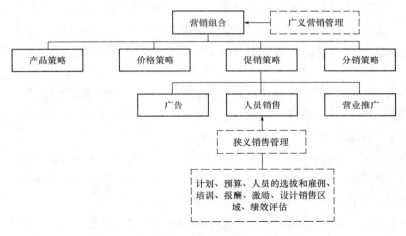

图 9-1 销售管理与营销组合的关系

鉴于我国实际情况,本书倾向于广义的销售管理,明确强调,房地产销售管理是房地产企业对房地产销售活动进行计划、组织、指挥和控制,以达到实现企业价值的过程,其活动涉及营销组合的产品策略、价格策略、促销策略和分销策略。

2. 对房地产销售管理的认识

(1) 房地产销售管理是企业经营活动的中心内容。企业要实现在销售环节取得预期收入和利润的目的,就必须通过管理来协调各种开发经营活动与销售活动的关系,如销售部门与其他职能部门之间的关系,销售活动与营销活动之间的关系,销售活动自身的组织实施等。

(2) 房地产销售管理重在实施和控制。就某一个项目而言,企业应关注制定什么样的租金或价格水平、选择什么样的销售渠道、以多大的促销力度向市场推出产品、在销售活动具体展开的过程中出现了什么样的问题、是哪一个环节的问题、应该如何解决等。因此，销售人员或销售渠道的管理固然是房地产销售管理的重要内容，同时也需要通过编制规划（如销售策略、目标和行动方案）、设立特定的组织体制和运行机制来指导和保证整个销售活动的顺利进行。

9.2.2 房地产销售管理的内容与程序

1. 房地产销售管理的内容

（1）制定房地产企业销售规划。销售规划是企业营销战略管理的最终体现，是指对房地产企业销售活动的计划与安排。一般来说，销售规划是在销售预测的基础上，设定企业的销售策略与目标，编制销售配额和销售预算，其具体内容有以下三个方面：

①制定销售目标。房地产企业应在综合分析经营环境与企业内部优劣势情况的基础上对销售前景进行预测，制定合理的销售目标。销售目标包括销售总目标和阶段性销售目标。

②选择销售策略。销售策略是房地产企业依据营销策略而制定的，具体指导销售活动开展的计划和政策。房地产销售策略的内容包括租售方案（如房地产产品是出租还是出售、租售的进度、租售价格的制定及其调整策略）、租售的渠道（如是选择直接销售方式还是间接销售方式）、租售促销策略、房屋租金或售价货款回收政策、租售的远景规划和销售部门或特定销售渠道的整体目标。销售策略一经确定，其他后续工作就应该围绕如何将其落实来展开。

③制定销售行动方案。销售行动方案即销售的具体工作程序和方法，其内容包括具体的实施计划、销售日程表以及相应的资源（资金和人员）配置计划，行动方案应尽量做到细化和量化，便于定期加以检查和评估。

（2）设计房地产企业销售组织。设计销售组织实际上是将销售人员组成一个团队，以有效地执行销售策略和行动方案，实现销售目标。设计的内容包括销售组织的目的和战略、销售组织的规模和结构、适当的决策和报酬制度等。

销售组织是企业将销售规划付诸实施的组织保证，企业在设计销售组织时应从企业营销战略和现有营销组织、企业资源及其经营环境出发，但更应以已经制定的销售规划为前提。

如果企业认为有能力由自己来承担销售任务并选择直接销售方式，那么企业就应该拥有一支属于自己的销售队伍，其规模和人员素质应能满足完成销售目标任务的需要，或具备选拔、培训和激励销售人员的合理机制，在销售队伍内部有责、权、利的适当划分。

如果企业经过权衡后考虑采用代理销售的方式，那么企业就不需要拥有自己的销售队伍，但仍应有专门负责经营（销售）业务的人员或部门，其职能与直接方式下有很大的不同，经营（销售）人员或部门的主要任务是协调与代理商之间的关系，对代理商实施监督和控制。

（3）指挥和协调房地产企业销售活动。房地产企业的销售活动是以销售人员组成团队的形式来展开。一个销售团队一般分为三个层次，即负责经营（销售）业务的高层管理人员、销售经理和普通销售人员；有时在后两者之间还会设置项目销售经理。他们在实际销售过程中的分工是高层管理人员负责对企业营销策略的实施进行统筹控制，销售经理和项目销售经理具体负责对普通销售人员的管理，普通销售人员展开对具体房地产产品的销售。

房地产企业销售活动的指挥和协调是由销售经理和项目销售经理对普通销售人员及其行为进行指导和协调，将公司的营销目标与思路准确地传达给普通销售人员，在销售团队中达成共识，从而围绕一个共同的目标更加有效地工作。

（4）评价和改进房地产企业销售活动。评价和改进销售活动是对销售管理过程进行控制的一个环节，是顺利完成销售目标的必经程序。销售经理或项目销售经理必须关注销售人员及其业务的发展状态和动向，制定各种适宜的考核标准，建立评估与考核体系，适时对销售人员及其业务进行评估和考核，并根据实际情况对销售计划与目标、销售策略做必要的调整和修改，不断提高销售人员的工作效率，控制企业产品销售和整体服务质量。

2. 房地产销售管理的程序

依据销售管理的内容，房地产销售活动应遵循如下的程序（图9-2）。

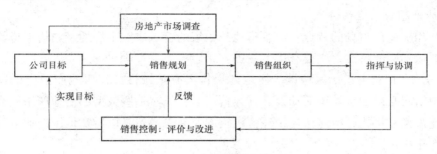

图9-2 房地产销售管理的程序

（1）根据经营环境和市场状况，确立公司目标，这实际上是销售管理活动的前提。

（2）依据市场状况和公司发展目标，制定企业销售规划。

（3）依据销售规划的要求，设计销售组织。

（4）销售活动的指挥与协调。这实际上是销售活动的过程管理阶段。

（5）销售活动的控制，即销售活动的结果管理。评价的结论将成为修正销售规划乃至公司目标的依据。

9.3 房地产销售渠道管理

9.3.1 房地产销售渠道

1. 销售渠道及房地产销售渠道

（1）销售渠道。销售渠道是位于生产者与消费者之间的中间商，按照他们在中间环节执行职能的不同，可以分为商业中间商、代理中间商和服务性中间商。商业中间商也称经销商，他们取得商品的所有权后再销售，如批发商和零售商。代理中间商则不拥有商品的所有权，只负责寻找消费者，代表生产者与消费者和其他中间商进行洽商，如经纪机构和经纪人。服务性中间商是既不取得商品的所有权，也不负责洽商买卖，只在销售渠道中发挥协助营销的功能，如运输企业、仓储企业和广告公司等。这里的销售渠道专指对房地产交易发挥直接推销作用（取得所有权再行销售或受托进行洽商）的商业中间商和代理中间商。

（2）房地产销售渠道。房地产销售渠道是指将房地产产品从房地产企业向消费者转移所经过的通道，包括在这个过程中所取得产品所有权或协助产品所有权转移的营销机构与个人。房地产企业只有将开发建设的产品销售出去，其商品的价值才能实现，也才能进行再投资或再开发；消费者通过市场获取房地产产品进行使用，才能满足其需要。

房地产销售渠道实现了房地产开发者和消费者之间的连接和沟通，弥合了房地产产品、服务与其消费者的需要在时间、地点和所有权等方面的差异，有效地保障了产品的流通和价值的循环。从房地产企业到消费者，房地产产品的所有权通过直接或间接的销售渠道发生了转移。

2. 房地产销售渠道的特点

房地产和房地产市场的特点，或者房地产销售的特点决定了房地产销售渠道具有与一般产品销售渠道不同的特点，主要有以下三点：

（1）房地产销售渠道的区域性。房地产销售具有区域性，在房地产销售渠道中发挥不同作用的中间商必须围绕销售活动设立其经营场所，虽然一些大型的房地产中间商会在不同地区设立连锁经营机构，但这些连锁经营机构的业务也必然是以所在地区的业务为主，具有浓厚的本地化特色。

（2）房地产销售渠道较短。相对于一般产品而言，房地产销售渠道较短，所经过的中间环节较少，主要受房地产企业规模、经营管理能力和开发量等因素的影响，一般采取直接销售、委托经销商或通过房地产专门经销机构三种形式，其中前两种形式最为普遍。自身营销力量较强的房地产企业可以选择较短的直接销售渠道，将房地产直接销售给消费者，而不需要经过其他中间环节。自身营销力量较弱的或开发量较大的房地产企业可以选择间接销售渠道，充分利用中间商比较完善的销售网络和熟练的推销技巧来销售其开发的房地产产品。房地产销售渠道的结构如图 9-3 所示。

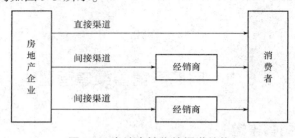

图 9-3 房地产销售的渠道结构

（3）房地产销售渠道的长短与市场的供求状况直接相关。在房地产产品供不应求的情况下，房地产企业可以直接进行销售，而且对自身配备的销售部门要求不高，销售人员可以坐等消费者上门，这时采用间接销售渠道就会耗时、耗力，降低了经营效率，增加了成本。

但在房地产产品供过于求的情况下，房地产企业自行进行销售的成本相对较高，而选择间接销售渠道就会扱大地提高效率，既扩大销售量，又缩短销售时间。

3. 房地产销售渠道的功能

房地产销售渠道是企业面向市场的最重要的外部资源。无论房地产企业在不同的销售渠道之间如何进行选择，房地产销售渠道都必须具有如下八种功能：

（1）收集信息。信息的内容包括消费者、竞争者以及其他有意义的相关者的信息。

（2）推广产品。向消费者发布和传播房地产产品和服务的说明性信息。

（3）接洽。寻找潜在的消费者并进行沟通。

（4）配合。使所提供的产品符合消费者的要求，包括规划、建设、设备及装修等。

（5）谈判。与消费者就产品价格和其他条件达成最后协议，以实现所有权的转移。

（6）融资。收集和分配资金，保证渠道工作的资金周转。

（7）配送和转移产品。其包括实体的转移和储存，所有权的转移。

（8）承担风险。承担渠道工作中的风险。

9.3.2　房地产直接销售与间接销售

在市场营销学中，销售渠道可以划分为不同类型，如长渠道和短渠道；密集分销渠道、独家分销渠道和选择分销渠道；单渠道和多渠道等。根据房地产销售业务的特点，按照生产者是否采用中间商，其销售渠道可分为直接销售渠道和间接销售渠道。

1. 房地产直接销售

房地产直接销售是房地产企业直接面对消费者进行销售，而不通过任何中间环节的销售渠道，简称直销。房地产直接销售的主要形式有以下三种：

（1）订购销售。订购销售是指由房地产企业同消费者签订购房合同，按合同的约定提供商品房、收取款项的形式，如商品房的代建、商品房的预售等都属于这种形式。

（2）自设机构或部门销售。这种类型是房地产企业采用较多的一种直销形式，即由房地产企业设立自己的销售机构或部门，专门负责销售本企业开发的商品房。随着自身实力和营销能力的增强，这些自设机构和部门也开始销售其他房地产企业开发的商品房，成为中间商或代理中间商。

（3）推销员推销。推销员推销是指由房地产企业派出推销员或通过电话访问等方式，直接向消费者推销商品房，现在这种形式采用得越来越少。

房地产直接销售的优点是了解市场，降低费用，加强推销，控制价格，提供优质服务，缺点是对房地产企业的开发和营销能力要求较高，不利于企业扩大经营规模，分散了房地产企业的人力、物力和财力，不符合社会分工发展的需要，相应地也增加了企业的经营费用；不利于房地产企业分散经营风险，一旦市场发生变化，企业必须独自承担全部风险和损失。

房地产直接销售渠道的特点非常突出，在我国房地产业发展的初期，房地产市场处于卖方市场，相关的中介服务业务缺乏发展的空间，直接销售是主要的销售渠道，绝大多数房地产企业都设有自己的销售机构或部门。在房地产市场发育比较成熟、市场运行机制比较健全的情况下，直接销售形式所占的比重不大。目前我国房地产市场竞争日益激烈，房地产供过于求的状况日益明显，间接销售渠道正在逐渐取代直接销售渠道，成为房地产企业更依赖的销售形式。但是，房地产公司不应忽视直接销售渠道的作用，尤其是具有实力的大型房地产公司仍然可以充分发挥自己的全面优势，将销售力量保留下来并有所发展。

2. 房地产间接销售

房地产间接销售是房地产企业通过房地产中间商来向消费者销售自己开发的房地产产品，而自己并不承担销售业务的销售方式。房地产间接销售的主要形式有以下两类：

（1）房地产经销商。房地产经销商是指拥有房地产商品所有权和处置权的中间商。我国房地产企业本是从原来承担房地产行政管理职能或其他行政部门分化出来的，也有从其他行业的大企业衍生出来的，逐渐形成了目前业务比较独立的房地产企业。随着房地产市场的日益完善，房地产经销商已经从原来的兼营性转变成以房地产业务为主，甚至专营房地产业务，同时从原来的批发和零售兼具的方式转变成以零售为主。房地产经销商的实力得以不断加强。

房地产经销商的出现和发展，体现了房地产经营业务分工的发展，有力地弥补了房地产开发企业经营能力不足的缺陷，有助于降低房地产开发企业的经营费用，分担了房地产开发企业的市场风险。在房地产市场竞争加剧的情况下，房地产经销商的作用越来越突出和重要。

（2）房地产代理商。房地产代理商又称房地产中介，是指接受房地产企业或房地产经销商的委托从事销售业务，但不拥有房地产商品的所有权的中间商。传统的房地产中介主要是传递信息或居间介绍，待交易达成后收取佣金。现代的房地产中介在服务的技术和内容上则有了很大的发展，具有较高的专业技术含量，其职能主要表现为通过市场调查和分析，协助房地产开发企业或业主进行准确的定位；通过市场促销活动，引导需求者为置业人士提供购楼程序上的服务，协助交易双方进行融资计划和安排；为交易双方提供信息服务，改善市场运行效率。

房地产代理商可以采取多种服务形式，既可以联合代理，也可以独家代理；既可以单方代理（买方代理或卖方代理），也可以双重代理；另外，还可以由另一家代理商担任首席代理，然后首席代理再去委托分代理。但无论采取何种形式，如果房地产企业需要将销售任务委托给代理商，就必须尽早确定代理商及其代理的方式，以便让代理商更快地介入房地产开发项目中，发挥代理商的专业特长，尽可能地降低开发经营的不确定性。

虽然我国房地产业发展的时间不长，市场交易也不太活跃，但是房地产销售的特点决定了代理商存在的客观必然性。因此，我国很注重房地产中介服务行业的发展和规范，先后在《城市房地产管理法》和《城市房地产中介服务管理规定》中做出了相关的规定，对中介服务人员实施资格管理，对中介服务机构实施资质管理，房地产代理行业得到了长足的发展，由原先主要从事换房业务扩展到现代代理业务的方方面面。由于房地产代理商不需要事先垫付资金以拥有房地产商品的权益，市场风险不大，可以预计，我国的房地产经纪机构和经纪人无论在数量上还是在服务的内容和质量上都会有更大的发展。

9.3.3　房地产销售渠道选择与管理

1. 房地产销售渠道选择的原则

房地产企业总是要选择适宜的渠道将其开发的产品销售出去。所谓适宜的销售渠道，不仅应保证企业的产品能及时地到达目标市场，还要有较高的销售效率和较低的销售费用，协助企业取得满意的经济效益。因此，房地产企业在确定销售渠道时，应遵循以下四点原则：

（1）效益性原则。不同的销售渠道有不同的产出，也需要投入相应的成本。效益性原则的要求是，房地产企业应对各种可供选择的销售渠道进行评价，从中挑选出投入较少而产出较高的渠道。

（2）可控性原则。无论选择何种销售渠道，房地产企业都应掌握主动权，充分体现主体地位。可控性原则的要求是，房地产企业应对整个销售过程起到有效的控制作用，便于协调企业与中间商之间、中间商相互之间的矛盾和冲突。

（3）协同性原则。在中间商的经营实力、管理水平、信誉与经验一定的情况下，合作意愿无疑是房地产企业确定中间商的重要因素。协同性原则要求，房地产企业应尽量选择能够真诚合作的中间商，这样容易形成合力，能更快完成销售目标。

（4）适应性原则。房地产企业通过协议的方式来选择销售渠道，当市场环境发生变化时，协议的存在会降低房地产企业的适应能力，因为房地产企业不能在协议有效期内任意取消已选择的销售渠道。适应性原则要求房地产企业应慎重确定协议的期限，除非销售渠道在前面三个原则方面都很优秀，否则协议不应是长期限的。

2. 影响房地产销售渠道选择的因素

除以上应遵循的原则之外，房地产企业在选择销售渠道时，应着重从以下五个方面进行全面的分析：

（1）房地产产品方面。房地产产品的价值、质量和技术特征不同，对销售渠道的要求也不一样。一般来说，产品的单位价值量高、技术复杂或质量优良，其销售渠道不宜长。

（2）房地产市场方面。房地产市场方面的因素包括市场的范围、消费者的购买习惯、供求状况因素等。如果目标市场的范围较小，涉及的消费者分布比较集中，或者消费者购买的频率较低，或者市场供不应求，房地产企业就可以选择短渠道销售方式。

（3）房地产企业方面。在选择销售渠道时，房地产企业还必须考虑自身的规模和实力、销售力量和销售经验、对控制销售渠道的要求等因素。房地产企业的自身规模和实力较强，选择销售渠道的灵活性就比较大；如果再具备较强的销售能力和经验，或者试图对销售渠道进行严格的控制，可以选择较短的销售渠道。

（4）中间商方面。中间商的实力、管理、声誉和经验不同，在执行分销任务时也各有优势。房地产企业固然应根据中间商的特点做出选择，而中间商的素质无疑会让房地产企业的选择具有倾向性。

（5）政策法规方面。房地产企业选择销售渠道，不仅应守法合规，而且应考虑市场环境变化的风险，尽量保持对销售渠道进行必要调整的弹性。

3. 房地产销售渠道的管理

房地产企业一旦经过综合权衡决定了采取何种销售渠道，就必须围绕选定的渠道展开工作。如果选择直销，房地产企业就应根据企业资源和项目情况做好销售前的准备、销售的实施和管理工作，充分发挥直销的优势，克制直销的劣势，同时要善于把握时机，在坚持直销为主的情况下，注意结合运用其他的销售渠道作为有益的补充。如果选择间接销售渠道，房地产企业就要协调好与中间商的关系，以各种适宜的措施来激励中间商的积极性，促进房地产商品高效地向消费者流转，即加强对中间商的管理。

（1）房地产直接销售的管理。

①销售前的准备。销售前的准备包括房地产项目合法性资料的准备、销售资料的准备、销售人员的准备和销售现场的准备四个方面：

第一，合法资料分为未竣工房地产项目和已竣工房地产项目的合法性资料两种类型。未竣工房地产项目只有符合预售条件才能进入市场进行销售，由于各地对预售的规定有所不同，商品房预售条件和预售许可证的办理程序，企业应按照国家和地方的有关法律政策来执行。对于已竣工房地产项目的销售，企业应主要按照《商品房销售管理办法》的规定来执行。

第二，项目销售资料包括法律文件、宣传资料和销售文件。法律文件主要有建设工程规划许可证、土地使用权出让合同、商品房预售许可证或销售许可证以及商品房买卖合同。宣传资料则依据企业的销售策略而定，一般应有介绍楼盘产品特性的形象楼书、全面反映楼盘整体情况的功能楼书。销售文件也包括客户置业计划、认购合同、购房须知、价目表、付款方式和需交税费一览表、办理按揭指引、办理入住指引等。

第三，销售人员的准备是售前准备中相当重要的一环。房地产企业首先需要选拔、确定销售人员的数量，然后在正式展开销售前，依据企业自身背景和目标、物业情况、销售技巧和程序以及其他相关知识等内容，对销售人员进行全面的岗前培训。

第四，销售现场的准备工作包括设计和布置售楼中心（模型）、看楼通道、样板房、形象墙和围墙、户外广告牌、灯箱、大型广告牌、导示牌、彩旗、示范环境、施工环境等，以求给来现场的消费者一个良好的印象。

②销售的实施和管理。房地产企业在做好售前准备工作之后，还需要确定销售阶段和工作流程才能开展具体的销售工作。因此，销售的实施和管理包括三个内容，即销售实施阶段的划分、销售工作流程的确定和销售管理。

第一，销售实施阶段是依据市场销售规划、工程进度以及形象配合等因素来划分的，并适时进行调整。房地产销售可以分为预热期、强销期、持续销售期、尾盘期等几个阶段，企业需要在每个阶段制定计划销售的比例，以作为评估、考核和调整的依据。

第二，销售工作流程可以确保销售工作有序、快捷、准确地进行。在通常情况下，常规销售程序应包括几个步骤，即客户接待与谈判、收取预定款性质的费用与签订认购合同、交纳首期房款并签订正式商品房买卖合同、交纳余款或办理按揭、其他售后服务。

第三，销售管理包括客户接待的管理、销售现场的管理和房号管理。客户接待的管理应确保销售人员遵循销售工作流程的要求，热情、周到、机敏地与客户进行接触，让所有来现场的消费者接受优质的服务。销售现场的管理涉及销售经理与销售人员权限的划分、销售人员相互之间的职责及协作等方面的内容，其原则是既发挥个人的作用，也发扬团队精神，共同圆满地完成销售目标。房号管理是对预先统一安排的房号进行计划，保证对外有统一的售价与房源结合的材料，并进行动态管理。

（2）房地产间接销售的管理。

①选择中间商并签订合作协议。依据销售渠道选择的原则，综合考察中间商的经营业绩、专业经验、背景以及就项目所提出的初步营销策划书面报告等因素，确定适宜的中间商进行合作，并签订协议，就中间商的权限范围、佣金水平或提成比例以及结算方式、保证金数额、销售周期任务量及违约责任、合同纠纷的处理等内容做出规定。

②采取措施协调与中间商的利益关系。房地产企业应充分认识到与中间商之间的利益差异，并采取有针对性的激励措施来调动中间商的积极性，如向中间商提供适销对路的优质产品，适当地向中间商分配利润，与中间商协作促销，帮助中间商提高售后服务能力等。除此之外，房地产企业可以考虑适当采取一些惩罚性措施，如终止合作等，以凸显激励的作用。

③及时对中间商进行评价，作为对其进行激励、管理乃至调整的依据。房地产企业可以从三个角度制定评价标准：一是经济性标准，比较不同销售渠道的成本和销售额；二是控制性标准，评估中间商的业绩，如推销本企业产品的积极性、促销情况、对客户的服务水平、信息反馈水平等；三是适应性标准，考虑企业在市场环境发生变化后的适应能力。

④根据评价的结果以及市场的状况，适时对销售渠道进行调整。市场环境不可能是一成不变的，保持销售渠道调整的适度的弹性是非常有必要的。常见的调整方式有增减销售渠道中的中间商，增减销售渠道，改变整个销售渠道。需要注意的是，房地产企业在对销售渠道进行调整时，应做深入细致的调查研究，慎重决策，没有充足的依据不应轻易对销售渠道做出重大的改变。

9.4　房地产促销管理

9.4.1　房地产促销的含义、分类和作用

1. 房地产促销的含义

房地产企业要将自己开发建设的产品成功地销售出去，除产品本身适销对路、价格制定适当、销售渠道选择合理外，还需要与现时和潜在的消费者进行沟通，以引发消费者对本企业产品的注意和兴趣，激发消费者的购买欲望及购买行为。房地产企业与消费者之间的这种沟通，就是房地产促销。

房地产促销是指房地产营销者将房地产企业、产品及其服务的有关信息，通过人员促销和非人员促销的方式传递给目标顾客，帮助其认识、了解并信赖本企业的产品和服务，达到扩大销售的目的。

2. 房地产促销的分类

房地产促销有人员促销和非人员促销两种方式；其中，人员促销即人员推销，非人员推销包括广告、公共关系和销售促进三种方式。

3. 房地产促销的作用

（1）传播信息，沟通供需。这是促销的最基本的作用。在市场经济条件下，房地产企业与消费者达成交易的基本条件是信息沟通。由于消费者群体在空间上分散，对房地产企业及其产品的相关信息了解很少，加上房地产交易活动比较复杂，房地产商品价值量较大，房地产企业之间的竞争日益激烈。如果房地产企业能够通过一定的沟通渠道，向目标市场传递有关企业背景、物业产品的位置、户型、质量、价格和服务等信息，就可以诱导消费者对产品和服务的兴趣并采取购买行动，进而获取来自消费者信息反馈，在持续的交流与沟通中实现双赢。

（2）突出特点，增强竞争能力。在竞争激烈的市场上，除产品质量外，差异性往往能够帮助房地产企业出奇制胜。有效的促销活动可以准确、快速地向消费者传导本企业在产品和服务上所具有的优势及所带来的利益等方面的信息，让消费者对本企业的产品和服务产生偏爱。

（3）刺激需求，引导消费。消费者的需求和购买行为具有可诱导性，容易受外界环境和宣传的影响，在房地产交易活动中，消费者也需要营销人员引导他们增加对房地产基本知识的认知和理解，因此，房地产企业合理安排促销活动，可以有效地激发消费者的需求欲望，扩大销售或者稳定市场。

（4）树立企业形象，扩展市场。房地产市场是一个低效率的市场，消费者大多只能通过企业的品牌形象和声誉、以前开发的产品等有限的信息来做出购买决策。如果房地产企业通过开展一系列促销活动不断提高知名度，塑造良好的企业形象，就可以赢得消费者的信任，形成不断拓展市场的良性循环。

9.4.2　房地产促销策略

房地产企业常用的四种促销策略，即广告策略、销售促进策略、公共关系策略和人员推销策略。

1. 房地产广告策略

房地产广告是由房地产企业出资，通过媒体将企业的形象以及产品和服务的相关信息进行公开宣传，达到影响消费者行为、提高企业知名度、促进产品销售的目的。由于媒体能够巧妙地利用文字、图像、声音和色彩等手段，大量地复制信息，因此，广告是房地产营销策略中最有效的促销手段之一，房地产企业可以通过广告迅速扩大企业和产品在市场中的影响。随着互联网的发展和普及，关注互联网传媒广告及相关信息的人会越来越多。

为了充分发挥广告的功效，房地产企业在广告策略的运用中应遵循如下的决策程序：

（1）制定广告目标。广告目标是指地产企业通过广告活动所要求达到的目的，或者目标市场接触广告信息后做出的反应。广告有多种类型，具有各不相同的作用、性质和诉求对象、区域、内容、目的。对企业而言，广告的最终目标是扩大销售、增加盈利，直接目标则有告知、劝导和提醒三种。制定广告目标，就是要在企业经营目标和营销目标的指导下，明确广告的直接目标、诉求内容、诉求对象和区域。

（2）确定广告预算。广告预算是房地产企业为了实现广告目标而在一定时期内投入广告的经费及其使用计划，是企业控制广告活动、规划经费使用、提高广告效率以及评价广告效果的依据，其目的是以最小的投入来获得最大的销售额。确定广告预算的方法主要有四种：销售百分比法，即以一定时期内销售额的一定比例来决定广告的开支；销售单位法，即以每一个销售单位投入的广告费用来决定广告的开支；目标任务法，即根据广告目标来确定广告的开支；竞争对抗法，即以竞争对手的广告费用来决定本企业广告的开支。

（3）进行广告设计。广告传播的信息有赖于广告的创意、表现手法来表达，它们直接决定了广告的效果。房地产企业在进行广告设计时，应遵循真实性、独特性、针对性和艺术性的一般原则，力求打动消费者。为了达到这个目的，房地产企业可以按照韦伯·扬提出的"广告创意五阶段"开展广告的设计工作。一是调查阶段，了解消费者的需求和购买欲望；二是分析阶段，总结产品特色，并作为广告的诉求点；三是酝酿阶段，为广告创意做准备；四是开发阶段，列出多个供选择的创意；五是评价决定阶段，从供选方案中选择最理想的信息，并以一定的广告手法和风格表达出来。

（4）选择广告媒体。广告媒体是房地产企业与目标消费群联系的中介，是信息传媒的载体。不同媒体具有各自的优缺点，房地产行业常用的广告媒体有报纸、电视、户外广告（如路牌、车厢广告、车站和广场广告）、销售点广告、直邮广告、传单海报广告、互联网传媒广告、杂志、广播、空中飞行物等。在广告媒体的选择上，房地产企业应考虑的因素主要有各种媒体的特点和对象，消费者接受媒体的习惯，产品和服务的特点及其优先满足的消费者的偏好层次、特征，销售的区域和媒体的费用等。

（5）选择广告发布时间。广告的形式、语言固然是影响宣传效果的关键性因素，广告的发布时间也同样重要，它直接关系到产品是否能给媒体受众留下深刻的印象。通过媒体安排广告的发布时间，首先需要确定广告发布的节奏，即在集中发布、连续发布、间歇发布或混合型发布等方式中进行选择；其次需要确定广告发布的周期，即从广告的筹备期、公开期、强推期到持续期的时间长短，确定的依据是产品的营销周期和楼盘的施工进度；最后要注意时机的确定，尽量优选收视率（或收听率）最高的"黄金时间"，优选同类物业购买的旺季，或者优选同类广告推出较少的时段。

（6）评价广告效果。及时对广告的心理效果、经济效果和社会效果进行评价，有利于改进广告活动的策略、调整企业促销的手段。做好评价工作的关键，在于采用适当的标准和方法。比较常用的方法有广告费用占销率法、广告费用增销率法、单位费用促销法等。在实际工作中，也有房地产企业尝试使用广告投放后的来电来访数量指标来进行衡量。

2. 房地产销售促进策略

房地产销售促进又称营业推广，是房地产企业运用各种短期诱因刺激和鼓励消费者购买房地产产品和服务的促销活动。销售促进策略既可针对消费者，也可针对中间商或销售人员，最终都能对消费者发挥最直接的作用，效果显著，已经成为房地产企业重要的竞争手段。

例如，展销会一般有固定的场所、时间，有大规模的宣传活动，往往会聚集众多参展的房地产开发公司和经销公司，相互对比，竞争气氛浓厚。更重要的是展销会吸引大量的消费者，他们很容易就可以观察、了解到数十个楼盘的信息，通过沟通、交流和反复的比较，可以初步筛选出自己心仪的物业产品，然后可以有针对性地进行现场踏勘。因此，展销会是一种非常有效的推广形式，房地产企业都很重视每次参展的机会，不惜代价地抢占有利的展示摊位，将展台布置得富有特色，并且综合运用电视录像、售楼书、模型等手段加强参展楼盘的宣传效果，其目的就是引起消费者的注意和兴趣。

销售促进能够在短时间内对产品销售发挥较强的刺激作用，但这种效果持续的时间比较短，而且在建立长期品牌上基本没有帮助；相反，如果销售促进使用过于频繁或者运用不当，还会让消费者对产品质量和价格产生怀疑。因此，房地产企业一定要慎重使用销售促进。

一般来讲，销售促进的实施过程包括以下五个步骤：

（1）确定销售促进的目标。房地产企业运用销售促进策略，对消费者是鼓励购买，对中间商是加强对本企业产品的销售力度，对销售人员则是努力推销或开拓新的市场。对象不同，目标应有差别，但最终目的都是为了扩大销售。

（2）选择销售促进的工具。选择销售促进工具，要充分考虑销售促进的目标、市场环境以及各种工具的特点、成本和效益等因素。适用于对消费者的工具主要有现场展示样板房、赠品、价格折扣、先租后售或若干年后还本销售、包租售房、展销会等；适用于中间商的工具主要是价格折扣、推广津贴、合作广告、推销竞赛等；适用于销售人员的工具主要是销售竞赛和奖品等。

（3）制定销售促进方案。一个完整方案的内容包括确定该方案的成本费用，明确受众范围的大小，选择销售促进的媒体，确定合理的期限，确定总预算等。初步制定的方案应在小范围内进行测试，以确保效果。

（4）实施和控制销售促进方案。销售促进方案的实施过程包括两个阶段：前置时间，即实施前的准备；销售的延续时间，即从开始实施优待方法到大部分商品已经为消费者购买为止的时间。在实施的过程中，房地产企业应做好控制工作，即考虑选择的方式是否合适、期限是否合理，同时要注意中后期宣传，不能弄虚作假等。

（5）评价销售促进的效果。可以采用多种方法对销售促进策略实施的效果进行评价，最简便的方法是比较策略实施前后的销售结果。

3. 房地产公共关系策略

房地产公共关系是指房地产企业为改善与社会公众的关系，促进社会公众对本企业的认识、理解与支持，达到树立良好社会形象、促进房地产商品销售目标的一系列促销活动，如开展新闻宣传、主办专题活动、借助公关广告、开展公益服务活动等。

公共关系策略是一种内求团结、外求发展的经营管理艺术。房地产企业有计划地与公众之间进行持久的双向沟通，协调企业上下、内外的关系，提高企业知名度和美誉度，树立企业形象，间接达到促进销售的目的。与其他促销方式不同，房地产公共关系策略不是企业所实施的直接宣传活动，也就没有采用直接付款的方式，而是借助于公共传播媒体，由有关新闻单位或社会团体进行的宣传活动，因此容易获得公众的信赖和注意，达到潜移默化的良好效果。目前，房地产企业日益重视公共关系策略的运用，如万科集团曾经在全国 12 个城市 60 个小区，同步举行了以"友情、亲情、真情"为主题的 HAPPY 家庭节，聘请知名人士和新入住小区的居民担当现场司仪，内容包括家庭趣味竞技游戏、"情暖我心"亲情故事征文、中秋晚会等。房地产公共关系策略实施的步骤可归纳为以下五点：

（1）调查公共关系。通过调研，企业可以了解自身形象现况，并分析产生问题的原因，为确立公共关系目标提供依据。

（2）确定公共关系目标。虽然从大目标来说，公共关系就是为了促使公众了解企业，改善企业与公众之间的关系，但是从具体目标来说，企业在公共关系上存在的问题是在开展某项公共关系项目时确立何种目标。公共关系的目标应具有可行性和可控性。

（3）编制公共关系计划。公共关系是一项长期的工作，必须有一个连续性的长期计划，计划中应该载明在一定时期内的工作目标、方案、具体的公关项目和策略等。

（4）执行与实施公共关系计划。企业可以根据计划的要求和不同的发展阶段，实施某一个具体的公共关系项目，包括项目主题的设计、沟通方式的选择和具体活动的开展等。

（5）评价公共关系效果。一般从三个方面进行评价，即曝光的频率、反响和促销前后销售额和利润的比较。

4. 房地产人员推销策略

房地产人员推销是房地产企业派出的推销人员直接与消费者接触，通过交谈来帮助和说服消费者促进交易，扩大销售的过程。推销人员可以采取在售楼部与客户面对面直接交谈的现场推销方式，也可以采取电话询问、上门访谈的访问推销形式。

房地产产品的特性和交易的复杂性，决定了人员推销在房地产销售中具有不可替代的作用。在访问推销或现场推销中，推销人员在企业和消费者之间起着纽带性作用。一方面，销售人员是企业的象征，向消费者传递信息，并针对具体顾客展开推销；另一方面，销售人员可以归纳消费者的反馈信息，为企业制定营销策略提供依据。在这种长期的接触和沟通中，可以使买卖双方建立感情，增进了解，让消费者产生信任感，推动消费者采取购买行动。在实践中，人员推销是效果很好且花费很大的一种促销形式。

推销人员在与消费者直接对话的过程中达到传递信息、促销产品的目的，这就要求推销人员不但素质要高，其行为举止也应规范。房地产企业不但重视对推销人员的选拔、培训和管理工作，对推销人员的工作程序也有严格的规定。一般来说，推销人员的工作程序发下：

（1）寻找客户。寻找客户是房地产销售人员工作的起点，销售人员只有不断寻找客户，然后通过资格审查，筛选出有诚意的准客户，才有接近客户并传达信息，直至达成交易的可能。在巩固老客户的同时，必须积极寻找新客户，因此寻找客户就成为销售人员的经常性工作。

（2）接近前的准备。在正式与客户接触之前，为了提高成交率和推销工作的效率，销售人员应做好充分准备，如了解客户的购买特征、可能出现的问题、推销材料等。此外，还应就约见的时间、地点等事项与客户达成一致。

（3）接近客户。接近客户是为了尽快地转入推销洽谈，因此，销售人员应引起客户的注意，激发客户对产品的兴趣，并给客户留下良好的第一印象。常见的接近技巧有产品接近法、利益接近法、问题接近法、馈赠接近法。

（4）推销洽谈。这是销售人员与客户面谈的过程，是整个推销的核心环节。推销人员应将产品的特色与客户的实际需求结合起来，在向客户传递产品信息的同时，根据客户的情绪随机应变，消除客户的顾虑，强化客户的购买欲望，直至达成交易。当然，在交流的过程中，难免会出现来自客户的各种异议，如价格异议、质量异议、服务异议等，销售人员应视其为客户的必然反应，冷静应对，弄清异议产生的原因。

（5）成交、跟进和维护。当客户就产品和服务表示认可时，销售人员应抓住机会来达成最终交易，并做好协议签订后的服务工作，如按揭贷款、房租产权证的办理等。良好的售后服务是建立与客户之间信任的必要条件，有助于稳定老客户、争取新客户。

9.4.3 房地产促销组合策略

1. 房地产促销策略的基本形式

由房地产促销策略的内容可知，促销的方式有广告、销售促进、公共关系和人员推销四种，每一种促销方式又包含许多具体的促销手段，从而在实践中各有不同的侧重。虽然各种促销方式及其手段都可以通过信息沟通来刺激消费者的需求，扩大房地产商品的销售，但正因为各有侧重，它们的作用也就各不相同，各有优劣（表9-1）。房地产企业应该在实际工作中对四种促销策略灵活掌握，配合使用，扬长避短，发挥协同效应。

表9-1 四种促销策略的优劣比较

促销策略	优势	劣势
广告	传播的范围广、及时、形象生动，节省人力	属于间接传播，单向信息沟通，难以形成即时购买，成本费用高
销售促进	直接而有效，刺激性强，手段灵活多样	短期效果明显，但不能长期使用，易产生消极影响
公共关系	影响范围大，可信度高，可有效提升知名度，树立企业形象	组织实施的难度大，经济效果不直接，不能迅速产生效果
人员推销	双向信息沟通，针对性较强，灵活性高，注重人际关系，成交率高	成本费用高，对销售人员的要求较高，接触面窄

实际上，为了有效地与消费者沟通，房地产企业不但要雇用广告公司设计广告，也要雇用促销专家设计销售奖励计划，聘请公共关系顾问来塑造公司形象，还要对销售人员进行严格训练，使其既懂礼仪又懂专业。房地产企业通常会根据企业和产品的特点，结合销售目标

和影响促销的各种因素，对广告、销售促进、公共关系和人员推销四种促销进行选择、编配和运用，此即房地产促销组合，其目的是获得更好的促销效果。

房地产企业通过将具有不同特点的促销方式进行整合，就形成房地产促销组合策略。归纳起来，房地产促销组合的基本策略有三种形式，即推式策略、拉式策略和混合策略。

（1）推式策略。该策略是指房地产企业采取以人员推销和推销促进为主、结合其他方式的促销策略，这是一种主动的直接方式，将产品推向市场，如推向中间商或消费者，其目的是说服中间商和消费者购买本企业的房地产产品。

（2）拉式策略。该策略是指房地产企业采取广告和销售促进为主、结合其他方式的促销策略，这是一种直接的方式，将顾客吸引到销售现场，使顾客在强大的信息攻势下产生强烈的购买欲望，形成急切的市场需求，其目的是刺激需求来消除中间商的顾虑。

（3）混合策略。该策略是上述两种策略的综合运用，既向消费者大力推销，又通过广告刺激房地产市场需求。

2. 制定房地产促销组合策略应考虑的因素

（1）促销目标。促销目标是与营销阶段和营销环境相适应的。房地产企业应根据所处营销阶段和营销环境来制定相应的促销目标，进而依据促销目标和促销方式的特点来选择适合的促销组合。

（2）促销组合的预算。房地产企业开展促销活动是要支付费用的，尤其是人员推销和广告。用于促销的资金必须是企业有能力承担的，并且能够适应竞争的需求。为了高效地使用促销资金，企业应做好预算，然后根据预算选择组合中的促销方式。

（3）产品的特性和生命周期。房地产产品及其交易的复杂性对促销活动提出了更高的要求，而这些要求在产品生命周期的不同阶段会有所不同。在产品的介绍期，多采用广告和公共关系策略，以使消费者了解和认识产品，对本企业产生信任感。在成长期，仍然采用广告、人员推销和公共关系组合策略，重在宣传本企业的产品特色。在成熟期，采用销售促进和广告并重的方式，意在增进消费者对本企业产品的购买兴趣和偏爱。在衰退期，多采用销售促进和人员推销方式，以尽快售完尾盘。

（4）消费者的购买阶段。在消费者不同的购买阶段，促销策略所起的作用不同，如在消费者的知晓阶段，广告和公共关系的促销作用最大；在了解阶段，除广告和公共关系之外，人员推销的作用开始展现；在信任阶段，组合中各方式的作用大小次序则是人员推销、广告、公共关系和销售促进；在购买阶段，人员推销的作用最大，销售促进次之。

（5）市场条件。市场条件主要是指产品所在区域的市场状况，如消费者的分布、竞争楼盘的促销情况等。在房地产销售中，目标市场的范围决定了广告和公共关系的促销范围，人员推销则始终是有效的房地产促销策略之一。房地产企业还应根据竞争楼盘的情况来调整自己的促销组合策略。

关键术语 \\\\\

房地产销售；房地产销售管理；房地产销售渠道；房地产促销

复习思考题

1. 房地产销售的特征有哪些？
2. 房地产销售管理的内容是什么？
3. 试比较房地产直接销售和间接销售的优缺点。
4. 房地产企业选择销售渠道的影响因素有哪些？
5. 房地产企业如何处理与中间商的关系？
6. 房地产促销的实质和作用是什么？
7. 如何制定房地产促销组合策略？
8. 试说明影响房地产价格的因素。
9. 房地产企业如果选择直接销售方式，应该如何开展工作？
10. 试比较房地产促销的四个具体策略的优缺点。

第 10 章

房地产开发与经营项目后评价

★ 本章概述

本章主要对房地产开发与经营项目后评价相关概念、特点、作用、方法以及评价指标的设置原则进行介绍，列举了经济效益、社会效益、环境影响评价的各项指标，并对综合效益评价的方法进行了简单的讲述。

10.1 房地产开发与经营项目后评价概述

10.1.1 房地产开发与经营项目后评价的概念

项目后评价是指对已完成项目的目的、过程、效益、作用和影响所进行的系统的、客观的分析，通过对项目活动实践的检查总结，确定项目预期的目标是否达到，项目或规划是否合理，项目的主要效益指标是否实现。通过项目后评价分析可以找出项目失败的原因，总结经验教训并通过及时有效的信息反馈，为未来新项目的决策和提高完善投资决策管理水平提出建议，同时也为被评项目实施运营中出现的问题提出改进意见，从而达到提高投资效益的目的。

房地产开发与经营项目后评价是以房地产开发与经营项目为对象，对其经济效益、社会效益、环境效益以及顾客满意度进行的全面考核。

房地产开发与经营项目一般经历三个阶段：产品形成阶段、流通阶段、使用阶段。这一连续的过程实际上是一个不断地投入与产出的过程。在房地产开发与经营项目经历形成、流通、使用三个阶段之后，站在不同的角度，对房地产开发经营项目的目的、决策、实施过程、效益、作用与影响等过程进行系统地、客观地、全面地分析和总结，这就是房地产开发与经营项目后评价。

房地产开发与经营项目后评价对房地产业、建设主管部门乃至全社会来说，都是一件十分有意义的工作。伴随我国建设经济体系的逐步完善，投资者和开发商对房地产项目在工期、质量、花费等方面的要求也日渐提高，房地产开发与经营项目后评价越来越受到建设方和投资方的重视，其理论研究与应用研究也显得越发重要。房地产开发与经营项目后评价的关键是确定恰当的评价指标，建立评价体系，定量定性相结合，判断实际情况和计划的差距，找出问题，有效反馈信息。如今，在我国房地产开发项目中，后评价仍然存在诸多问题。例如，开发商对后评价的重视程度不够，许多源于开发与经营实践工作的数据资料没有得到及时的整理和收集利用，造成后评价的资料收集整理有难度，评价体系不够完善。许多房地产企业在进行新项目决策时，就出现了数据不够、材料不足、经验无法把握等问题。还有部分房地产企业只进行评价而缺少评价结果的学习和使用等，所以应以后评价为理论基础，充分认识后评价的作用和重要性，建立和完善后评价指标体系，建立后评价结果的学习和使用机制等方面，找出对应的解决方案。

10.1.2　房地产开发与经营项目后评价的特点

（1）科学可信。后评价小组的资质和实力决定了后评价成果的质量，高质量的后评价可以得到大众的认可。评价小组的独立性及其经验，以及所评项目资料信息的可靠性和评价组织方法为项目后评价提供了科学性保证，同时将项目的成功经验和失败教训反映出来是可信性的一个重要标志。

（2）公正独立。房地产开发与经营项目后评价的公正性与后评价小组职业道德密切相关，后评价的公正性可以有效避免后评价小组在发现问题、分析问题和得出结论时有意回避，对失败原因轻描淡写，做出不客观的评价。

（3）公开透明。公开透明可以由社会大众监督，提高管理者和决策者的责任心，因为后评价是对决策者的决策失误原因进行分析，这些失误数据往往具有公众性，对投资者有一定的指引作用。透明度越高，越能使管理者自觉地借鉴过去的经验教训。

（4）简明实用。后评价报告文字要简练明确，避免使用过多专业术语。而且，报告要有实用性保证其实效和重点的突出。

（5）反馈控制。后评价之所以能够提高后续项目的决策水平，是因为信息反馈。对已经投入运营的项目进行评价，将项目决策正反两方面的经验教训及时反馈到项目投资决策方，作为后续相关决策的依据。

10.1.3　房地产开发与经营项目后评价的作用

房地产开发与经营项目后评价不仅可以对项目的执行情况进行总结，还可以提升房地产开发企业的决策水平和管理水平。

1. 有利于国家更好地进行决策

通过房地产开发与经营项目后评价，国家可以发现在宏观经济管理中存在的问题，及时做出调整。国家可从宏观角度，发现项目立项是否符合宏观发展战略、产业政策、行业布局等，如发现问题，及时进行调整并做出相应的政策反应。此外，国家还可根据后评价提供的数据修正某些不正确或过期的国民经济参数。

2. 有利于提高项目决策水平

因为房地产项目开发周期长，存在许多不可预见因素，具有很大风险，而房地产开发与经营项目后评价是在建设项目投入使用后的管理经营活动中进行的，许多评价参数源于实际，评价结果更加真实，所以项目实施的效果如何、是否达到预期目标、规划设计是否合理、项目的主要效益指标是否得到实现等问题都可以通过项目后评价得到检验。

3. 有利于提高项目管理水平

房地产项目从最初获得土地使用权到最后交付使用，经过许多环节，涉及施工单位、监理单位、房地产咨询、设计单位、政府等专业机构。房地产项目后评价，可以加强部门间的沟通，减少不必要的工作程序，提高工作效率，完善项目管理水平，使项目的建设和经营更加顺利。

4. 有利于提高项目的经营水平

在房地产经营过程中，大多数人只是产业链上的一点，不可能全面地了解并参与房地产开发与经营项目的全过程。通过房地产开发与经营的后评价，不仅可以检验比较房地产前期和后期经营管理水平，对比投产初期和生产时期的实际情况，查看实际状况与预测状况的偏离程度，探索偏差原因，切实提高项目的效益，而且可以使得每一位参与者清楚地看到房地产开发与经营的全过程，形象地感知经营管理的成败关键，总结经验教训，增强责任感，努力做好经营管理工作，提高项目预测的准确性、合理性。

5. 有利于指导其他在建或新建项目的顺利进行

房地产开发与经营是一个复杂的过程，其内容包括土地使用权的获得、前期咨询、规划设计、建设施工、营销管理等，在这个过程中有许多建设和经营管理的经验值得借鉴。通过房地产开发与经营项目后评价，可以分析项目实施的实际效果，找出问题，提出解决方案，减少失误，总结经验教训，还可以针对问题的出现，明确参与者的责任，督促其认真做好前期工作，寻求更好的决策和发展；通过房地产开发与经营项目后评价，总结经验教训，反馈信息并提出建议，指导其他在建或新建项目的顺利进行。

10.1.4　房地产开发与经营项目后评价的分析方法

房地产开发与经营项目后评价的分析方法总体上要坚持定量分析与定性分析相结合的原则。

1. 对比分析法

对比分析法是项目后评价的基本方法，分为前后对比法和有无对比法两种。前者是将项目可行性研究和评估时的一些预测性成果与项目竣工投产运行后的一些实际成果进行对比，找出差距，分析原因。后者是将项目建成后的情况与不建该项目情况下可能发生的情况加以对比，以此来衡量本项目存在的意义、影响，对比的重点主要是分清项目本身的作用和项目以外的作用。

这两种对比方法的缺点是适用范围很有限。前后对比法的缺陷主要体现在不能排除项目以外的各种因素，如项目各主体素质的差异，项目所在地第三方接受普查的群众的素质等，所以只简单使用前后对比法时很难得到项目效果的客观真实结论。有无对比法中，没有该项目的情况是一种假设情况，其相关数据都是预测出来的，可信度较低，因此对比法只能通过对比来发现各个显著指标的差距，但是无法对这种差距形成的具体原因进行分析，评价者还必须深入分析差距产生的原因。

2. 单指标评价法

单指标评价法是指把某个效益指标与该指标相应的对比标准进行比较，来达到评价的目的，制定指标的对比标准有两种方法：一种是定额方法，可参考国家对项目效益特征的定额要求，进行对比分析后制定房地产企业应达到的效益标准。另一种是同类比较法，以外单位同类开发与经营项目的相应指标或本企业以前开发与经营项目的相应指标为标准，进行一定的系数调整后制定企业应达到的效益标准。

3. 综合评价法

综合评价法是指把项目整个评价指标体系中的所有指标加以综合，采用一系列方法，形成一定的参数或指标，进行项目效益横向和纵向对比的方法。

反映房地产开发与经营项目效益的指标是多方面的，有反映盈利状况的利润及利润率指标；有反映成本状况及资源占用状况的指标；有反映工作量及工程数量的指标等。即使同为利润率指标，还分为企业日人均利润率、销售利润率、资金利润率等。这些指标都从各个不同角度反映了房地产开发与经验的经济效果。在某一个房地产开发与经营项目完成后，对其投入与产出的比较，往往难以从个别指标中做出结论，一般都要同时兼顾生产、流通、服务等各个领域，同时考虑数量、质量、价值量，还要研究项目的经济效益、社会效益以及对环境的影响程度等，将这些因素用指标的形式加以综合，正确处理各个指标之间的关系，建立一套科学的分析方法，方能对项目进行全面的考核。

4. 逻辑框架法

美国国际开发署提出了一种评价方法，它的基本思想体系是将项目的目标及其因果关系分为四个层次，将这四个层次形成三个垂直和水平逻辑关系，从而形成一个目标体系。

由于逻辑框架法的应用对信息的采集要求较高，一方面需要较为详尽的数据库，另一方面我国的后评价工作开展的范围还相对较小，进展比较缓慢，发展前景不是很乐观，所以到目前为止，逻辑框架法暂时不是我国进行项目后评价工作所采用的主要通用方法。

5. 成功度评价法

成功度评价法属于定性分析和定量分析相结合的评价方法，也称为打分法。它的操作步骤是：第一步成立专家组，选择在本专业领域有着较深研究，并且对项目较为熟悉的人士进入专家组。第二步建立指标体系，对确定的指标进行客观的赋权工作。第三步发放调查问卷，各位专家根据自己的认识和理解对项目的评价指标给出自己的看法，并打出相应的分数。

成功度评价法最大的缺陷是主观因素过多。各位专家，由于个人经历和对事物的理解各有侧重，对所评价指标的打分受主观因素的影响较大，得出的结论往往会带有片面性。

10.1.5　房地产开发与经营项目后评价指标体系的设置原则

房地产项目后评价指标体系是指对房地产项目从立项决策、设计施工、生产运营和投资效益进行评价所设立的一组相互联系的评价指标，并形成一个有机整体。评价指标体系很大程度上决定了房地产项目后评价的总体效果。所以，应遵循一定的原则科学合理地设置后评价指标体系。

首先，应遵循科学性原则。设置房地产项目后评价指标要合理，围绕后评价的目的，结合房地产项目本身的特点来设置后评价指标，使之能够很好地反映房地产项目后评价从准备到交付、运营等的客观情况。后评价指标的形式和内容必须能够准确地反映出房地产项目各方面的真实情况。此外，指标体系应尽量保持完整性，能够从不同侧面反映项目的决策、设计、实施、管理和运营等方面的水平，能够涵盖动态指标和静态指标、综合指标和单项指标、微观指标和宏观指标三方面。

其次，应遵循可比性原则。房地产项目后评价指标体系应该与房地产项目前期评价指标体系基本对应一致，这样可以对房地产项目实际运行的数据与项目前期数据进行比较，保证通过对房地产项目进行后评价来真实客观地反映出项目的效益，做出客观公正的结论。

最后，应遵循实用性原则。房地产项目后评价要以实用为首要目的，切实反映建设项目的决策质量、管理水平、效益和影响。具有可行性，能够定量计算定性描述，设置的后评价指标体系应尽量做到既有适用于各类房地产项目后评价的通用性指标，又有结合个别房地产项目特点的专用性指标。

10.2　房地产开发与经营项目效益评价

10.2.1　房地产开发与经营项目经济效益评价指标

经济效益评价是指从房地产企业或单位出发，对该项目经济状况进行评定，评价其在经济方面是否合理，合理程度如何。

项目的经济效益评价是项目后评价的重要组成部分，包括财务评价和国民经济评价。经济效益评价是对后评价时点以前各年度中项目设计发生的效益与费用，并对后评价时点以后的效益与费用进行重新预测。在此基础上，计算评价指标，对项目的实施效果加以评价，并从中找出项目中存在的问题及产生问题的根源。

房地产开发与经营项目经济效益评价指标的选择要求能够全面、客观地反映企业经济效益情况。对于房地产项目，由于房地产开发企业和房地产经营企业经济活动的内容与形式均不同，所以应该取不同的指标体系。

1. 房地产开发企业经济效益评价指标

（1）工程成本指标。

①总造价——某项目的投资总额。

②单位造价——项目总造价与建筑面积的比值。

③户均造价——工程总造价与居住总户数的比值，这个指标适用于住宅开发情况。

④可售单位面积造价——工程总造价与可售建筑面积的比值，这个比值越大，房地产开发企业获得的利润就越高。

（2）租售能力指标。

①项目开发总利润——项目总收入扣除项目总支出后的数值，总利润直接反映项目为企业所取得的总盈利水平。

②全部投资利润率——房地产开发项目的利润总额与项目全部投资的比值。

③自有资金利润率——房地产开发项目的利润总额与项目房地产开发企业自有资金投资的比值。由于房地产开发涉及金额大，房地产开发企业大多通过银行贷款的方式来获得资本，较高的自有资金利润率才是企业追求的真正目标。

（3）工程进度指标。

①建设工期——房地产开发项目从计划筹建到竣工验收并全部交付使用的全过程所花费的时间。建设工期反映了项目的建设速度，它的缩短既能减少资金的占用，又能提前获得使用效益；反之则会使企业蒙受经济上的损失。

②反映建设工期计划完成程度的相关指标——如项目建设总工期计划完成程度指标，即项目实际总工期与计划总工期的比值，以此来反映实际工期与计划工期的比较情况，这个比值越小，项目的完成度越好，对企业越有利。

（4）工程质量指标。

①开发工程质量优良率——质量评定为优良的建筑面积与竣工建筑面积的比值，这个比率越大，表示建筑物的质量越好，质量好不仅能延长建筑物的使用寿命，也能减少使用过程中的维修费用，给使用者带来良好的感受，提升项目的社会效益。

②房屋返修率——返修的建筑面积与竣工建筑面积的比值，这个比率越小，表示建筑的返修程度低，建筑质量越好。

2. 房地产经营企业经济效益评价指标

（1）营业利润。营业利润是指企业有目的地从事房地产经营所获取到的利润，是企业利润的主要部分。房地产经营企业的营业利润计算式如下：

$$营业利润 = 经营利润 + 其他业务利润$$

$$经营利润 = 经营收入 - 经营成本 - 销售费用 - 税金及附加费 - 管理费用 - 财务费用$$

$$其他业务利润 = 其他业务收入 - 其他业务支出$$

（2）投资净收益。投资净收益是指企业对外投资收入减去投资损失后的余额，包括对外的长期投资与短期投资。

（3）经营成本降低额及经营成本降低率。经营成本降低额是指实际发生的房地产经营成本与前期经营总成本的差额，而经营成本降低率指的是经营成本降低额与前期经营总成本的比值。经营成本减少指标的衡量有利于房地产经营企业分析经营管理过程中的成本控制，以采取相应的措施减少资金的占用，提高资金的利用率。

（4）房屋销售利润。房屋销售利润是指房地产经营企业销售房屋和提供相关服务的主要经营收入扣除其成本、费用、税金后的利润，这一指标适用于以房地产经营为主要经营内容的房地产企业。

10.2.2　房地产开发与经营项目社会效益评价指标

从社会发展观点来看，项目的社会影响评价是分析项目对国家或地方发展目标的贡献和影响，包括项目本身和周围地区社会的影响，主要内容有就业效果、居民的生活条件和生活质量等。

社会效益评价是指在房地产开发与经营项目完成后，对该项目宏观经济效果的分析与评价。本书以住宅开发项目为主要对象，来讨论社会效益指标体系的设置。

1. 国民经济指标

国民经济指标是指反映开发项目给国民经济带来直接和间接效果的指标，可供参考的指标有以下四个：

（1）项目开发总值。项目开发总值是指房地产开发企业在项目上完成的以价值表现的开发总量，它综合反映了项目的全部生产规模、水平和为社会提供商品建筑使用价值的成果。

项目开发总值 = 各单位工程竣工总产值 + 辅助生产产值 + 开发运输产值 + 其他开发产值

（2）项目开发净产值。项目开发净产值与项目开发总产值不同，它仅反映开发建设过程中所创造的价值部分，而非开发项目的全部价值，它是衡量开发项目对国民经济影响程度的重要指标。

项目开发净产值 = 利润 + 税金 + 工资总额 + 职工福利基金 + 利息支出 + 其他

（3）项目利税总额。项目利税总额是指整个开发项目上交给国家财政或政府主管机关的税金（费）、留给企业的利润总额，它标志着项目对国家财政的贡献大小。

（4）项目投资利税率。项目投资利税率是指开发项目实现的利税总额与总投资的比率，它从国民经济角度反映了国家国民经济的投资效率。

2. 劳动就业指标

房地产开发与经营项目参与人员多是其他项目所不能比的，该项目的建成与使用将为社会提供大量的劳动岗位（如施工人员、销售人员、物业服务人员等），为缓解社会就业压力做出了一定的贡献。

劳动就业水平可用劳动就业率、项目劳动就业率等相关指标来衡量。

劳动就业率是指全部就业人口占总人口的比例，在经济比较发达、人口再生产进入稳定型的国家，总人口的就业率一般为 40% ~ 50%。

房地产开发与经营项目劳动就业率是指本项目的就业人口与区域总人口的比率，这个比率直接反映房地产开发与经营项目在劳动就业这一方面的社会效益。

3. 提供居住水平指标

与发达国家相比，我国的住宅水平较低，人均居住面积不足，尤其在人口密度较高的大城市，居民的居住需求与住宅总供应的矛盾显得更为突出。房地产住宅开发为社会、为居民提供了住房，满足了人们日益增长的住房需求，因此居住水平指标从另一角度反映了房地产开发与经营项目给社会带来的效益。

可供参考的居住水平指标如下：

（1）项目实质安置的居住总人数——整个住宅开发项目交付使用后的实际安置的居住总人数。

（2）项目实质安置的居住总户数——整个住宅开发项目交付使用后实际安置的居民总户数。

（3）项目实质安置的居民净增总人数——项目实质居住总人数与拆除的旧居住区内居住人数的差值，它反映项目为整个社会提供的净增居住人数。

（4）项目实际安置的居民净增总户数——项目实际居住总户数与拆除的旧居住区内居住总户数的差值。

（5）住宅开发总建筑面积以及与原有指标的对比值——项目的总建筑面积与拆除的旧居住区建筑面积的对比。

4. 交通便利指标

居住者总是在居住区、工作地点、购物区域之间移动，移动效率的高低反映了居住区的交通便捷程度。交通便捷程度高的居住区减少了社会资源的耗费，如交通费用支出的减少，汽车尾气排放量的减少。从这点来看，房地产住宅开发区的交通便捷程度反映了项目给社会带来的一定程度的效益或费用。交通便捷程度的指标主要包括以下两类：

（1）住宅区内部交通方便程度指标体系。其包括住宅内楼梯、电梯、楼道、坡道等交通联系部分的方便程度。

（2）住宅区外部交通方便程度指标体系。其包括上下班、购物、上学、托幼、外出乘车的方便程度。

5. 安全耐久指标

住宅开发不仅要保证居民正常情况下的生命安全，还要考虑在发生特殊情况时的安全，如防火、防震、防空、交通安全等，针对这些因素选择合适的指标进行评价。

以防火方面的指标选择为例，住宅开发要认真执行国家有关部门制定的防火规范，除了在室内设置必要的灭火设施外，在室外还需要设置消火栓，每个消火栓的服务半径为 150 m，因此可以按灭火设施的个数、设置方式来设置相应的分类指标进行评价；另外，还可以选择住宅间距为防火的评价指标，在住宅区规划中关于防火间距的规定如表 10-1 所示。

表 10-1　民用建筑防火间距的规定　　　　　　　　　　　　　　米

耐火等级	一、二级	三级	四级
一、二级	6	7	9
三级	7	8	10
四级	9	10	12

6. 居住区卫生指标

住宅区的卫生情况，直接与居民的健康及居住舒适度相联系，包括以下三个指标：

（1）饮用水的标准。生活饮用水是人类生存不可缺少的要素，与人们的日常生活密切相关。生活在城市里的居民，其生活饮用水是由自来水公司集中供给的。一般而言，水质的好坏决定于集中供水的水质质量，个人是无法选择的。为了确保向居民供给安全和卫生的饮用水，我国实施了《生活饮用水卫生标准》（GB 5749—2006），它是关于生活饮用水安全和卫生的技术法规，在保障我国集中式供水水质方面起着重要作用。

控制饮用水卫生与安全的指标包括以下四类：

①微生物学指标。饮用水中的病原体包括细菌、病菌以及寄生型原生动物和蠕虫，其污染来源主要是人畜粪便。《生活饮用水卫生标准》（GB 5749—2006）中规定的指示菌是总大肠菌群，另外，还规定了游离余氯的指标。

②水的感官性状和一般化学指标。我国的饮用水标准规定，饮用水的色度不应超过 15 度，也就是说，一般饮用者不应察觉水有颜色，而且也应无异常的气味和味道，水呈透明状，不浑浊，也无用肉眼可以看到的异物。其他和饮用水感官性状有关的化学指标包括总硬度、铁、锰、铜、锌、挥发酚类、阴离子合成洗涤剂、硫酸盐、氯化物和溶解性总固体。这些指标都能影响水的外观、色、臭和味，因此规定了最高允许限值。

③毒理学指标。为保障饮用水的安全，确定化学物质在饮用水中的最大允许限值，也就是最大允许浓度是十分必要的，《生活饮用水卫生标准》（GB 5749—2006），共选择 15 项化学物质指标，包括氟化物、砷、硒、汞、镉、铬、铅、银、硝酸盐等。这些物质的限值都是依据毒理学研究和人群流行病学调查所获得的资料而制定的。

④放射性指标。在《生活饮用水卫生标准》（GB 5749—2006）中规定了总 α 放射性和总 β 放射性的参考值，当这些指标超过参考值时，需进行全面分析以确定饮用水的安全性。

（2）垃圾收集与处理。发达国家城市一般都较注重垃圾的分类收集。如日本，不管是在大商场内，还是在街头，都能看到两个垃圾桶并排而立，一个写着不可燃垃圾，一个写着可燃垃圾。垃圾分类收集处理方便，是保持垃圾焚烧厂正常运转的一个重要原因。实践证明，环卫工作处理居民已分类过的垃圾效率更高。

垃圾处理是一个系统工程，每个环节都不可忽视。各国有不同的国情，决定了各国采用不同的垃圾处理方式，我国城市总体存在着重收集、轻处理的倾向。目前，城市垃圾处理最主要的方式是填埋，约占全部处理量的 70%；其次是高温堆肥，占 20% 以上；焚烧量甚微。垃圾收集是否分类、是否定点、是否按时以及垃圾处理方式的采用是衡量住宅环境卫生水平的重要指标。

（3）公共环境卫生的保持。一般来说，每个城市都会制定相应的城市公共环境卫生条例，包括城市市容、城市环境卫生设施、城市环境卫生管理、法律责任等，住宅区的公共环境卫生评价也可以从这几个基本点出发选择相应的指标进行衡量，如道路清洁程度、绿化是否定期维护、休闲娱乐设施是否定期保养，停车管理是否到位等。

安全耐久指标和居住区卫生指标的设置可根据实际情况进行考虑，如农地的开发建设，占用农地，减少了耕地面积；郊区楼盘的开发建设，对植被、土壤的破坏；生产有毒化工产品的工厂建设给周边居民带来健康的危害等，这些项目的开发建设，可能对自然资源造成浪费，对生态环境造成影响。

房地产开发与经营项目的社会效益评价内容极为广泛，定性指标多，定量指标少，应该结合不同项目特点及产生的外部效果的不同来选择指标，充分考虑定性指标的合理化问题，从而建立合适的指标体系，从宏观上对项目的效益进行评价。

10.2.3 房地产开发与经营项目环境影响评价指标

项目的环境影响评价是指对照项目前期评价时批准的《环境影响报告书》，重新审查项目环境影响的实际结果，审查项目环境的决策、规定、规范、参数的可靠性和实际效果。环境影响评价包括项目的污染控制、对地区环境质量的影响、自然资源的保护与利用、对区域生态平衡的影响和环境管理能力等。

房地产项目的广泛社会联系性决定了项目对周围地区的环境影响是巨大的，项目的环境影响评价是站在可持续发展的角度上分析项目与整个社会环境发展之间的关系。环境影响评价是房地产开发与经营项目综合效益评价的重要组成部分，也是工作难度最大的一部分。环境问题随着经济、社会的发展在不断发展，人们对环境认识的方法也在不断地深化、完善，如何建立房地产开发与经营项目的环境影响评价指标体系，国内尚无统一标准，可参考以下环境影响指标体系，有选择性地选取或根据项目内容的不同，在此基础上进行调整。

1. 污染控制指标

（1）大气污染。指空气中有害气体和有害物质的浓度和气味等，这些有害物质和气体主要来自工厂和冬天取暖用煤等，应根据我国大气污染环境标准进行指标的设置。

（2）声环境和视环境。指噪声强度、居民视线的干扰程度以及外装修所带来的光污染程度等。

（3）废水废渣。房地产开发经营项目施工及使用所产生的废水废渣的处理应符合城市环保部门的相关规定，用合适的指标对此进行衡量。

2. 环境条件指标

环境条件指标的设置与项目内容直接相关，可将这部分指标分为内部环境条件指标和外部环境条件指标。

（1）内部环境条件指标。内部环境条件指标用以衡量住宅内部环境的舒适度，包括住宅面积、绿化面积、容积率、隔声、隔热、日照、通风、用水、环境艺术设计等。

（2）外部环境条件指标。外部环境条件指标用以衡量项目外部环境条件的优劣性，包括建筑密度、市政设施的完善程度、公共建筑的设置、绿地、公共活动面积及外部环境艺术设计等。

3. 自然资源的保护与利用指标

自然资源和生态环境是任何国家经济社会发展的基石。人类基本生活需要的供养以及现代化建设所需的一切原材料，无不源自大自然。自然资源并非取之不尽、用之不竭，自然环境对人类废弃物的吸纳、净化也是有限的，以浪费资源和牺牲环境为代价，发展就不可能长久。

4. 项目对生态环境的影响指标

环境影响评价应对以上各类指标的投入与产出进行清单分析，这些投入产品包括资源的利用及对空气、水体、土壤的污染排放等，然后在此基础上，运用清单分析的结果，并采用一定的换算模型将清单分析的数据转换成可比较评价的指标，从而对项目各个阶段所涉及的所有直接的、潜在的环境影响做出进一步的分析和评价。环境影响评价的深度和方法取决于研究的内容、目标和范围。

总的来说，项目的经济效益、社会效益和环境影响三者之间是统一的矛盾体，它们既相互促进又相互制约。

10.2.4　房地产开发与经营项目综合效益评价

综合效益评价是指房地产开发与经营项目经济效益、社会效益和环境影响效益评价的综合。

1. 构建综合效益评价指标体系

选定用来构造评价函数的指标体系，要求能够全面、客观地反映房地产开发与经营项目的经济、社会和环境效益情况。下面以住宅开发为例，构建综合效益评价指标体系如图 10-1 所示。

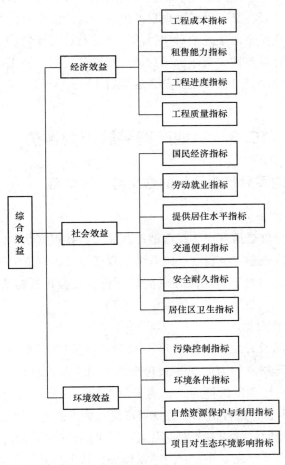

图 10-1　住宅开发综合效益评价指标体系

以上的三级指标体系，在实际评价过程中还要细分第四级甚至是第五级指标，然后按一定的方法收集指标数据，对定性的指标采取一定的量化方法，数据收集应特别注意指标值的真实性。

2. 确定反映各指标影响程度的权重系数 W_i

权重系数用来反映各因数在综合效益评价分析中的地位，W_i 满足归一化的条件，即

$$W_1 + W_2 + W_3 + \cdots + W_n = 1$$

权重系数对评价结果影响很大，W_i 的取值比较困难，没有统一的标准，一般按实际经验和部门要解决的实际问题确定。按实际经验，对影响综合效益较大的指标，如经济效益中的成本降低额、自有资金利润率等，取较高的权重系数；本部门按期要解决的重点问题，如工程质量问题、建设工期问题等，也可相应加大有关指标的权重系数。

三大效益是矛盾的统一体。以住宅开发为例，如果增加公共辅助设施，如购物街、健身中心等，由于增加了居民的方便程度，使得社会效益增加，但是开发成本增加，经济效益减少；如果减少绿化面积，增加容积率，经济效益虽然增加了，但环境影响程度变差。从另一角度来考虑，如果提高住宅小区内绿化面积、美化居住环境，方便居民生活，楼盘品质得以提升，可吸引更多的消费者，又可以增加项目的经济效益。需要对经济效益、社会效益、环境影响进行全面考虑，从而全面系统地对项目的综合效益进行评判。

综合效益评价方法有很多种，有评价函数法、层次分析法、修正理想点法等，这些方法的运用需要数学工具的辅助，过程比较复杂，这里暂不一一介绍。

10.3 房地产购买后行为评价

10.3.1 房地产购买后行为评价的含义与主要内容

1. 购买后行为评价的含义

房地产购买后行为评价是指客户购买房地产产品后，在观察期和使用期对于产品使用价值、心理期望满足程度、企业守信程度、服务满足程度以及投资价值的全面感受、体验与判断，以及据此而必然产生的对于产品及开发商的评价、社会传播行为和处理不满的方式的选择。

2. 购买后行为评价的主要内容

（1）购房者对于产品及开发商的满意度。购房者在签订合同、付款之后，就进入反复地、深入地、长期地对开发商行为的观察和对产品价值实际体验阶段。基于他们自己的观察、体验，对产品价值进行判断的同时，也对开发商进行评价，进而形成"好"或"恶"、"偏爱"或"反感"的情感，这种情感的态度可以简化为满意与不满意两种情况。对产品及开发商的满意度将决定他们后续的对开发商及其产品可能产生的行为。购房者对于产品及开发商满意度的社会性集合，形成了开发商的市场信誉，这也是开发商企业品牌的核心价值部分（图10-2）。

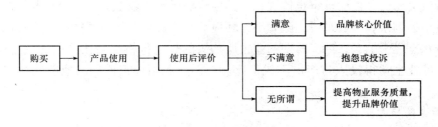

图 10-2　消费者购后行为

（2）购房者的社会传播行为。购买后，基于对开发商全部行为的感受与判断而产生的社会传播行为，是一种自发的、非正式的信息传播，它在"信友不信商"的市场中，往往使人们感到真实、可信度高，传播的速度快，影响面大。它的影响幅度大约为 1：100，即一个人不满，将直接或间接影响到 100 个人对企业的信任度；反之，也会传播影响至 100 个人对企业的赞誉认同。在房地产经营中，极为常见而又被人们熟知的"客户带来新客户"的链条效应，即是最好的佐证。

（3）购房者处理不满的方式的选择。购买后处理不满的方式的选择，是客户在充分权衡开发商责任与自身利益后为维护利益而做出的反应。当认为是开发商责任时，客户将选择合法、合理、合算的方式追究开发商的责任，诉诸法庭是终极方式。

妥善处理这种不满，是开发商塑造企业品牌的重要环节。这样的问题若是处理不好，轻则影响购房者对开发商的信任，重则严重损害开发商在社会公众前的商誉。

10.3.2　影响购买者满意度的因素

1. 购买者对于预期效果的预测

房地产产品的总价值高，涉及因素多，因此住宅的购买专业性最强，决策参考信息最广泛，决策参与人最多，决策过程最长，同时也是最为理性的购买。每一个购买者在决策之前，都会花很多的时间反复地研究、比较，在这个研究比较的过程中，他们往往会在购买之前形成一个对产品性能的预期，如果购买后在使用过程中发现产品的实际性能未达到预期，购房者就会产生不满意的感觉，相差越远，这种不满就会越强烈。如果购买后发现产品的性能超过预期，就会给他们带来情感上的满足。

2. 购买者对交易公平性的理解

公平交易准则认为交易各方应当得到公平待遇，也就是说卖方投入产出的比例应当与买方投入产出的比例相近。

交易的投入包括交易所需的时间、金钱、信息和精力等，而交易的产出则可能是时间的节约、所需的产品或服务获得某种程度的补偿。以郊区盘的购买为例，购买者在一开始就要比在市内交通方便地段购房付出更多的交通费用及时间，这是购房者的投入，产出则是他们所享受到的郊区盘的优势点，空气新鲜、风景优美、价格便宜等。如果购房者认为交通太过不方便（投入过多），或者价格太贵、环境一般（产出不足），就会产生不满意的感觉。

购买者对交易公平性的理解也体现在与其他购房者的比较上，这在分期开发的小区内可以找出很典型的例子。一般来说，随着小区环境的逐步美化，住宅性能的逐步提高，房价总是处在上涨状态之中的，二期、三期的业主所购买的住宅价格都会比一期的业主所购价高，如果后几期的业主觉得投入与产出不成正比例，即服务不成正比例，他们就会产生不满的感觉。

3. 购买者购后心理状态

购买者购后心理状态直接影响购买者对购物预期目标实现与否的认可和对交易公平性的理解。购买者购后心理状态可能是积极的，也可能是消极的，甚至两种状态同时存在。例如，由于供不应求，某些城市的中低档楼盘售楼人员态度极为恶劣，购房者在购买之后可能对产品感到满意，却对售楼人员的行为感到不快甚至愤怒。

购买者若发现预期的目标未能实现，或者认为交易对自己不公平，就会觉得不满意，但若这种购后效果的不理想并非是因为产品性能或者服务质量的低下所致，而是由于其他外部不可抗力因素的影响，他们的不满意情绪则可能减少甚至消失。以分期开发的小区业主来说，若是后几期业主知道房价的提升是由于整个城市或者整个地段的房价上涨趋势所致，他们往往表示理解；若他们了解到房价的提升仅仅是开发商的炒作行为，他们往往会有"上当受骗"的感觉，从而表现出极度的不满。

4. 购买者对产品本身可改良、优化空间的理解

房地产产品与其他产品不同，它的专业性较强，很多购房者在购买之初并没有意识到其中的许多问题，但是这些问题会在客户的实际使用过程中逐渐显现出来。以住宅为例，房间的布局、朝向、卫生间、厨房的配套设施、插座、水龙头的位置等，购房者可能由于专业知识水平所限，不知道怎么改进，但他们是真实体验者，他们在使用过程中会逐渐发现问题，知道应该怎样改进才更实用、更适合、更舒适。对产品本身所存在的这些可改良、优化空间的理解，也将对购房者的满意度产生影响。

从"以人为本"的角度出发，即使开发商的确无法确定责任和商业道德问题，开发商也有着广阔的、使客户更为满意的空间，在这个空间，对树立良好的企业品牌有很大影响。据估计，世界上70%以上的新产品的创意源于使用者在使用中的"不满意"，是开发商后续开发产品价值提升的核心来源。

10.3.3　注重后行为评价，塑造开发商品牌

房地产开发商想要立足长远发展的战略，塑造企业的品牌形象，就必须注重购房者的后行为评价，并根据反馈机制规范自己的行为。

1. 促进购房者购房后的满意感

对购房者购房后满意感的促进始于购前阶段并延续到购后阶段，开发商可以从以下四个方面入手，引导购房者对产品或服务的合理预期，并加强他们对交易公平性的理解，从而增强其购买决策的信心和满意感。

（1）了解购房者的购房目的与态度。购房者的购房可能是首次置业，也可能是二次或多次置业，还可能是投资置业等，不同的目的使他们的购房专业程度不同，购买态度不同，

从而影响他们对住宅产品或服务的预期。

（2）注意掌握好促销分寸。由于产品的信息不对称性，在某些房地产广告中，的确存在一些虚假成分，如夸夸其谈的未来蓝图描述、不按真实比例的区位图的误导等，这些都是极为有害的，它将提高购房者对产品的未来预期，一旦发现与事实不符，将极大地引起他们的不满。开发商对产品的促销应当恰如其分，避免言过其实地提高购房者的预期。

（3）合理确定价格水平。住宅产权的总价格比一般的产品要高，尤其在我国，很多人是倾尽所有购买住房，因此，价格一直以来是影响购房者的重要因素之一。住宅价格过高势必导致购房者的高预期，若是没有相应的产品性能相匹配，不满是不言而喻的。

（4）保持产品性能与质量的稳定。购房者购买后满意最终还是要靠产品的质量来保证，只有真正从业主角度出发，考虑他们现存的和潜在需求的产品，才能使得购房者真正感到满意。

2. 减少或消除购房者购后不满意感

为了减少或消除购房者购后不满意感，促使他们消极态度的转变，开发商可以采取以下三点措施：

（1）保证后期物业服务的质量。物业服务既是客户的迫切需求，也是开发商企业品牌含金量的标志，因为开发商组织的建筑设计、施工、销售等环节存在的缺陷会在物业服务中集中地、逐步地暴露出来，开发商精心营造的优势也会在物业服务中集中地、逐步地表现出来，由此而形成业主对开发商的品牌宣传。

在房地产售后服务环节，开发商不必，也不能包揽这一服务。物业服务的决策权在业主委员会或业主大会。在开发建设期内，开发商就必须做出对客户满意放心的安排，否则购房者在物业服务过程中所形成的不满将会影响到对开发商的评价。

（2）帮助购房者增加对交易公平性的理解。开发商不仅应当在购前的促销信息中强调本身的投入与努力，而且还应在购后阶段继续向购房者提供有关的信息，从而降低或消除购房者因交易不公平而产生的不满。

（3）尊重客户意见，适时给予反馈。客户对产品的不满，尤其是由于前面所提到的因"产品本身可改良，优化空间"而产生的不满，将是开发商改进未来产品的重要信息。了解到这部分信息后，开发商必须做到真正的重视，将之作为改良、优化产品的动力机制，并适时地与客户建立反馈环节，并建立相应的激励机制。这样不仅能从根本上提升产品质量，更重要的是加强了客户对开发商未来开发行为的信任，树立了企业的品牌形象。

开发商注重后行为评价，势必将抛弃企业短期行为，势必将依法规范自己的开发经营行为，势必将由利润最大化的追求转化为客户满意下的利润目标，势必将由忽视产品质量转化为向客户提供性价比更高的产品和更优质的服务，这样才能在根本上推动房地产市场健康发展。

关键术语 ///

后评价；经济效益评价；社会效益评价；环境影响评价；综合效益评价；购买后行为

复习思考题

1. 房地产开发与经营项目后评价的概念是什么？
2. 房地产开发与经营项目后评价的作用是什么？
3. 简述房地产开发与经营项目综合效益评价。
4. 简述影响房地产购买者满意度的因素。

参 考 文 献

[1] 赵海鸥. 房地产企业开发建设项目环境影响评价重点分析 [J]. 知识经济，2016 (10)：88.

[2] 朱腾飞. 房地产融资渠道现状与未来展望及其金融风险分析 [J]. 中国水运：学术版，2007，7 (5)：215—216.

[3] 王珊. 路在何方——我国房地产业融资渠道探寻 [J]. 时代商贸：学术版，2008，6 (11)：29－30.

[4] 张旭. 房地产融资的十二种途径 [J]. 西部论丛，2006 (4)：47－50.

[5] 曾姝，廖静. 创新房地产融资方式的思考 [J]. 价格月刊，2008 (5)：44－46.

[6] 单连德. 我国房地产企业融资模式研究 [D]. 哈尔滨：哈尔滨工业大学，2006.

[7] 黄正. 我国大型房地产企业融资渠道研究 [D]. 重庆：重庆大学，2007.

[8] 胡素兰. 房地产项目风险管理研究 [D]. 苏州：苏州大学，2010.

[9] 夏进. 房地产项目环境影响评价体系研究 [D]. 大连：大连理工大学，2015.

[10] 张莹. 我国房地产融资渠道研究 [D]. 北京：北京工商大学，2009.

[11] 徐春琦. 新形势下我国房地产开发经营模式研究 [D]. 杭州：浙江工业大学，2014.

[12] 符启林. 房地产法 [M]. 4 版. 北京：法律出版社，2009.

[13] 吕萍，等. 房地产开发与经营 [M]. 4 版. 北京：中国人民大学出版社，2016.

[14] 王璞. 财务管理咨询实务 [M]. 北京：中信出版社，2004.

[15] 高晓晖. 房地产开发与经营 [M]. 2 版. 上海：上海财经大学出版社，2010.

[16] 郭斌. 房地产开发与经营 [M]. 西安：西安交通大学出版社，2010.

[17] 谭术魁. 房地产开发与经营 [M]. 3 版. 上海：复旦大学出版社，2015.

[18] 余源鹏. 房地产公司招标采购管理宝典——材料设备、勘察设计、施工监理、咨询代理招标采购管理工作指南 [M]. 北京：化学工业出版社，2016.

[19] 赖一飞，刘跃前，郑志刚. 房地产开发经营管理学 [M]. 武汉：武汉大学出版社，2008.

[20] 周小平，熊志刚. 房地产开发与经营 [M]. 2 版. 北京：清华大学出版社，2014.

[21] 楼江. 房地产市场营销理论与实务 [M]. 3 版. 上海：同济大学出版社，2007.

[22] 柳立生，刘红霞. 房地产开发与经营 [M]. 2 版. 武汉：武汉理工大学出版社，2014.

[23] 赵代松. 房地产开发与经营 [M]. 北京：中国林业出版社，2002.

[24] 郑晓云. 房地产开发与经营 [M]. 2 版. 北京：科学出版社，2016.

［25］胡鹏，郭庆军．工程项目管理［M］．北京：北京理工大学出版社，2017．

［26］孔凡文，张沈生．房地产开发与管理［M］．大连：大连理工大学出版社，2006．

［27］叶剑平，邹晓燕．房地产市场营销［M］．2版．北京：中国人民大学出版社，2012．

［28］刘洪玉．房地产开发［M］．3版．北京：首都经济贸易大学出版社，2006．

［29］陈文．房地产开发经营法律实务［M］．北京：法律出版社，2005．

［30］屈云波，高媛．市场细分［M］．北京：企业管理出版社，1999．

［31］潘蜀健，陈琳．房地产市场营销［M］．北京：中国建筑工业出版社，2003．